Patrick Porter
Entdecke dein Gehirn
Bewußtseins-Technologie für das 21. Jahrhundert
Ein Praxiskurs für das lernende Gehirn

Dieses Buch ist allen gewidmet, die danach streben, in der Welt Spuren zu setzen – allen erwachten und schlafenden Genies. Mögen wir die Begeisterung der Entdeckung miteinander teilen.

Patrick Porter

Entdecke dein Gehirn

Bewußtseins-Technologie für das 21. Jahrhundert

Ein Praxiskurs für das lernende Gehirn

Junfermann Verlag • Paderborn
1997

Originaltitel: Awaken the Genius – Mind Technology for the 21st Century; erschienen bei PureLight Publishing Co.

Übersetzung aus dem Amerikanischen: Gabriele Kuby

Covergestaltung: Petra Friedrich

Satz: La Corde Noire – Peter Marwitz, Kiel

Die Deutsche Bibliothek – CIP-Einheitsaufnahme
Porter, Patrick:
Entdecke dein Gehirn: Bewußtseins-Technologie für das 21. Jahrhundert. Ein Praxiskurs für das lernende Gehirn. / Patrick Porter. Aus dem Amerikan. von Gabriele Kuby. – Paderborn: Junfermann, 1997.
Einheitssacht.: Awaken the Genius <dt.>
ISBN 3-87387-326-5

NE: GT

ISBN 3-87387-326-5

Inhalt

Danksagung

Genie ist eine höhere Ordnung des Denkens. Jenseits von Überleben und Erfolg gibt es eine Synergie, aus der wir alle Kraft schöpfen. Diese Arbeit hat nicht mit mir begonnen und wird ganz gewiß nicht mit diesem Text enden. Sicher haben auch Einstein und Tesla und die anderen großen Abenteurer sie nicht erfunden – sie ist ein inhärenter Bestandteil der menschlichen Natur.

Ich bin dankbar dafür, daß ich in eine so phänomenale Zeit hineingeboren wurde, deren Merkmal die „Informations-Explosion" ist, und daß ich Methoden kennengelernt habe, die mir halfen, mein Lernpotential zu erwecken. Ich bin dankbar für die Inspiration und die Weisheit von vielen Denkern und Lehrern, die mein Leben beeinflußt haben. All meinen Lehrern möchte ich persönlich meine Anerkennung aussprechen. Einigen von ihnen bin ich begegnet, anderen (noch) nicht. Die wichtigsten sind Swami Sri Sathya Sai Baba, Paramahansa Yogananda, Hamid Bey, Paul Adams, Gil Gilley, Tony Moltzan, Patricia-Rochelle Diegel, J.J. Hurtak, Milton Erickson, Richard Bandler, John Grinder, Steve Andreas, Robert Dilts, Tony Robbins und Jerry DeShazo. Ich bin den vielen Studenten, Freunden und Klienten dankbar, die immer wieder die Nützlichkeit dieses Materials unter Beweis gestellt haben.

Ich bin dankbar dafür, daß ich in eine Familie mit acht Brüdern und Schwestern hineingeboren wurde. Michael, Michelle, David, Walter, Sarah, Bill, John und Fran – alle wahrhaft erwachte Genies. Ich betrachte es als einen Segen, daß mein Vater Alkoholiker war und deswegen motiviert war, sich im Bereich der mentalen Gesundung zu engagieren. Durch sein Beispiel befreite er neun Kinder und gab ihnen die Möglichkeit zu einem Lebensstil, den ich *proaktiv* nennen möchte. Ich bin meiner Mutter dankbar, die den größeren Teil ihres kurzen Lebens damit verbrachte, für einen solchen Stamm zu sorgen. Sie war eine unerschrockene Persönlichkeit.

Ich danke meiner Frau Cynthia, die zahllose Stunden darauf verwandte, das Seminar und das vorliegende Buch zusammenzustellen. Ohne die ihr eigene Kreativität säßen wir alle auf dem Trockenen. Danke Cheree und Alex, meine beiden Genies in Ausbildung, daß ihr die Nützlichkeit dieser Techniken mit mir erforscht.

Besonderer Dank gilt meinen Lektoren Dan Nelson, Christa Nelson, Erik Nelson, Cynthia Fertal und Jon-Terrance Diegel. Danke für eure Anmerkungen und Kommentare. Ich danke Brad Steiger, einem großen Autor und Philosophen, für sein nachdenkliches Vorwort zu diesem Buch, Vivien Howe für die Möglichkeit, das Seminar *Erwecken Sie Ihr Genie* zu entwickeln, Dean Sylvia dafür, daß er sein künstlerisches Talent mit eingebracht hat, Gerry McLarty dafür, daß er mich in den Geist eines Genies hat eintauchen lassen, und nicht zu vergessen Rita Livingston und Tyler Clements – zwei phantastische Brückenbauer zu anderen Menschen.

Ich bin Ihnen, dem Leser, der Leserin, dankbar, daß Sie in mir die Motivation erzeugt haben, dieses Buch zu Ende zu bringen. Voller Zuversicht erwarte ich mit dem Erwecken Ihres Genies Ihren persönlichen Beitrag zu diesem einzigartigen Planeten.

Vorwort

Seit dem gesellschaftlichen Aufbruch der späten sechziger Jahre, jener bunten Zeit des Protestes gegen das „was ist" und der Suche nach dem „was sein könnte", folgen immer mehr Menschen dem inneren Impuls, bessere Wege zur Selbstverwirklichung und Selbstmeisterschaft zu finden und dadurch ihr Leben neu zu ordnen. Diese tiefe Sehnsucht nach einem umfassenderen Gleichgewicht zwischen Bewußtsein, Körper und Geist hat diverse kulturelle Moden überlebt und die wachsende Zahl selbsternannter Gurus, die den kurzen, glatten und sicheren Weg zur sofortigen Bewußtheit versprechen.

Heute scheint es oft so, als hätte die Nachfrage nach besseren Dingen und besserem Leben die Zahl dieser Gurus in einem Maß vervielfacht, daß es mehr Lehrer als Schüler gibt. Bleiben Sie mal abends ein bißchen länger auf und surfen Sie durch die TV-Kanäle nach *infomercials*, die Ihnen den leichten Weg zu Reichtum, Gesundheit und Erleuchtung anbieten – im simplen Tausch gegen die Nummer Ihrer Kreditkarte.

Während Sie von diesen schmeichelnden TV-Beratern hören, wie mühelos Sie Ihre Ziele erreichen können, und Sie an ihrem selbstzufriedenen Lächeln sehen, wie glücklich und erfolgreich sie sind, wird Ihnen wahrscheinlich nicht einer von ihnen sagen, daß persönlicher Erfolg und Selbstentfaltung – geschweige denn Selbstmeisterschaft – Entschiedenheit, Beharrlichkeit, Disziplin, Unterscheidungsvermögen und Hingabe erfordern.

Jeder, der nicht mehr bei „Mama und Papa" lebt, weiß, daß man in dieser unserer materialistischen Welt nichts umsonst bekommt. Selbst die ganz normale irdische Existenz verlangt irgendeine Form von Tausch, Arbeit oder Geld, um Güter und Nahrung zu erwerben. Gewiß sind auch die höheren Ziele, die sich auf besseres Leben und erhöhtes Bewußtsein richten, notwendigerweise auf einen greifbaren Austausch (das heißt Geld) angewiesen. Aber wie wählen Sie angesichts der unübersehbaren Flut von Gurus, Ratgebern und Handbüchern den Meister oder die Methode aus, um zu höheren Bewußtseinsebenen zu gelangen, anstatt immer tiefer in die Schulden?

Seien Sie sich klar darüber, Sie werden dieses Buch kaufen müssen, das Sie jetzt in der Hand halten, falls Sie es nicht schon getan haben. Aber lassen Sie mich Ihnen versichern, Sie werden feststellen, daß dieser Text äußerst nützlich ist und sich die Investition gelohnt hat.

In diesem Buch nimmt Patrick Porter nicht für sich in Anspruch, Meister einer erhabenen Existenzebene zu sein, der alle Antworten verfügbar hat, um sie nach Lust und Laune unters Volk zu streuen; auch verspricht er nicht, daß Selbstmeisterschaft durch die Wiederholung magischer Affirmationen von fünfundzwanzig Worten oder weniger erlangt werden könnte. Was er aber anbietet, sind wertvolle Handwerkszeuge, mit denen Sie stetig und beharrlich auf Ihre eigene Selbstmeisterschaft hinarbeiten können.

Patrick Porter macht deutlich, daß in jedem von uns ein Genie steckt. Dabei erkennt er, daß mein Genie Informationen vermutlich etwas anders aufnimmt und benutzt als Ihres, das heißt, daß manche den sensorischen Input besser visuell verarbeiten, andere auditiv etc.

Durch umfassende – aber keineswegs abschreckende – Übungen, Techniken, Fragen, Selbsthilfe-Dialoge und eine Menge von illustrativen Anekdoten führt uns Dr. Porter Schritt für Schritt zu einem größeren Verständnis unserer selbst, so daß wir erkennen, *wie* und *warum* wir unsere eigenen Stolpersteine und Begrenzungen geschaffen haben. Dann zeigt er auf, wie wir uns aus unserem selbsterzeugten Psychosumpf befreien können.

Dr. Porter scheut sich nicht, auf seine eigenen Erfahrungen zurückzugreifen, um einem vielleicht entmutigten und deprimierten Leser deutlich zu machen, daß auch er in der Vergangenheit in seinem selbstgemachten Schlamm feststeckte, daß auch er arbeiten mußte, um sich am eigenen Schopf herauszuziehen..., und daß auch er Disziplin und Unterscheidungsvermögen üben mußte, um sein eigenes Genie zu erwecken.

Wenn Sie eine Methode der Selbstentfaltung suchen, die sofort Ihre selbstgesetzten Grenzen aufs Korn nimmt und Sie mitfühlend dazu einlädt, den „Kraftkreis“ zu betreten, in dem Sie Ihre höchsten Ziele verwirklichen können, dann kann Patrick Porters vorliegendes Buch durchaus das Tor zu einem Morgen sein, von dem Sie immer geträumt haben.

Brad Steiger

Initiation – Die Philosophie eines Genies

Der Weihnachtsmorgen war so, wie er sein sollte. Die Sonne glitzerte wie Diamantenstaub auf dem frisch gefallenen Schnee. Mrs. Johnson lag im Bett und drehte sich zum Fenster. Sie drückte ihre Augen fest zu, da sie für das strahlende Sonnenlicht noch nicht bereit war. Dann stürzten die Gedanken über den „Plan“ ihres Ehemanns auf sie ein, und sie riß die Augen weit auf. Alle Schläfrigkeit war fort. Susan Johnson war sehr besorgt darüber, wie ihre Söhne auf die sehr ungewöhnlichen Weihnachtsvorhaben ihres Mannes reagieren würden. Sie hatte einem derartigen Test nicht wirklich zugestimmt, aber ihr Mann bestand darauf, seine Annahme zu beweisen. Susan wußte gar nicht mehr, um was es ihm eigentlich ging. Schlaf hatte sich an diesem friedlichen Weihnachtsabend nicht eingestellt. Träume voller Angst und Sorgen waren ihr die ganze Nacht lang im Kopf herumgetanzt. Ob Bob durch das eigenartige Spiel, das sein Vater sich ausgedacht hatte, wohl nachhaltigen Schaden nehmen könnte?

Jack Johnson rollte sich zu seiner Frau und schaute ihr über die Schulter. „Es ist ein perfekter Tag“, sagte er lächelnd. „Mal sehen, ob die Jungens schon auf sind.“

Während Jack den Rasierer langsam über die Bartstoppeln zog, überdachte er seinen Plan. Susan hatte die Geschenke für die Jungen am Abend zuvor sorgsam eingepackt. Jack stellte sich jetzt den Inhalt der Schachteln vor. Für Zach, der als Pessimist geboren zu sein schien, wurde jedes Geschenk, das er sich gewünscht hatte, schön eingepackt und unter den Weihnachtsbaum gelegt. Was Bob anging, den jüngeren optimistischen Sohn und Spaßvogel der Familie, so hatte Susan für ihn eine kleine Portion Pferdeäpfel vom Nachbarn eingepackt. Ein Grinsen zog Jacks Mundwinkel nach oben, als er sich das Gesicht seines Sohnes beim Öffnen des Geschenkes vorstellte.

Susan hatte sich tagelang gegen den Plan gewehrt. „Es ist einfach verrückt!“ hatte sie mit ihrem Mann geschimpft. „Kein Kind verdient an Weihnachten eine solche Behandlung!“

Aber sonderbarerweise gelang es Jack Johnson, seine Frau davon zu überzeugen, daß alles zu einem guten Ende kommen würde. Susan hatte schließlich zugestimmt, nachdem Jack versprochen hatte, daß Bob seine richtigen Weihnachtsgeschenke später am Weihnachtstag erhalten würde.

Als sich alle um den Weihnachtsbaum versammelt hatten und es an der Zeit war, die festlichen Päckchen zu öffnen, wurden Susans Augen feucht. Sie schaute Bob zweifelnd an. Der saß mit geradem Rücken da, und sein breites Lächeln deutete darauf hin, wie aufgeregt er war. Er wußte, daß etwas Magisches geschehen würde.

Zach hingegen war damit beschäftigt, die Geschenke nach den Päckchen durchzuwühlen, auf denen sein Name stand. Er moserte vor sich hin: „Wahrscheinlich wird es wieder genauso sein wie all die anderen Jahre ... ein Haufen Zeug, mit dem ich nichts anfangen kann."

Einen Augenblick lang war Jack Johnson sich seiner Sache nicht sicher. „Bob", sagte er in seinem väterlichsten Tonfall, „mach du deins zuerst auf."

Susan blitzte ihren Mann an und wandte sich dann zu Bob. Ihre Lippen waren zu zwei weißen Linien zusammengepreßt. Sie versuchte sich auf den Augenblick vorzubereiten, wenn Bob den Deckel abheben würde. Was würde er über seine Eltern denken?

Bobs Aufregung wuchs, während er die Schachtel auswickelte. Da es für ihn nur ein Geschenk gab, wußte er, daß es etwas Großes sein mußte. Er riß den Deckel herunter und schaute auf einen kleinen Haufen Pferdeäpfel herunter.

Susan und Jack Johnson waren völlig überrascht, als ihr Sohn aufsprang, die Päckchen zur Seite fegte, die Zach über den Boden verstreut hatte, seinen Mantel vom Haken riß und aus dem Haus lief. Bevor die Johnsons auf Bobs Verhalten reagieren konnten, begann Zach seine Geschenke aufzureißen. Er zog das Spielzeug oder Kleidungsstück heraus, warf es zur Seite und ging zum nächsten. Er brauchte nicht länger als zwei Minuten, um sämtliche Geschenke aufzureißen, und fragte prompt seine Eltern: „Ist das alles, was ich bekomme?" Mißmutig schmollte er vor sich hin.

Diese Reaktion war für die beiden Johnsons keine Überraschung. Es war das, was sie mittlerweile von Zach erwarteten.

Aber Bobs Reaktion hatten sie nicht vorhergesehen. Jack war überhaupt nicht mehr sicher, ob sein Plan funktionierte. Wohin war Bob bloß gerannt, und warum? Das war überhaupt nicht gut. Susan saß wie betäubt da und starrte ihren Mann an. Ihre Gesichtsfarbe ging von aschfahl zu karmesinrot über, bevor sie aufstand und in die Garderobe ging. Sie zog ihre Stiefel und ihren Mantel an und verließ das Haus durch die Hintertür, um ihren Sohn zu suchen. Sie spürte gar nicht, daß ihre Tränen in der Kälte auf den Wangen zu Eis gefroren.

Bis Jack seine Winterstiefel gefunden, seinen Parka angezogen hatte und ins strahlende Sonnenlicht hinausgetreten war, hatte seine Frau bereits den dichten Wald erreicht, der an ihr Grundstück grenzte. Susan war Bobs Fußspuren gefolgt, die hier plötzlich endeten. „Susan" bat Jack, als er an ihrer Seite war, „bitte sprich mit mir."

„Was ist hier eigentlich los?" rief Zach aus dem Wohnzimmer hinterher. Bis zu diesem Augenblick hatte er den anderen Familienmitgliedern keine Beachtung geschenkt. Er schniefte, zuckte mit den Schultern, wischte sich die Nase mit dem Ärmel ab und wandte sich wieder den Spielsachen auf dem Boden zu.

Die Johnsons suchten überall nach Bob, aber er war verschwunden. Zachs Neugierde war inzwischen genügend geweckt, so daß er seinen Eltern nachlief, aber sie hatten immer noch keine Spur gefunden. Dann kam ihnen der alte Pferdestall hinter den Bäumen in den Sinn. Es war ein baufälliger Schuppen, der einst das Pferd des Farmers beherbergt hatte. Dort fanden sie Bob. Er suchte jede Ecke des Schuppens ab. Seine Stiefel, seine Jeans und seine Handschuhe waren mit altem Pferdemist verschmiert.

„Bob", rief sein Vater, „was machst du hier?"

Bob schaute zu seinen Eltern und seinem Bruder auf. Seine Augen blitzten vor Aufregung, um seinen Mund spielte das wohlbekannte Grinsen und er rief: „Irgendwo muß hier ein Pferd sein!"

* * *

Sehr wenige Menschen erreichen jemals die Ebene des „Genies". Es gibt viele Faktoren, die sie davon abhalten, ihr volles Geniepotential zu benutzen. Ich glaube, das größte Hindernis ist *Angst*. Angst kommt in vielen unterschiedlichen Gestalten, Formen und Größen daher. Angst lähmt und zerstört; sie sickert in den tiefsten Kern des menschlichen Potentials, läßt alle Kreativität erstarren und dehnt sich dann nach außen aus, um jeden Gedanken und jede Handlung zu durchsetzen. Dann kommt die zerstörerischste aller Ängste – das Gefühl des *Mangels*.

Gefühle des Mangels können schon in einem sehr frühen Alter einsetzen, insbesondere in der „Designerwelt" der neunziger Jahre. Kinder erleben Mangelgefühle, wenn sie die Kleider, das Zuhause oder die Automobile anderer Kinder als besser wahrnehmen. Manchmal beginnt es mit dem Glauben, daß es an eigenen intellektuellen Fähigkeiten mangelt. Ich glaube, daß wir irgendwo auf dem Weg des Erwachsenwerdens Wünsche mit notwendigen Bedürfnissen zu verwechseln beginnen. Wie der Pessimist werden wir dann negative Denkmuster entwickeln – über uns selbst, die Welt und andere Menschen, insbesondere jene, die das haben, was wir haben wollen. Zach ist vielleicht ein extremes Beispiel, aber sind Ihnen schon Kinder mit ähnlich negativen Einstellungen begegnet? Diese negativen Gedankenmuster, selbst in geringfügigem Ausmaß, sind zerstörerisch und blockieren das Geniepotential.

Intelligenz beginnt mit dem *Staunen*, wie man an Bobs Reaktion auf sein Geschenk ablesen kann. Es war Bob gar nicht in den Sinn gekommen, daß man ihn schlecht behandelt hatte, was sicherlich vielen so gegangen wäre. Er geht davon aus, daß das Leben gut ist. Bob sah in seinem Geschenk einen Teil von etwas Wundervollem – einem Pferd. Ich garantiere Ihnen, daß Bob erfolgreich sein wird, was immer er einmal tun wird. Wenn Bobs positive Einstellung und sein Optimismus weiter ermutigt werden, dann kann es sogar sein, daß ihm Größe „vorherbestimmt" ist.

Das vorliegende Buch richtet sich an Menschen, die bereit sind anzuerkennen, daß das Leben eine Folge von Problemen darstellt, und die willens sind, Lösungen herbeizuführen. Dieses Buch ist für jene geschrieben, die bereit sind, ins Denken des 21. Jahrhunderts einzusteigen; für jene, die aus dem Gefängnis ihres Intellekts entkommen und in die Welt der Imagination eintreten wollen; für jene, die wissen, daß es möglich ist, die *andere* Ebene ihres Bewußtseins zu erwecken – jene Ebene, die außerhalb der Zeit existiert und keine Hindernisse und Begrenzungen kennt.

Der Status des „Genies“ wird mit der Erkenntnis erworben, daß persönliches Wachstum und das Erlangen von Weisheit die Hauptfaktoren eines erfolgreichen Lebens sind. Es sind Wachstum und Leistung, die das Leben zu einem Abenteuer machen. Vor allem erkennen Genies, daß *jetzt* der beste Anfangspunkt ist für eine hellere und aufregendere Zukunft.

Ich lade Sie dazu ein, Ihr Geniepotential zu erwecken. Es ist vorhanden in Ihrem Inneren. Ich weiß, daß es so ist. Wir alle sind mit der Fähigkeit ausgestattet zu leuchten. Beginnen Sie damit, an Ihren alten Glaubenssätzen zu rütteln, und richten Sie Ihre Aufmerksamkeit auf die Art von Genie, die in Ihnen existiert.

Sollte es Ihnen schwerfallen zu glauben, daß Sie tatsächlich ein Genie sein können, dann denken Sie noch einmal darüber nach. Als ich in der zweiten Klasse war, wurde ich zurückgestuft und mit dem Etikett „lernbehindert“ versehen. Ich war ein „Zach“. Ich war der Clown der Klasse. Ich sah mich als „Opfer“ des Systems. Was ich mit meinem Leben gemacht habe, kommt einem Wunder gleich, und ich werde Ihnen von den vielen persönlichen Herausforderungen und Triumphen erzählen, die mich zu dem gemacht haben, der ich heute bin; eine Person, die fähig wurde, zwei Doktortitel zu erwerben, die dieses Buch schreiben konnte und sich den lebenslangen Traum erfüllt, anderen zu helfen. Glauben Sie mir, ich habe mein Genie nicht über Nacht erweckt, aber es ist geschehen und geschieht immer weiter.

Die Wahrheit ist, wir sind alle in Bewegung; manche Leute gehen vorwärts, manche rückwärts und manche dahin, wo sie die Werbestrategen haben wollen. Sind Sie bereit, Ihr grenzenloses Potential zu verwirklichen? Die einzigen „Grenzen“ sind jene, die Sie sich selbst setzen durch Ihre Gedanken, Verhaltensweisen und Glaubenshaltungen. Ein Genie weiß, daß das Leben ein Spiel ist. Es gibt keine Gewinner und keine Verlierer, keine Opfer und keine Märtyrer; das Leben gibt genau das, worum wir bitten. Erwachte Genies sind einfach Leute, die gelernt haben, die richtigen Fragen zu stellen – an die Welt und an sich selbst. Die Zeit ist ihr Verbündeter.

Mein Vater hat mir einmal gesagt, daß ein Mensch, der vom Hals nach unten arbeitet, zwanzig Dollar pro Stunde erwarten kann, und ein Mensch der vom Hals nach oben arbeitet, keine Grenzen in seinen Verdienstmöglichkeiten hat. Das leuchtete mir völlig ein, insbesondere, weil ich tagein tagaus meinen Vater aus der Fabrik heimkommen sah und ihn darüber klagen hörte, daß er nicht genug verdiene. Damals saß er wirklich fest. Er lebte das aus, was er von seinem Leben hielt. Die Hälfte seines Lebens verbrachte er in der Fabrik mit Menschen, die genauso festsaßen wie er, und die andere Hälfte hing er an der Flasche. Er blieb in diesem Leben, das er sich geschaffen hatte, gefangen, bis er viele Jahre später willens wurde, seinem eigenen Genie zu vertrauen. Mit dem Zwölf-Schritte-Programm der Anonymen Alkoholiker hörte er auf zu trinken, ging wieder aufs College und begann dann ein Unternehmen, in dem er anderen half, sich selbst zu helfen.

Wenn Sie Ihrem Geist vertrauen, wird er sich als vertrauenswürdig erweisen. Jedes Genie hat diesen ersten Schritt machen müssen, und damit ging die Erkenntnis einher, daß sehr viel größere Fähigkeiten in einem stecken, als man gelernt hatte zu glauben. Man war bereit geworden, die eigenen Grenzen bis zum äußersten auszuweiten, um seine Ziele zu erreichen.

Ich nahm einmal an einem Seminar über Wohlstand teil. Ich muß zugeben, daß mir nicht mehr sehr viel in Erinnerung ist, aber eine Sache hatte mich beeindruckt. Der Seminarleiter stellte eine starke Korrelation zwischen den Konzepten *Zeit* und *Wert* her. Ich hatte nie einen Zusammenhang zwischen den beiden Phänomenen gesehen. Damals war ich noch in einer Ausbildung, hatte einen Vollzeitjob als Abteilungsleiter in einem Warenhaus und arbeitete außerdem bei meinem Vater, wann immer möglich. Ich wollte ganz in den therapeutischen Bereich gehen, aber etwas hielt mich davon ab, meinen Job an den Nagel zu hängen. Die einen würden das eine Blockade nennen, andere würden sagen, ich hatte Angst. In dem Wohlstands-Seminar erkannte ich, daß es weder das eine noch das andere war. Ich hatte einfach meine *Ebene des Wohlbehagens* gefunden und war noch nicht bereit, aus diesen sicheren Grenzen auszubrechen. Ich verdiente recht gut als Abteilungsleiter. Ich war damals noch allein, so daß ich meine Ausgaben leicht decken konnte. Ich konnte meine Ausbildung bezahlen und hatte sogar ein Auto, das mich fast immer dorthin beförderte, wo ich hin wollte. Es war in der Tat schwer, aus diesen bequemen Grenzen auszubrechen und eine Karriere als Berater zu beginnen. Aber mit dieser Erkenntnis wurde mir klarer denn je, daß ich es tun mußte.

Am Montag früh um sechs Uhr marschierte ich in das Büro meines Chefs und überreichte ihm meine Kündigung. Er schaute mit dem überlegenen, allwissenden Lächeln zu mir herauf, das nur ein Chef aufsetzen kann.

„Aber Porter", sagte er, „niemand gibt einen solchen Job auf!"

„Ich schon", sagte ich ruhig, drehte mich auf dem Absatz um und ging.

„Wissen Sie eigentlich, wie viele vierundzwanzigjährige Burschen es gibt, die sich um diesen Job reißen würden?"

„Sie werden zurückkommen!" hörte ich ihn schreien, nachdem die Bürotür ins Schloß gefallen war.

Ich bin nie zurückgekommen, und mein Leben hat sich seitdem immer weiterentwickelt.

Was war es, das mich dazu gebracht hatte, meine Ebene des Wohlbehagens zu verlassen? Es war die Erkenntnis, daß man bereits wohlhabend ist, wenn man den wahren *Wert* der *Zeit* realisiert. Es geht einfach nur darum, daß Sie Ihre Zeit und Ihre Energie für das einsetzen, was Sie wirklich wollen.

Es hat viele Mentoren in meinem Leben gegeben – es gab sie, weil ich wußte, daß die großen Genies immer begriffen haben, wie wichtig es ist, von anderen zu lernen. Ein solcher Lehrer war Dr. Gil Gilley, und sein Klassenzimmer ist die ganze Welt. Wenn Dr. Gilley neue Leute kennenlernt, dann begrüßt er sie mit einem festen Händedruck und steckt ihnen eine kleine Karte zu. Diese Karte zeigt eine phantastische Darstellung der Zeit. Ich bin sicher, daß die kleinen Karten von Dr. Gilley das Leben vieler Menschen verändert haben. Nehmen Sie sich einen Augenblick Zeit und denken Sie darüber nach, welche Bedeutung dies für Sie hat.

Die Bank der Zeit

Wenn Sie eine Bank hätten, die Ihrem Konto jeden Morgen 86 400 DM gutschreiben würde, die von einem Tag zum nächsten keinen Saldo übertragen würde, die nicht zulassen würde, daß Sie auf Ihrem Konto etwas ansparen, und die jeden Abend abbuchen würde, was Sie nicht benutzt haben – was würden Sie tun? Natürlich würden Sie jeden Pfennig abheben! Sie haben eine solche Bank, und ihr Name ist „Zeit". Jeden Morgen schreibt sie Ihnen 86 400 Sekunden gut. Jeden Abend bucht sie als Verlust, was Sie nicht sinnvoll investiert haben. Sie gibt keinen Saldo und keinen Übertrag zum nächsten Tag. Das Konto kann nicht überzogen werden. Jeden Tag wird ein neues Konto eröffnet, und jeden Abend werden die Aufzeichnungen über die Tagesumsätze verbrannt. Wenn Sie keinen Gebrauch von den Einlagen des Tages machen, dann ist das Ihr Verlust. Zurückschrauben geht nicht. Auf Kosten von „morgen" heute etwas abheben geht auch nicht. Sie müssen in der Gegenwart leben, mit den Einlagen des Tages.

Sie haben mit dem Kauf dieses Buches eine Investition in sich selbst und Ihre Familie gemacht, und zwar eine größere als der Preis, den Sie gezahlt haben, es ist eine Investition von Zeit. Das ist eine Ware, die Sie nicht kaufen können. Zeit wird Ihnen kostenlos überlassen, und was Sie damit machen, ist Ihre Sache. In den Worten von Sri Sathya Sai Baba: *„Wer Perlen aus dem Meer holen will, muß tief tauchen, um sie zu finden. Es hilft den Menschen nicht, in den flachen Wellen am Strand herumzuplantschen und zu sagen, das Meer habe keine Perlen und alle Geschichten über sie seien falsch."*

Was bedeutet dieses kleine Beispiel? Daß es immer Leute gibt, die an den Lebenskampf glauben und an wenig mehr. Sie werden Ihnen sagen: *„Das ist unmöglich"* und: *„Das darfst du nicht tun"*, oder: *„So ist das Leben eben – und du kannst es nicht ändern!"* Diese Leute haben nur einen Weg zu lernen – ihren eigenen. Sie sind nicht bereit, tief zu tauchen, um ihre Perlen heraufzuholen.

Ich bin hier, um Ihnen zu sagen, daß die feinsten, glänzendsten Perlen jene sind, die Sie in der tiefsten Tiefe finden. Sie sind da und warten nur darauf, daß Sie sie holen. Die Kapitel und Methoden dieses Buches können Sie als Anleitung bei Ihrer „Tauchexkursion“ betrachten. Sie werden Sie auf dem direkten Weg zu Ihren Perlen (*Zielen*) bringen. Die Methoden sind einfach und tiefschürfend. Tatsächlich habe ich nie erlebt, daß sie versagen, sofern sie angewandt werden, nicht ein einziges Mal in den elf Jahren, seit ich Menschen helfe. Das Leben wird ein Vergnügen – ein Abenteuer – und in diesem Buch werden Sie lernen, alle Perlen zu finden, die wahrhaft die Ihren sind.

Das Geheimnis besteht darin, alles so zusammenzusetzen, daß es für Sie arbeitet, um einen Zustand der *unbegrenzten Fülle* zu schaffen. Diese einfache Aussage, *unbegrenzte Fülle*, bedeutet, daß es reichlich gibt – für Sie, für mich, und reichlich von allem. Leider gehört unbegrenzte Fülle nicht zu den Glaubenssätzen unserer Gesellschaft. Wir besitzen die Fähigkeit, das in unser Leben zu ziehen, was wir *brauchen*. Das ist jedoch nicht immer das, was wir *wollen*. Auf diese Weise bringen sich Leute in Schwierigkeiten. Wahrscheinlich ist das wichtigste Werkzeug, das ein Genie besitzt, die Einsicht, daß wir immer zur richtigen Zeit am richtigen Ort sind und immer das haben, was wir *brauchen*. Das ist vielleicht ein schwieriges Konzept für Menschen, die immer an ihrer Philosophie festgehalten haben, daß sie von jemandem oder von etwas beherrscht werden.

Manche Menschen glauben, daß ihre Eltern, ihr Ehepartner, ihre Freunde, ihre Lehrer, die Regierung oder andere Autoritäten Kontrolle über ihr Leben haben. Sie verfügen über ein ganzes Arsenal von Rechtfertigungen, sind sehr belastet und jederzeit bereit, jemand anderem die Schuld für ihre Fehler zu geben. Sie werden sagen, daß ihre Mutter sie nicht geliebt hat, oder daß ihr Vater nie zu Hause war, daß keiner ihrer Lehrer sich je etwas aus ihnen gemacht hat, und daß die meisten Leute irgend etwas von ihnen wollen.

Andere wiederum lassen ihr Leben von den Umständen beherrschen. Das sind die *„wenn nur"*-Leute. „Ich hätte ... wenn sich meine Eltern nur nicht hätten scheiden lassen, als ich zehn war." „Ich hätte ... können, wenn es an diesem Tag nur nicht geregnet hätte." „Ich würde es ja versuchen, wenn ich nur mehr Glück hätte." „Ich könnte eine bessere Arbeit bekommen, wenn ich nur in einer anderen Stadt lebte." „Mein Leben wäre ideal, wenn ich nur in der Lotterie gewinnen würde!"

Die Angewohnheit, sich selbst Grenzen zu setzen und anderen die Schuld zu geben, ist wahrscheinlich der Hauptgrund, warum es so wenige „Genies" auf der Welt gibt. In Wirklichkeit steckt in jedem von uns das Potential des Genies. Diese Fähigkeit ist natürlich und steht auf Abruf bereit. Sie ist sehr real und faßbar, wenn man ihr Vorhandensein erst einmal wahrgenommen hat. Dieses Potential kann mit einem Samen verglichen werden. Die Samen eines Eichenbaums haben das Potential von Millionen mächtiger Bäume. Wenn die Eichel jedoch nicht keimt, dann können sich unmöglich Wurzeln bilden, Stamm und Zweige daraus wachsen, Blätter sprießen und sich Samen für zukünftige Generationen bilden. Ich tauche regelmäßig nach Perlen und nähre die Samen, die ich gepflanzt habe, und dabei stelle ich fest, daß sich immer die Möglichkeiten auftun, die ich brauche; oft schon bevor ich überhaupt weiß, daß ich sie brauche!

Nachdem ich meine Ausbildung beendet hatte, bekam ich die Gelegenheit, mit dem Arizona Health Council zu arbeiten, einer Gruppe von Therapeuten, die in Programmen der Erwachsenenbildung für den Staat arbeiteten. Was der Staat brauchte, war ein Programm, das von all den neuen „proaktiven" Prozessen Gebrauch machte, die die rechte und linke Gehirnhälfte integrieren. *Entdecke dein Gehirn* wurde im Rahmen dieser Arbeit zuerst als Seminar geboren. Die Ergebnisse verblüfften uns. Nicht nur Studenten nahmen daran teil, sondern Menschen aus allen Lebensbereichen, darunter Lehrer, Eltern, Geschäftsleute. Meine Hoffnung ist, daß auch Sie mit dem Lesen dieses Textes das erreichen, was hunderte Seminarteilnehmer vor Ihnen erreicht haben, daß Sie nämlich den Teil Ihres Geistes aktivieren, der außerhalb des normalen Bewußtseins arbeitet, und Ihr ganzes Gehirn für sich arbeiten lassen.

Mitten im Schreiben dieses Buches erlebte ich einen jener magischen Augenblicke, in denen sich alles vollkommen zu verbinden scheint. Ich hatte gerade eine neue Enzyklopädie auf CD-ROM für meinen Computer gekauft. Während ich in aller Ruhe darin herumblätterte, machte ich „zufällig" eine höchst aufregende Entdeckung, die meine Forschungen zur Aktivierung des Geniepotentials betraf. Ich hatte nicht den entferntesten Gedanken an mein Buch im Kopf, und doch war das, was ich gesucht hatte, plötzlich auf dem Bildschirm und sprang in mein Bewußtsein. Was ich gefunden hatte, stand nicht unter dem Stichwort „Genie", sondern unter „Mythologie" – eine Kategorie, von der ich nie geglaubt hätte, daß sie für mein Thema relevant sein könnte. Wie in einer Nußschale war da folgendes zu lesen:

> In der römischen Mythologie war ein Genius ein Schutzgeist, der ein Individuum während seines oder ihres ganzen Lebens schützte. Jeder lebenden Person war ein solcher Genius beigesellt, dem alljährlich, meist am Geburtstag der Person, Opfergaben dargebracht wurden. Zusätzlich zu den individuellen Schutzgeistern gab es Genien, die Stämme, Städte, Orte und den römischen Staat schützten. Ein besonders wichtiger Genius war der Genius Populi Romani, der Schutzgeist von Rom. Oft wurden die Leistungen eines Individuums auf das Wirken seines oder ihres Genius zurückgeführt.*

Auch wenn dieser römische Mythos heute vielleicht nicht mehr allzu glaubwürdig erscheint, weist er doch – wie Mythologie überhaupt – auf eine tiefere Wahrheit hin. Wir alle verfügen über innere Führung, die größer ist als das Bewußtsein. Wenn Sie lernen, mit dieser Kraft Kontakt aufzunehmen, dann sind Sie wirklich im Begriff, Ihren Genius zu erwecken. Dieser Teil Ihres Geistes liegt jenseits dessen, was Ihnen bewußt ist, und kennt doch die kleinsten Einzelheiten Ihres Lebens. Es gibt nur ein Hindernis, das Sie davon abhält, sich mit dem Genie Ihres Geistes in Verbindung zu setzen: Es ist Ihnen nie beigebracht worden, wie man den Kontakt herstellt und Gebrauch davon macht.

Denken Sie einen Augenblick an einen Computer. Trotz all seiner unglaublichen Fähigkeiten ist er absolut nutzlos, wenn Sie sämtliche

* The New Growlier Multimedia Encyclopedia

Programme entfernen. Das volle Potential ist immer noch da, im Innern des Computers, aber es gibt keine Software, um es zu nutzen. Sind wir nicht alle so geboren? Wir sind mit der Hardware ausgestattet, aber mit sehr geringen Kenntnissen über Software. Die meisten Programme wurden von unseren Eltern, Familien und Freunden erstellt. Diese Programme mögen in deren Leben funktionieren oder nicht; aber falls sie es nicht tun, wie um Himmels willen können Sie dann erwarten, daß sie bei Ihnen funktionieren?

Beim Lesen dieses Buches werden Sie entdecken, daß es keine Rolle spielt, ob Ihre Eltern Akademiker, Fabrikarbeiter oder Alkoholiker sind. Sie werden mit Hilfe der Techniken, die Sie hier finden, die Funktionsweise Ihres Geistes verstehen und seine erstaunliche, unbegrenzte Fähigkeit, für Sie zu arbeiten. Sie werden sich vielleicht Ziele setzen und sie erreichen, ohne daß Sie sich bewußt darum bemüht haben. Ob Sie ein akademischer Zauberer werden wollen, Ihr Gedächtnis perfektionieren wollen, ob Sie einfach nur die Prozesse des Zeitmanagement beherrschen oder Präsident der Vereinigten Staaten werden wollen – die Grundlagen finden Sie alle hier. Genießen Sie die Erfahrung Ihres eigenen Geistes auf hohem Niveau. Ein „Doktor des Geistes“ können Sie nur werden, indem Sie diese Methoden für sich selbst anwenden.

Viel Glück, Genie. Den ersten Schritt haben Sie schon gemacht.

Fragen und Antworten

Frage: Wie geht man am besten mit diesem Buch um?
Antwort: Das Beste ist für jeden anders. Lassen Sie mich ein Beispiel geben: Es gibt zwei Wege, einen Elefanten zu essen. Sie können ihn im Ganzen herunterschlucken und ihn langsam verdauen, was vielleicht mit erheblichem Unbehagen verbunden sein wird. Oder Sie zerschneiden den Elefanten in kleine Stücke, kauen sie gut, und geben sich Zeit zur Verdauung und Assimilation. Falls Sie jemand sind, der jedes neue Buch über geistige Prozesse in die Hand nimmt, es schnell überfliegt und sofort vergißt, was er gelesen hat, dann fordere ich Sie auf, dieses Buch ganz langsam zu lesen. Nehmen Sie sich immer nur einen Abschnitt vor, nehmen Sie auf, was Sie gelesen haben, machen Sie jede Übung zur Selbstentdeckung und geben Sie sich die Zeit, dem Selbsthilfe-Dialog zuzuhören. Ich versichere ihnen, daß diese Investition an Zeit hundertfach zu Ihnen zurückkommen wird.

Aber warum sollten Sie mir glauben. Nehmen Sie sich einfach ein paar Augenblicke Zeit für die *Selbstentdeckung*, die diesem Abschnitt folgt. Sie werden sich selbst davon überzeugen, wie recht ich habe.

Frage: Was ist ein Selbsthilfe-Dialog?
Antwort: Die Selbsthilfe-Dialoge sind dazu gedacht, daß sie von Ihnen auf ein Tonband gesprochen werden, das Sie sich dann ganz entspannt anhören. Das wird Ihre Fähigkeit beschleunigen, die Informationen aufzunehmen, und negative Selbstgespräche verändern, die Sie vielleicht davon abhalten, Ihr Genie zu erwecken. Wenn Sie diesen Aufnahmen zuhören, dann gehen Sie mit Ihrer eigenen Stimme auf eine wunderschöne Reise voll neuer Entdeckungen und Wandlungen. Der Klang Ihrer Stimme wird Ihnen vertraut und angenehm, als würden Sie sich der liebevollen Fürsorge eines nahen Freundes anvertrauen.

Frage: Und wenn ich eine schreckliche Stimme habe?

Antwort: Wenn Sie glauben, Ihre Stimme sei schrecklich, dann haben Sie um so mehr Grund, Nutzen aus den Übungen zu ziehen und Ihre eigenen Selbsthilfe-Kassetten zu produzieren. Ob Sie es glauben oder nicht, Ihr Körper und Ihr Geist sehnen sich nach dem Klang Ihrer eigenen Stimme; nicht nach einer harten befehlenden Stimme, sondern nach einer Stimme, die von Liebe, Verständnis und Mitgefühl erfüllt ist. Es wird Zeit, daß wir aufhören, uns zu beschimpfen, und unseren Geist so gebrauchen, wie er gedacht ist. Ihre Stimme wird zu Ihrem Begleiter werden, und Ihr Geist und Ihre Seele wird Ihnen besser zuhören, als jeder anderen Stimme. Vielleicht werden Sie sich wundern, wie das kommt; mit Übung kann Ihre Stimme angenehm werden. Viel Glück, und vergessen Sie nicht, daß die Bänder für Ihren persönlichen Gebrauch bestimmt sind. Genießen Sie die Zeit mit sich selbst, und vor allem, entspannen Sie sich.

Frage: Muß ich die Übungen zur *Selbstentdeckung* machen?
Antwort: Es ist Ihr Leben – Sie können tun, was immer Sie wollen. Ich habe festgestellt, daß das Gelernte sehr viel besser behalten wird und lebenslang von Nutzen ist, wenn es mit einer persönlichen Erfahrung einhergeht. Wenn Sie die Art und Weise, wie Sie denken, anhaltend verändern wollen, dann tauchen Sie tief, erforschen Sie und riskieren Sie. Sie haben nichts zu verlieren, außer vielleicht ein wenig Unwissenheit.

Frage: Was ist eine positive Intention?
Antwort: „Positive Intention“, wie sie in diesem Buch beschrieben wird, meint den eigentlichen Zweck eines Verhaltens oder einer Glaubensüberzeugung. Nehmen wir ein Beispiel: Die positive Intention hinter dem Lernen ist, sicherzustellen, daß Sie die Information für eine Prüfung wissen. Diese positive Intention motiviert das Verhalten oder das Handeln. Es gibt aber auch andere Arten von positiver Intention, die unerwünschtes Verhalten erzeugen können. So kann sich Angst vor Versagen im äußeren Verhalten als Aufschieben zeigen. Mit anderen Worten, wenn eine Person nie an den Punkt kommt, etwas zu wagen, dann ist Versagen unmöglich, aber Erfolg ebenso.

Es ist wichtig zu erkennen, daß wir zu hundert Prozent unser Bestmögliches tun mit der Information, die uns zur Verfügung steht. Der Zweck, Ihr Genie zu erwecken, besteht darin, Sie mit neuen Informationen auszustatten, die Ihnen helfen werden, mit den Problemen „proaktiv" umzugehen anstatt reaktiv. Proaktiv heißt, daß Sie die Kontrolle übernehmen und Lösungen erschaffen, selbst bei den schwierigsten Problemen.

Selbstentdeckung: Der Wert Ihrer Zeit

Nehmen Sie sich einen Augenblick Zeit und füllen Sie den folgenden Fragebogen aus. Überdenken Sie in Ruhe Ihre Antworten.
Wieviel ist Ihre Zeit wert?

DM ______________________ pro Std.

Denken Sie jetzt an die vielen Stunden im letzten Monat, die Sie damit verbracht haben, aufzuschieben und sich selbst zu sabotieren. ____________ Summe. Multiplizieren Sie diese Zahl mit Ihrem oben angegebenen Studenverdienst.

DM ______________________ Summe

Wenn Sie dieses Geld nehmen und in sich selbst investieren würden, wieviel wäre es dann für Sie in einem Jahr wert?

DM ______________________

Wieviel in zehn Jahren?

DM ______________________

Nennen Sie einige Möglichkeiten, wie Sie in Zukunft von dieser wertvollen Einrichtung, genannt ZEIT, Gebrauch machen können.

* * *

Ich habe schon so viele Leute sagen hören: Wenn ich diese Fähigkeit oder jenes Wissen hätte, dann wäre ich vielleicht auch erfolgreich. In der

Tat wäre das Leben sehr viel einfacher, wenn durch den Erwerb einer Fähigkeit oder neuen Wissens Erfolg garantiert wäre. Leider ist das nicht unbedingt der Fall. Erwachte Genies messen Leistung nicht am Endergebnis, sie kennen eine bessere Möglichkeit. Das wirklich erwachte Genie hat gelernt, Erfolg durch eine Abfolge täglicher Handlungen zu erlangen. Das sind Handlungen, die überprüft und wiederholt werden können und die ein Gefühl von Fortschritt mit sich bringen. Genies wissen, daß ihre Zeit von großem Wert ist. Sie können sich den Luxus nicht erlauben, auch nur eine Minute zu verschwenden. Während Sie aktiv Ihr Genie erwecken, indem Sie diesen Text lesen und sich aneignen, werden Sie sich zunehmend leichter und lichter fühlen, weil Sie merken, daß das, was Sie tun, positive Wirkungen hat.

Eins
Was ist ein Genie?

Thomas Edison, der als Erfinder der Glühbirne bekannt ist, wurde einmal gefragt, wie er es anstelle, bei der Arbeit an einem Projekt motiviert zu bleiben. Edison erinnerte daran, daß der Erfindung der Glühbirne 999 Fehlschläge vorausgingen. Seine Antwort war einfach, aber aufschlußreich: „Ich habe nicht 999 mal bei der Erschaffung der Glühbirne versagt, sondern ich habe 999 Wege gefunden, wie es einfach nicht funktioniert."

Was hatte Edison, das den meisten Leuten anscheinend abgeht? Er war fähig, sein Denken so zu strukturieren, daß alles, was geschah, ein Erfolg war, und das, was andere als Versagen gedeutet hätten, war für ihn *Feedback*. Das ist die Einstellung, die ein Genie hervorbringt.

Klingt irgendwie zu einfach? Es kann unmöglich *so* leicht sein, ein Genie zu werden – wenden Sie vielleicht ein. Vielleicht dachten Sie, daß Sie zuerst ganz oben auf der IQ-Skala sein müßten, um ein Genie zu werden. Aber lesen Sie erst einmal weiter.

Wußten Sie, daß Edison sich nicht gescheut hat, den Versuch zu unternehmen, eine Glühbirne aus Erdnußbutter zu herzustellen? Die Pragmatiker haben bestimmt die Augen verdreht und ausgerufen: „Was für eine Zeitverschwendung!" Stimmt, die Versuche sind jämmerlich gescheitert, aber Mr. Edison hat nicht *wirklich* versucht, eine Glühbirne aus Erdnußbutter zu erzeugen; er befreite seinen schöpferischen Geist, um auf neue Lösungen zu kommen. Vielleicht war ihm die „Methode hinter seiner Verrücktheit" nicht klar, aber heute wissen die Psychologen, daß er auf diese Weise die Macht der rechten und linken Gehirnhälfte ins Gleichgewicht brachte.

Gleichgewicht der Macht

Haben Sie auch schon in einem Vortragssaal gesessen und haben einem Referenten zugehört und mittendrin wurden Sie so müde, daß Sie einfach nicht anders konnten, als Ihren Mund zu einem Gähnen aufzureißen? Vielleicht fühlte sich Ihr Kopf wie ein Bleigewicht an, als würde Ihr Kinn magnetisch zur Brust gezogen. Diese Art von Schläfrigkeit wird durch eine Überladung der linken Gehirnhälfte erzeugt. Die linke Gehirnhälfte kann mit einem Computer-Speichersystem verglichen werden – allerdings mit ein paar wesentlichen Unterschieden. Die menschliche Intelligenz ist selbst dem ausgeklügeltsten Computersystem weit überlegen, und zwar aus einem entscheidenden Grund – das Gehirn speichert und verarbeitet nicht nur Information, sondern es speichert jedes bißchen Information zusammen mit *Emotion*. Auf diese sehr reale Weise speichert Ihr Gehirn Information holographisch.

Machen Sie hier eine kurze Pause und denken Sie an einen *Apfelkuchen*.

Vielleicht können Sie den Apfelkuchen vor Ihrem geistigen Auge sehen. Möglicherweise erinnern Sie sich an den süßen Duft nach Apfel und Zimt, als der Kuchen gerade aus dem heißen Ofen kam. Ging es Ihnen vielleicht zufällig wie einer Seminarteilnehmerin, die vor der Gruppe stand und erzählte, wie sie das breite Lächeln ihrer Großmutter *sehen* konnte und ihr Gesicht mit all den Falten, in denen sich ein langes Leben mit Freude und Leid, Sorgen und Lachen wiederspiegelte? Sie erzählte uns von den kleinen zarten Händen ihrer Großmutter, die in riesigen Ofenhandschuhen steckten, und von der *Liebe*, die sie *empfunden* hatte, als Großmutter langsam mit ihrem schön verzierten Werk zum Eßtisch kam. Die Familienmitglieder würdigten den Kuchen mit *Ohs* und *Ahs*, *sogen den Duft* ein, und das *Wasser lief ihnen im Mund zusammen*. Diese junge Frau erinnerte sich holografisch an den Apfelkuchen – mit allen Sinnen: Sehen, Riechen, Schmecken, Berühren und Hören.

Ein solch innerer, holografischer Prozeß braucht Energie, mentale Energie. Ein Schlüssel zum Genie wäre es folglich, wenn er einen Zugang zum holografischen Denken öffnen würde, ohne viel mentale Energie aufwenden zu müssen.

Ich bin glücklich, daß ich einem wahren Genie begegnet bin und diesen Mann zum Freund gewonnen habe. Er ist ein absoluter Computerexperte und macht geniale Erfindungen. Am Anfang fand ich Jerry ziemlich exzentrisch. In seinem Haus lag überall Schrott herum. Ich fragte ihn, wie er in diesem Verhau irgend etwas finden, geschweige denn Erfindungen machen könne. *(Jerry baut alle seine Prototypen aus Altteilen zusammen.)* Er erzählte eine außergewöhnliche Geschichte.

Als Jerry ein kleines Kind war, träumte er häufig im Schlaf von all den Dingen, die er bauen wollte. Das ist an sich nichts Ungewöhnliches, denn fast jeder Junge träumt irgendwann davon, ein berühmter Erfinder zu werden und Ruhm und Reichtümer zu erwerben. Im Unterschied zu anderen Jungen wuchs Jerry allerdings nie aus diesen Phantasien heraus, vielmehr wurden seine Träume von Jahr zu Jahr lebendiger. Mit der Entwicklung eines scharfen Erinnerungsvermögens, in dem jede Einzelheit ihren Platz hatte, wurde diese Schlummerwelt für ihn immer realer. Bis heute findet Jerry Lösungen für seine Probleme und die seiner Klienten in der Traumwelt. (Er ist auch ein Computer-Berater.) Er erträumt sich die Lösungen holografisch.

Während die meisten Leute die Weisungen der Nacht als „Träume sind Schäume" abtun, trainierte Jerry seinen Geist, in der Traumerfahrung ganz präsent zu sein. Er ist im Traum anwesend, sieht durch seine Augen, hört durch seine Ohren und spürt und fühlt mit seinem Körper. Das Erstaunliche ist, daß Jerry sich beim Aufwachen in allen Einzelheiten daran erinnert, wie er das Teil bauen soll, von dem er geträumt hat.

Wenn Jerry gestreßt ist oder frustriert, dann weiß er, daß er nur zehn bis fünfzehn Minuten schlafen muß, um mit der Lösung des anstehenden Problems wieder aufzuwachen.

Ich glaube, daß jeder mit einer besonderen Begabung oder Fähigkeit, die wir hier Genie nennen, ausgestattet ist. Manchmal ist die Begabung wie bei einem Athleten oder Musiker früh offensichtlich. Bei anderen ist sie versteckter – zum Beispiel bei einem geborenen Organisator, Problemlöser oder Vermittler. Vielleicht ist bei manchen mehr Polieren nötig als bei anderen. Selbst Leute wie Jerry, die ganz eindeutig eine besondere Begabung haben, müssen sich dafür entscheiden, sie zum Leuchten zu bringen. Haben Sie schon einmal von jemandem gehört, der vom Schwächling zum Kapitän der Eishockeymannschaft wurde? Es hat einmal jemand gesagt, Genies würden nicht geboren, sondern gemacht. Obwohl wir nicht alle wie Jerry sein können (und es auch nicht wollen), so können wir doch von seinen Methoden lernen, um unser eigenes Genie zu entfalten.

Ein Genie erkennt die Kraft des *Prozesses*, durch den die fünf Sinne Information ins Gehirn bringen. Indem man von dieser Kraft Gebrauch macht, wird die Lernerfahrung ein natürlicher Fluß, so daß sie, wie das Drücken einer Türklinke, wenig oder gar kein Denken erfordert. Dies gilt für jede Art von Lernsequenz. Selbst als kleines Kind mußten Sie zuerst lernen, Ihre Muskeln zu beherrschen. Dann lernten Sie zu krabbeln, dann zu laufen und schließlich zu rennen. All das geschah durch schrittweises, holografisches Lernen, das alle Sinne miteinbezieht, um vergangene Erfahrungen mit zukünftigem Entdecken zu verbinden. Das kann mit einem holografischen Bild verglichen werden, das in tausend Stücke zerbrochen ist. Mit den entsprechenden Geräten könnte das Hologramm aus jedem Einzelteil eintausendmal rekonstruiert werden. Alle Informationen sind in jedem Quadranten des Hologramms gespeichert.

Die Wissenschaft hat bewiesen, daß das menschliche Gehirn ähnlich konstruiert ist wie das Hologramm. Das Gehirn ist eines der wenigen Körperteile, das sich nicht selbst regenerieren kann. Wenn jedoch ein Teil des Gehirns verletzt wird, dann kann ein anderer Teil trainiert werden, die verlorene Funktion zu übernehmen. Das deutet auf die Theorie der Genmanipulation hin, die auf der Prämisse beruht, daß *alle* Information in jeder Zelle des Körpers gespeichert sein muß. Wissenschaftler glauben, daß es möglich sein wird, eine Zelle aus dem menschlichen Körper zu nehmen, sei er lebendig oder tot, und die physische Erscheinung in einem Laboratorium zu rekonstruieren.

Schrittweises Lernen

Jedes Megabyte an Information, das gegenwärtig in Ihrem Geist gespeichert ist, wurde durch einen Prozeß des *schrittweisen Lernens* gelernt. Ob es sich um die Fähigkeit handelt zu laufen oder zu rennen, um etwas zu bitten oder zu verhandeln, alle Fähigkeiten werden schrittweise gelernt und verarbeitet.

Jeder, der den Titel „Genie" verdient, hat seinen Geist dazu erzogen, den schrittweisen Lernprozeß anzuwenden. Bei den meisten Genies der Vergangenheit (wie bei meinem Freund Jerry) ist das „zufällig" passiert. Viele der reichsten und berühmtesten Erfinder unserer Zeit arbeiten im Bereich der Computer-Elektronik. Was wäre wohl geschehen, wenn diese starken und schöpferischen Geister in eine andere Ära hineingeboren worden wären? Ich glaube, sie hätten die selben Fähigkeiten zum schrittweisen Lernen angewendet, hätten aber Erfindungen gemacht, die ihrer Zeit angemessen gewesen wären.

Und wie steht es mit Ihnen? Haben Sie je überlegt, wie Ihre Art zu lernen Ihre Chancen auf Erfolg entweder mehrt oder mindert? Indem Sie den Prozeß des schrittweisen Lernens verstehen, werden Sie jetzt beginnen, das Geheimnis des genialen Geistes zu entschlüsseln.

Es gibt zwei Grundannahmen für schrittweises Lernen:

1. **Wir lernen in einer Abfolge einzelner Schritte oder Informationseinheiten.** Was für das obige Beispiel des Laufenlernens gilt, trifft auch für andere Bereiche zu, wie etwa Mathematik. Zuerst muß der Schüler die Zahlenreihe lernen, dann Addition und die anderen Grundrechenarten, bevor er oder sie zur Wurzelrechnung oder jeder anderen mathematischen Operation fortschreiten kann. Selbst im Sprachunterricht lernt der Schüler zuerst das Alphabet, dann kleine Worte und Phrasen und schließlich vollständige Sätze. Wenn diese Sequenz irgendwo durchbrochen wird, können Schwierigkeiten entstehen, die jemand vielleicht sein ganzes Leben beibehält, sofern nicht ein Prozeß gelernt wird, der die Kluft überbrückt.

2. Der menschliche Bio-Computer kann sieben – plus/minus zwei – Informationseinheiten gleichzeitig verarbeiten.

Vielleicht sieht es jetzt so aus, als würde dieser ganze Geniekram etwas kompliziert, aber es ist wirklich ganz einfach. Sagen wir, Sie sind Schüler, und der Mathematikunterricht fängt gerade an. Sie hören den Lehrer über Algebra sprechen. Ihr erster Impuls ist es, einen sehr vagen Gesichtsausdruck aufzusetzen. Das liegt daran, weil Ihnen sofort Ihr Glaubenssatz einfällt, daß *Sie in Mathematik nicht gut sind.* Das ist eine Informationseinheit. Jetzt arbeiten Sie, je nach Ihrer mathematischen Fähigkeit, mit sechs, plus/minus zwei, Informationseinheiten. Als nächstes löst dieser negative Gedanke eine Erinnerung an die Stimme Ihres Vaters aus, der ausruft: *„Du wirst es nie zu etwas bringen!"* Jetzt sind Sie bei fünf plus/minus zwei Informationseinheiten angekommen. Diese unglückliche Erinnerung wird höchstwahrhscheinlich noch weitere nach sich ziehen, bis Sie schließlich bei null Informationseinheiten angekommen sind. Ich wette, Sie wissen, was jetzt geschieht. Die sich selbst erfüllende Prophezeiung (Ihr Glaubenssatz) erweist sich als zutreffend. Sie sind wirklich schlecht in Mathematik. Sie befinden sich jetzt auf einer Abwärtsspirale, denn Ihr Geist erfüllt getreulich alles, woran Sie glauben.

Der Geist kann sich auf einer positiven oder auf einer negativen Spirale befinden – es liegt ganz und gar bei Ihnen. In der Arbeit mit meinen Klienten und aus meiner persönlichen Erfahrung hat sich gezeigt, daß man auf einer positiven Spirale mit sieben oder mehr Informationseinheiten arbeitet, und so Selbstvertrauen und Begeisterung ausstrahlt, während es auf der negativen Spirale einen Energieverlust zu geben scheint, und man am unteren Ende des Spektrums operiert. Wenn das wahr ist, dann ist logischerweise Ihr *gegenwärtiger* Zustand ein sehr wichtiger Faktor. Sollten Sie bemerken, daß Sie sich auf einer negativen Spirale befinden, dann ist es an der Zeit, aktiv zu werden.

Während der Negativspirale haben Sie vermutlich nicht Ihr ganzes Gehirn benutzt, und wußten auch nicht, wie Sie die Einstellungen und Verhaltensweisen des Genies in sich hervorbringen konnten. Beim Lesen dieses Buches werden Sie Methoden entdecken, eben das zu tun; Sie werden lernen, wie leicht und natürlich es ist, Ihr Genie zu erwecken – Ihr positives Potential. Sie werden sich für das Genie Ihres Geistes öffnen, jenen anders-als-bewußten Geist, der bis zu 20.000 Informationseinheiten pro Sekunde verarbeitet. Dieser Teil von Ihnen ist wie ein Kind am Weihnachtsabend, das begeistert ist vom *Potential* in jedem nicht geöffneten Geschenk und das eins nach dem anderen aufmacht.

Das Computer-Gehirn

Ihr Gehirn funktioniert in mancher Hinsicht wie ein Computer. Ihr Computer operiert mit sehr viel mehr als dem Rechner, dem Monitor und der Tastatur. Das sind die Teile, die Sie sehen können. Es gibt aber außerdem zahllose Teile im Inneren, die unglaubliche mathematische Funktionen bewerkstelligen.

Das Schlüsselelement bei der Funktion jedes Computers ist das Betriebssystem. Im Computerjargon ist das üblicherweise ein Programm, das **D**ata **O**perating **S**ystem (DOS) genannt wird. Ohne dieses Programm läuft gar nichts. Ihr Gehirn hat auch ein Betriebssystem, und das besteht aus Ihren Glaubenssätzen und Werten.

Beginnen wir mit *Glaubenssystemen*. Einer meiner Lieblingssätze ist: „*Das Gesetz des Geistes ist das Gesetz des Glaubens!*" Was heißt das? Es ist ganz einfach: Ob Sie glauben, daß Sie gescheit sind, oder ob Sie glauben, daß jeder andere intelligenter ist als Sie, Sie haben recht! Der Geist wird Ihnen das entsprechende Verhalten liefern, das Ihren Glauben festigt. Deswegen sabotieren Menschen, die von sich glauben, sie seien unintelligent, auf irgendeine Weise ihren Erfolg. Wenn sie eine Prüfung gut machen, dann werden sie sagen: „Es war halt Glück." Bei der nächsten Prüfung versagen sie dann so gründlich, daß sie wieder in ihrer Zone des Wohlbehagens landen. Ein Genie hat keine Angst davor, seine Zone des Wohlbehagens über die wahrgenommenen Grenzen hinaus auszudehnen, und es weiß, daß es kein Versagen gibt, nur Feedback.

Ob Sie sich nun für ein Genie halten oder nicht, Sie können damit rechnen, daß Ihr Gehirn Sie nie zu einem Lügner machen wird. Wenn

Sie eine Aktivität mit der Vorstellung von Erfolg angehen, dann wird Ihr Genie so lange nicht locker lassen und die Dinge auf die Reihe bringen, bis Sie erfolgreich sind.

Sie sind das, woran Sie den ganzen Tag denken.

Was hat es mit den Werten auf sich? Das Wertesystem nennt man ein *Metaprogramm* (Programme, die hinter dem Oberflächenprogramm arbeiten und die Glaubenssätze bestimmen). Manche Leute glauben, daß Werte durch Lebenserfahrungen gelernt werden und daß sie, hat man sie erst einmal gelernt, so gut wie nicht veränderbar sind. Hier setzen die Selbsthilfe-Dialoge an. Werte arbeiten hinter der Bewußtseinsebene und motivieren uns, entweder zu handeln oder uns zurückzuziehen. Genies sind zur Selbstanalyse fähig. Sie fragen: „Gibt es für mich einen besseren Weg zu handeln, zu fühlen, zu sein?" Das sind die Leute, die Verantwortung auf sich nehmen, die flexibel sind und Veränderungen vornehmen, wo immer sie nötig sind. Sie lernen früh im Leben, mit dem zurechtzukommen, was sich ihrem Einfluß entzieht. Ein echtes Genie kann mit Frustration leben.

Glaubenssätze und Werte sind im nächsten Abschnitt unserer Entdeckungsreise sehr wichtig.

Selbstentdeckung: Sind Sie richtig „verdrahtet"?

Bevor Sie zum nächsten Abschnitt übergehen, nehmen Sie sich einen Augenblick Zeit und stehen Sie auf. Verschieben Sie Ihr Gewicht auf das rechte Bein und drehen Sie das andere Bein im Kreis. Fahren Sie mit dieser Kreisbewegung fort und schreiben Sie dabei Ihren Namen mit der dominanten Hand in die Luft.

Was passierte, als Sie begannen, Ihren Namen zu schreiben? Die meisten Leute finden es leicht, mit ihrem Bein zu kreisen, aber sobald sie anfangen, ihren Namen zu schreiben, hört ihr Bein auf zu kreisen und beginnt, sich hin und her zu bewegen, oder sie können ihren Namen nicht in die Luft schreiben. Was immer Ihre Erfahrung gerade gewesen sein mag, es ist ein starker Hinweis darauf, daß ein Machtkampf in

Ihnen stattfindet. Dieser Kampf wird zwischen der linken und der rechten Gehirnfunktion geführt. Ein Genie hat gelernt, mit der rechten und linken Gehirnhälfte in Harmonie zu leben, und ist in seinem Denken *ganz* geworden.

Die linke Gehirnhälfte

Wenn Sie ein Vulkanier wären wie Mr. Spock aus Star Trek, dann hätten Sie wahrscheinlich eine unglaublich aktive linke Gehirnhälfte. Wie Spock strebt die linke Gehirnhälfte nach Logik. Sie glaubt an Kontrolle und Präzision. Die linke Hemisphäre arbeitet sequentiell und deswegen müssen in diesem Bereich alle Gleichungen aufgehen. Außerdem gehört der Kritikfaktor zur Funktion der linken Gehirnhälfte, jener Teil des bewußten Verstandes, der darauf trainiert ist, Informationen zurückzuweisen, bevor sie wirklich zur Kenntnis genommen und in Erwägung gezogen worden sind. Ob Sie mit einer anderen Person verbal kommunizieren, mathematische Gleichungen lösen, dafür sorgen, daß Ihr Konto ausgeglichen ist, oder ein Kreuzworträtsel lösen – Sie benutzen die linke Gehirnhälfte. Das heutige Schulsystem arbeitet in erster Linie mit linken Gehirnfunktionen, weswegen manche Schüler den Unterricht gähnend langweilig finden. Das sind normalerweise die rechtshirnigen Kinder. (Wir kommen gleich auf sie zu sprechen.)

Leider gibt es eine kleine Mißlichkeit bei der überaktiven, logischen und linearen Denkart des linken Gehirns – es geht nämlich davon aus, daß sämtliche Information, so wie sie ist, hundertprozentig richtig ist. Kein Problem, sofern Ihnen nicht unrichtige oder unangemessene Glaubenshaltungen und Werte anerzogen wurden. Wenn das der Fall ist, dann kann das logische Denken des linken Gehirns Sie mit negativen Prophezeiungen bombardieren, die sich selbst bewahrheiten (wie der Mathematikschüler, der „einfach nicht gut ist in Algebra"). Es ist gewiß kein Zufall, daß die meisten Süchte und Verhaltensstörungen ihren Ursprung in linkshirnigen Funktionen haben. Eine Person mit einer überaktiven linken Gehirnhälfte sperrt die Kreativität aus, die Verhaltensalternativen oder andere Wege zum Erfolg auftun könnte.

Dem linken Gehirn geht es nicht darum, was wahr ist, sondern was für Sie Wahrheit ist. Ihre Wahrheit gründet sich auf die Schlußfolgerungen, die Sie während des gesamten Lebens aus Ihren Erfahrungen gezogen haben, seien sie real oder eingebildet. Diese Information ist Ihr Richter und Ihre Jury. Sie kontrolliert und plant Ihre Zukunft, denn auch die Zeit wird von der linken Gehirnhälfte überwacht. Ein Genie erkennt, daß die wahre Kraft weder in den linken noch in den rechten Gehirnfunktionen zu finden ist, sondern in der Fähigkeit, ganz nach dem jeweiligen Bedarf zwischen beiden Seiten zu wechseln.

Aber verstehen Sie mich nicht falsch, die linken Gehirnfunktionen sind ein notwendiger Teil des alltäglichen Denkens. Meine Hoffnung ist, daß Sie vielleicht inzwischen die Möglichkeit in Erwägung ziehen, daß die Art und Weise, wie Ihr linkes Gehirn gelernt hat zu funktionieren, Ihrem Erfolg im Wege stehen könnte.

Wenn das linke Gehirn fähig wird, mit dem rechten Gehirn zusammenzuarbeiten, dann stellt sich Harmonie ein. In diesem Zustand von Harmonie können Optimismus und Hoffnung aufblühen. Einstein sagte einmal, daß das Gehirn wie ein Fallschirm funktioniert – es arbeitet am besten, wenn es geöffnet ist! Wenn sich das linke Gehirn vor neuen Ideen verschließt, dann vertrocknet der machtvolle Fluß des Geistes.

Ich werde Sie durch einen Lernprozeß führen, bei dem Sie entdecken, wie Sie einen wahrhaft genialen Geist erschaffen; einen Geist, der Ihnen erlaubt, nach Belieben in die linke Gehirnhälfte hinein und hinaus zu gehen und den anders-als-bewußten Teil Ihres Geistes zu benutzen, um in Ihrem Leben Lösungen zu finden. Otto Normalverbraucher sieht das Leben als eine Folge von Problemen, während ein Genie das Leben als eine Folge von Entdeckungen und Lösungen sieht.

Die wahre Kraft Ihres Geistes liegt nicht im Wissen.

Ich bin ein großer Bewunderer von Albert Einstein. Offenbar wußte Einstein, wie man sein Gehirn gebraucht, um zu Ergebnissen zu kommen. In meinem Büro hängt sogar ein Riesenposter mit dem jungen Einstein. Ich kaufte es nicht so sehr wegen des Bildes, sondern wegen des Zitats, das neben sein Gesicht gedruckt ist. Einstein sagt uns: *„Phantasie ist wichtiger als Wissen."* Ich glaube, daß es dieses Stückchen Weisheit ist, das Einstein zu seinen größten Entdeckungen geführt hat. Wenn Sie wirklich an Ihre größeren Möglichkeiten herankommen wollen, dann müssen Sie Ihre schöpferischen rechten Gehirnfunktionen aktivieren, um in Harmonie mit Ihrem logischen Verstand zu arbeiten.

Als ich mich mit vielen Genies unserer Zeit und der Vergangenheit beschäftigte, stellte ich zu meinem Erstaunen fest, daß ein Gutteil der großen Erfinder der Vergangenheit auch Künstler waren. Leonardo da Vinci, einer der größten Künstler aller Zeiten, war auch ein außerordentlicher Erfinder. Leonardo besaß einen neugierigen Geist und richtete seine künstlerischen Talente oft auf wissenschaftliche Vorhaben. Er setzte seine zeichnerischen Fähigkeiten ein, um seine wissenschaftlichen Konzeptionen zu vermitteln. Die meisten seiner Erfindungen waren jedoch seiner Zeit weit voraus. Seine Zeichnungen zeigen, was er in der Zukunft für möglich hielt: Flugmaschinen, Fallschirme, Hubschrauber, Tauchanzüge und Methoden der Automation, um nur einiges zu nennen. Die Werkzeuge und bekannten Ressourcen seiner Zeit waren weit entfernt davon, das herstellen zu können, was seine Phantasie so klar erschaffen konnte. Die meisten von Leonardos Erfindungen blieben unbekannt, bis im 20. Jahrhundert einige seiner Notizbücher gefunden wurden. Interessanterweise waren alle diese Aufzeichnungen in einer bizarren Schrift von rechts nach links geschrieben, die nur im Spiegel entziffert werden konnte. Wir können nur darüber spekulieren, was seine Absicht gewesen sein mag. Aber klar ist, daß dies die Aufzeichnungen eines unglaublich schöpferischen Geistes waren.

Die heutigen Durchschnittstudenten sind im Vergleich zu früheren Generationen beachtliche Genies und zwar einfach aufgrund der Informationsmenge, die sie verarbeiten. Man schätzt, daß uns heute an einem Tag mehr Information zuströmt, als unseren Urgroßeltern in einem ganzen Leben. Durch sämtliche Medien (Bücher, Radio, Fernsehen, Computer), Litfaßsäulen und Einkaufsstraßen werden wir alltäglich mit einer unglaublichen Masse an Information bombardiert. Würde ein Cowboy des 19. Jahrhunderts – so vermuten Wissenschaftler und Psychologen – ins moderne Los Angeles versetzt, so würde sein physischer, mentaler und emotionaler Zustand dermaßen strapaziert, daß er wahrscheinlich kaum einen Monat überleben würde.

Man stelle sich nur vor, welche Masse an Information unsere Kinder tagtäglich aufnehmen, speichern, kategorisieren und benutzen. Wie man es auch dreht und wendet, es ist offensichtlich, daß diese Kids einen bemerkenswert genialen Geist haben. Aber leider werden diese unglaublichen Gehirne von TV-Seifenopern programmiert, von Werbespots und Videospielen. Wenn Sie sich davon überzeugen wollen, daß Kinder ein perfektes Gedächtnis haben, dann brauchen Sie ihnen nur zuzuhören, wenn sie sich einen Spaß daraus machen, die Werbespots zu wiederholen, die sie gesehen und gehört haben. Wie kommt es, daß sie sich so lebhaft an Werbung erinnern können? Es liegt daran, daß die Spots hell und farbenfroh sind, mit viel Bewegung und Action. Sie werden mit Musik unterlegt, die ständig wiederholt und so zum Ohrwurm wird. Die Leute, die etwas zu verkaufen haben, programmieren unsere Kinder.

Und welche Erfahrungen macht das Kind in der Schule? Die Information ist in der Regel langweilig, in Schwarz/Weiß-Text präsentiert, tagein tagaus mit der monotonen Stimme des selben Lehrers, und die Arbeit ist oft redundant, das heißt ohne neuen Informationswert. Viele Lehrer sind selbst schon von dem Stoff angeödet, den sie Jahr um Jahr vermitteln sollen, und tun wenig, um ihn ein bißchen zum Leuchten zu bringen, geschweige denn auf den neuesten Stand.

Der Personal Computer tauchte in den siebziger Jahren auf. Heute haben viele Haushalte PCs und fast jede Schule arbeitet mit irgendeiner Art von Computer. Innerhalb von dreißig Jahren haben sämtliche großen Firmen und die meisten kleinen Unternehmen mehr oder weniger auf Computer umgestellt. Aber ist das Computer-Zeitalter ins Erziehungssystem integriert worden? Ist der Computer ein Bestandteil des Klassenzimmers oder ein seltsamer Kasten, der irgendwo in einem Zimmer steht, wo die Kinder vielleicht einmal in der Woche eine Unterrichtsstunde absolvieren? Fragen Sie mal die Kids, welches ihr Lieblingsfach ist. Wenn sie das Glück haben, auf eine Schule zu gehen, in denen Computer zum Unterrichtsstoff gehören, dann stehen sie meistens ganz oben auf der Liste. Diese Kinder, bereit für das 21. Jahrhundert, haben den dynamischen Geist des Computer-Zeitalters, aber sie hocken in Klassenzimmern ohne Windows und müssen zwei und zwei addieren.

Sind Sie bereit, mit der Zeit Schritt zu halten? Dann lesen Sie weiter!

Die rechte Gehirnhälfte

Als Kind bewunderte ich staunend den Geist von Erfindern. Woher nahmen diese Genies ihre orginellen Ideen? Warum war es vorher niemandem eingefallen? Woher wußten sie, daß es wirklich funktionieren würde? War ihr Gehirn irgendwie anders als meins? Ihr Kopf schien nicht größer zu sein als meiner oder der von irgend jemand anderem. Ich las einmal, daß Albert Einstein nicht einmal das Gymnasium geschafft hat und durch eine Prüfung gefallen ist, die ihm erlaubt hätte, Elektroingenieur zu werden. Wie wurde er also zu dem Mann, dessen Name ein Synonym für Genie ist?

Als ich heranwuchs und meine eigenen Entdeckungen machte, verließen mich diese Fragen nie ganz und, um ehrlich zu sein, die Antworten ließen auf sich warten. Ich war neugierig, und es war dieses Staunen, das mich zum Feld der Psychologie und der Beratung zog. Ich habe seitdem eine Menge eigener Erfahrungen gesammelt, und das ist eine, deren ich gewiß bin: Menschen mit rechter Gehirndominanz haben eine bessere Chance, Veränderungen vorzunehmen und Gleichgewicht in ihrem Denken herzustellen.

Die rechte Gehirnhälfte ist für unsere schöpferischen Fähigkeiten verantwortlich; es ist die Fähigkeit zu träumen. Musikalische und künstlerische Fähigkeiten sind Produkte des rechten Gehirns. Manche halten diese Züge für eher weiblich, obwohl Männer und Frauen gleichermaßen kreativ und künstlerisch sein können. Es ist herrlich, sich im rechten

Gehirn aufzuhalten, einem freien, inspirierten Platz. Es ist der Ort von Träumen und Visionen, von Phantasie und Märchen, Freiheit, Romantik und Illusion. Es ist ein Ort, der keine Grenzen und keine Begrenzungen kennt.

Klingt toll? Es ist toll. Aber für manche kann es auch ein gefährlicher Ort sein. Wenn Leute in dieser linkshirnigen Welt zu rechtshirnig werden, dann müssen sie sich auf Schwierigkeiten gefaßt machen. Wie lange überlebt man in unserer gegenwärtigen Gesellschaft, wenn man nicht fähig ist, sein Konto auszugleichen, oder einfache Mathematik zu beherrschen, oder die Grundregeln der Grammatik zu beachten?

Es ist bedauerlich, daß in unserer Gesellschaft die linke Gehirnhälfte so dominant geworden ist. Aber wirklich traurig ist es, daß in unserem Schulsystem fast nichts anderes mehr gefragt ist. Wahrscheinlich ist es aus Notwendigkeit geschehen. Niemand will aus seinen Kindern „Träumer" machen, wenn die Gesellschaft verlangt, daß jeder seinen Lebensunterhalt verdient, ein schönes Haus mit zwei Autos vor der Garage hat, ein Bankkonto und eine ganze Latte von kleinen Plastikkarten in der Brieftasche. Das ist der amerikanische Traum, oder nicht?

Wenn unser Schulsystem sich nicht über die Grundlagen des 19. Jahrhunderts hinausbewegt, dann werden weiterhin die Schüler die Auszeichnungen ergattern, die ihr Gedächtnis am besten trainiert haben. Jene, die eine besondere musikalische oder künstlerische Begabung haben, werden sich schlecht und recht durchwurschteln, bis ihre linken Gehirnfunktionen hinreichend gereift sind. In vielen Ländern, wie zum Beispiel in Rußland, gibt es für solch künstlerisch begabte Kinder spezielle Ausbildungsprogramme, die ihre natürliche Anlage zu schöpferischer Tätigkeit fördern.

Was wäre der Welt verloren gegangen, wenn ein bestimmter kleiner Junge sich nicht zu einem Komponisten hätte entwickeln dürfen? Mozart begann mit fünf Jahren Menuette zu komponieren, und obwohl er nur fünfunddreißig Jahre alt wurde, hat er 626 katalogisierte Werke komponiert. Mozart gilt als ein Genie in der Musik, wie Leonardo da Vinci in der Kunst und Albert Einstein in der Physik.

Wie also ist Albert Einstein dazu gekommen, als größter Wissenschaftler unserer Zeit zu gelten? 1896 wurde er im Züricher Polytechnikum aufgenommen und legte das Staatsexamen als Lehrer für Mathematik und Physik ab. Danach kamen zwei magere Jahre, aber schließlich bekam er eine Anstellung im schweizerischen Patentamt. Die Arbeit war mühselig und in Beschlag nehmend, und doch verfaßte er während dieser Zeit eine Reihe außerordentlicher Schriften in theoretischer Physik. Die Texte schrieb er in seiner Freizeit ohne Kontakt zur wissenschaftlichen Gemeinschaft oder der Literatur seiner Zeit.

Eine dieser Schriften legte er an der Universität Zürich vor und bekam daraufhin prompt den Doktortitel verliehen. Im nächsten Jahr wurde er als außerordentlicher Professor an die Universität Zürich berufen. Innerhalb von nur dreizehn Jahren entwickelte sich Einstein von einem recht elementaren Bildungsniveau zu einem der führenden naturwissenschaftlichen Denker unserer Zeit. Was war sein Geheimnis? Er wußte, was er wollte und war entschlossen, es zu bekommen!

Und was begeistert Sie? Vielleicht Musik oder Kunst? Was ist mit den Naturwissenschaften, Physik, Biologie, Chemie? Oder ist es vielleicht das geschriebene Wort in irgendeiner Form? Wohnt ein Schauspieler, eine Schauspielerin in Ihnen und wartet auf den Augenblick, wo er oder sie leuchten darf? Versteckt sich ein Komödiant in Ihnen, der nur darauf wartet, auf die Bühne zu springen? Vielleicht ein Tänzer, ein Sportler oder ein Pantomime? Ist zufällig Mathematik oder Geschichte Ihr Ding? Faszinieren Sie Menschen? Vielleicht sind Sie jemand, der Menschen beobachtet – wie wäre es dann mit Psychologie, Soziologie oder Anthropologie? Ob es eines dieser Felder ist, das Sie lockt, oder irgendein anderes, spielt keine Rolle. Wichtig ist, daß Sie herausfinden, was Ihnen Freude macht, und daß Sie *es tun*.

Die Regel zur Erweckung Ihres Genies ...

... besteht darin, die Fertigkeiten der Selbstentdeckung zu erwerben. Sie müssen zuerst einmal ein Genie werden, das sich für Sie selbst interessiert! Selbstentdeckung heißt, daß Sie sich selbst kennen und sich Ihre Erfolge und Ihre Fehler wirklich zu eigen machen.

„Erkenne dich selbst." – *Sokrates*

Natürlich brauchen Sie einen Ausgangspunkt. Jeder von uns besitzt viele wunderbare Talente, Fertigkeiten und Fähigkeiten. Sie sind so vielseitig wie die Menschen selbst. Wie beginnen wir also den Prozeß, uns an sie anzuschließen? Erst müssen wir verstehen, wer wir sind. Bedenken Sie – jetzt in diesem Moment ist in Ihrem Inneren ein Genie an der Arbeit. Es überwacht auf wunderbare Weise die 75 Billionen Zellen in Ihrem Körper und ersetzt sie mit einer Geschwindigkeit von 50 Millionen oder mehr pro Sekunde. Ihre Augen bewegen sich über diese Seite und, ob Sie es glauben oder nicht, Ihr Bewußtsein hat bereits jedes Wort aufgenommen, das hier gedruckt ist. Es geschieht alles automatisch mit einer unbegreiflichen Präzision und Genauigkeit. Einfach genial!

Warum fühlen Sie sich dann nicht wie ein Genie? Weil die Grenzen Ihres bewußten Bewußtseins nie ausgedehnt wurden. Jeder hat das Genie-Potential. Es ist dem Menschen angeboren. Etwas, das größer ist als Sie, kontrolliert Ihre physische, mentale und emotionale Natur. Um den Prozeß zu beginnen, brauchen Sie sich nur selbst aus dem Weg zu gehen, was immer Ihnen Scham, Schuld, Groll oder sonstige negative Erfahrungen der Vergangenheit einflüstern mögen. Es ist an der Zeit, alle vergangenen Programmierungen durch Ihre Eltern oder andere Mitglieder des Familiensystems, die Ihnen nicht mehr dienen, zu *ver-lernen*. Vergessen Sie nicht, daß Ihre Eltern von deren Eltern und die wieder von ihren Eltern erzogen wurden – und keinem von ihnen wurde je ein „Eltern-Handbuch" gegeben. Sie machten es so gut, wie sie konnten mit der Information, die ihnen zur Verfügung stand.

Ich betrachte es als Glück, daß ich als Sohn eines Alkoholikers aufgewachsen bin. Dadurch ist mir schon sehr früh im Leben vieles aufgegangen. Ich habe immer versucht, meinen Vater und sein Verhalten zu verstehen. Warum konnte er nicht einfach „nein" zum Alkohol sagen? Dann erkannte ich eines Tages, daß ich mich wahrscheinlich nicht viel anders als mein Vater verhalten würde, wenn ich ohne Training und Anleitung unter dem gleichen Streß zu leiden hätte. Diese Einsicht war ein Schlüsselerlebnis bei der Erweckung meines eigenen Genies. Ich sah, daß es unmöglich war, einen anderen Menschen zu kontrollieren; ich konnte ihn nur annehmen wie er war, und entschlossene Schritte in Richtung meiner eigenen Ziele machen. Während ich ein Ziel nach dem anderen erreichte, verflüchtigten sich mein Ärger und mein Groll, die ich bislang gegenüber meinem Vater empfunden hatte. Aus meiner Erfahrung als psychologischer Berater weiß ich, daß dies für jede Beziehung gilt, seien es Eltern, Geschwister, Lehrer oder sogar nahe Freunde. Die Wahrheit ist, daß wir alle weit größer sind, als man uns hat glauben machen, und weit größer, als die meisten Menschen bewußt erfassen können. Falls Sie in einer Beziehung stecken, die einfach nicht funktioniert, dann stellen Sie sich vor, wie es wäre, wenn Sie einfach Ihr Bedürfnis nach Kontrolle über die andere Person oder die Situation aufgäben und sich auf aussichtsreichere Unternehmen einlassen würden. Versuchen Sie es! Ich garantiere Ihnen, daß das Ergebnis neu und besser sein wird.

Der anders-als-bewußte Geist

Es gibt eine uns zur Verfügung stehende Kraft, die größer ist als die Funktionen der rechten oder linken Gehirnhälfte. Wir nennen sie den anders-als-bewußten Geist (den Geist des Genies). Diese Kraft muß praktisch angewendet werden, und wenn das geschieht, stellt sie einen Fluß oder einen Kanal zwischen der rechten und linken Gehirnhälfte her.

Jeder verfügt über ein gewisses Maß an Kreativität. In Wahrheit sind wir als Menschen fortwährend schöpferisch tätig – denn bewußt oder unbewußt schaffen wir alle die Situationen, die unser gegenwärtiges Leben ausmachen. Wenn wir ehrlich mit uns selbst sind, dann wissen wir, was das Endergebnis unserer Handlungen sein wird, sei es positiv oder negativ. Wenn wir den Akt des Lebens in seinen einfachsten Komponenten betrachten, dann sehen wir, daß das Leben eine Reise ist

– eine nicht endende Folge von Problemen und Lösungen. Das Genie erkennt das und bleibt auf dem Weg nicht stecken, vielmehr fließt es mit den Erfahrungen des Lebens mit. Es gibt einen Teil in uns, genannt „der schöpferische Teil", der bei jedem gegebenen Problem Lösungen finden und in die Tat umsetzen kann.

Diesen schöpferischen Teil zu verstehen, wird ein großer Schritt sein, denn nach allem, was ich Ihnen bisher erklärt habe, werde ich Ihnen jetzt sagen, daß Sie in Wirklichkeit gar kein rechtes oder linkes Gehirn haben. Forschungen haben gezeigt, daß jede Gehirnhälfte in der Lage ist, die Funktionen beider Seiten auszuüben. Wenn ein Mensch auf einer Seite eine Verletzung erleidet, dann kann die andere Seite trainiert werden, die verlorenen Funktionen zu übernehmen.

Raten Sie mal, was das bedeutet? Sie haben *zwei* Gehirne ... Sie haben zwei Bio-Computer oder zwei Gehirne, die durch das Corpus Callosum miteinander verbunden sind, ein Streifen grauer Materie, der aus einem Band von Nervenfasern besteht. Ein Genie kann das Gehirn so benutzen, daß das sogenannte *ganzhirnige Denken* entsteht. Stellen Sie sich darunter die Fähigkeit vor, beide Hemisphären gleichermaßen zu gebrauchen; *kontrollierte* ***Kreativität*** oder *präzises* ***Träumen***. Wenn Sie Zugang zu dem ganzen Gehirn haben, dann können Sie ebenso meisterhaft verbal wie nicht verbal kommunizieren, künstlerische Fähigkeiten entwickeln und alle Informationen mit perfektem Erinnerungsvermögen speichern.

Die Prozesse in diesem Buch sind dazu da, das Ihnen innewohnende volle Potential zu erwecken. Lassen Sie sich nicht von der Überzeugung gefangennehmen, daß Genie einem glücklichen Irgendjemand in die Wiege gelegt wird. Wir alle haben die Fähigkeit, in diesem unseren Leben zu Genies zu werden; fragen Sie sich also:

➤ Wie wäre das Leben, wenn ich meine Kreativität anstellen kann, wann immer ich sie brauche? ... *Kontrollierte* ***Kreativität***.

- Wie wäre das Leben, wenn meine Träume klar und präzise wären und ich genau wüßte, was ich wann zu tun habe? Was, wenn ich damit beginnen könnte, meine Träume zu leben ... *Präzises* ***Träumen***.
- Wußten Sie, daß die Musik von Bach und Mozart und Beethoven das Gehirn ins Gleichgewicht und in den Alpha-Zustand bringt, den besten Zustand für Entspannung, inneren Frieden und schöpferische Lösungen und Ideen? ... *Logische* **Musik**.

Die Liste könnte beliebig fortgesetzt werden. Können Sie sich vorstellen, daß Sie Ihr Erinnerungsvermögen und die Fähigkeit, Informationen abzurufen, verdoppeln könnten? Ich möchte, daß Sie diese Möglichkeit im Auge behalten, wenn Sie sich in dieses Buch weiter einlesen. Um Ihnen zu helfen, das Puzzle zusammenzusetzen, damit Sie erreichen, was immer Sie erreichen wollen ... was immer Ihre Träume sein mögen ... Sie werden in Harmonie mit ihnen sein. Und ein für allemal: *Erlauben Sie sich, das Genie zu sein, das Sie sind.*

Selbstentdeckung:
Streckübungen für die Rechts-links-Verbindung

Ein einfacher Weg zur Einübung des ganzhirnigen Denkens ist die Erweiterung der Gehirnkapazität. Nehmen Sie in jede Hand eine Wachskreide oder einen Stift, und halten sie ihn so, wie Sie Ihren Schreiber normalerweise halten. Setzen Sie beide Spitzen in der Mitte eines Blattes aneinander. Beginnen Sie jetzt vom Mittelpunkt aus das Wort „Elefant“ zu schreiben und bewegen Sie dabei beide Hände nach außen. Die linke Hand geht nach links und die rechte nach rechts.

Wenn Ihnen diese Übung schwerfällt, bleiben Sie dabei. Sie wissen ja, Übung macht den Meister. Hier ein Tip: Stellen Sie sich vor, daß Ihre nicht-dominante Hand das Spiegelbild Ihrer dominanten Hand erschafft.

Linke Hand – Rechte Hand

Das Gehirn ist wie ein Muskel

Das Gehirn ist wie ein Muskel. Je mehr Sie es gebrauchen, um so stärker wird es. Nehmen Sie die Übungen in diesem Buch als mentales Fitness-Training. Das Gehirn muß nach und nach in Form gebracht werden; die Übungen erscheinen am Anfang einfach, aber sie werden bald komplexer.

Selbstentdeckung: Welche ist Ihre dominante Gehirnhälfte?

Ist eine Ihrer beiden Gehirnhälften dominant? Wahrscheinlich. Da Ihnen nie beigebracht wurde, wie man beide Seiten aktiv hält, wird fast immer eine dominant. Auf folgende Weise können Sie leicht feststellen, welche es ist:

Schauen Sie in eine Zimmerecke. Strecken Sie Ihren Arm gerade aus, so daß der Daumen nach oben zeigt und mit der Zimmerecke deckungsgleich ist. Dann schließen Sie erst das eine, dann das andere Auge. Stellen Sie fest, welches Auge Sie schließen müssen, damit der Daumen in der Ecke bleibt.

Ist Ihre rechte oder linke Gehirnhälfte dominant? Wenn Ihr Daumen in der Ecke blieb, als Ihr rechtes Auge offen war, wie das meistens der Fall ist, dann war Ihr linkes Gehirn dominant, und wenn Ihr linkes Auge offen war, dann war Ihr rechtes Gehirn dominant.

Der Zweck dieser Übung ist es, daß Sie verstehen lernen, wie Ihr Gehirn Informationen verarbeitet. Hätten Sie gedacht, daß Ihre Augen, wenn sie die Welt betrachten, das Bild sofort auf den Kopf stellen und es dann auf den Raum-Bildschirm hinter dem nicht-dominanten Auge projizieren? Erinnern Sie sich an die Selbstentdeckung *„Sind Sie richtig verdrahtet?“*, wo Sie mit dem Bein einen Kreis gemacht und Ihren Namen in die Luft geschrieben haben? Das ist ein perfektes Beispiel dafür, daß das Gehirn kreuzweise verdrahtet ist. Wenn Sie die rechte Seite Ihres

Körpers benutzen (Auge, Ohr, Arm, Bein), dann verarbeitet Ihr linkes Gehirn die Information, und wenn Sie das linke Auge, Ohr oder Bein benutzen, dann macht das rechte Gehirn die Arbeit.

Mit diesen Erkenntnissen über das Gehirn können Sie jetzt zur nächsten Stufe fortschreiten und mehr darüber lernen, was für ein unglaublicher Mensch Sie sind.

Zwei
Stilvoll lernen

Die Funktionen des rechten und linken Gehirns machen nur einen kleinen Teil des geistigen Potentials aus. Geist und Gehirn sind zwei ganz verschiedene Dinge. Stellen Sie sich das Gehirn als den Rechner des Computers vor und den Geist als die Software. Ihr Geist ist die Intelligenz, die in jeder Zelle steckt, in jedem Organ und jedem System des Körpers. Er ist jener unfaßliche, unglaubliche, Ehrfurcht einflößende Teil von Ihnen, der denkt, erinnert, Informationen sortiert, Urteile fällt, Gewohnheiten bildet, erkennt, Unterscheidungen trifft, kommuniziert und Sie zu dem macht, was Sie sind.

Ihr Geist nimmt alle Informationen durch die fünf Sinne auf (Sehen, Berühren, Hören, Riechen und Schmecken). Sie können die fünf Sinne mit der Tastatur des Computers vergleichen. Durch die Sinne empfangen Sie Input; sie sind das Dateneingangssystem. Ihr Gehirn speichert, kategorisiert und nutzt dann die Information. Ein Genie weiß, wie er an diese Informationen herankommen und sie dazu nutzen kann, Lösungen für alle Arten von Problemen zu finden, die auftauchen. Es ist deswegen entscheidend, daß Sie Ihren individuellen Stil entdecken, wie Sie Informationen sammeln und wie Sie kommunizieren.

Selbstentdeckung:
Finden Sie Ihre Präferenz

Wenn Sie folgende Fragen durchlesen, dann denken Sie an Ihre Vorlieben und Abneigungen, Gewohnheiten und Verhaltensweisen. Dann bewerten Sie Ihre Antwort auf der Grundlage der nachfolgenden Tabelle und schreiben Sie die Zahl links neben jede Frage.

		Ich stimme zu = 10 ***Ich stimme nicht zu = 5***
1.	_______	Meine Freunde kennen mich als guten Zuhörer.
2.	_______	Ich mag lieber Filme mit einem entspannten Tempo und einer Geschichte, die sich langsam entfaltet, als Filme voller Action, Lärm und Spezialeffekte.
3.	_______	Meine Vorstellung von einem schönen Abend ist, daß ich zu Hause bleiben und bequeme Kleider tragen kann.
4.	_______	Ich neige dazu, bei meinem ersten Eindruck von Menschen mehr nach der Stimme zu gehen als nach ihrem Aussehen und ihren Körperbewegungen.
5.	_______	Ich schaue den Leuten gerne zu, wenn sie an den Schaufenstern vorbeigehen.
6.	_______	Ich habe eine lebhafte Phantasie.
7.	_______	Ich kann mich schwer zurückhalten, mitzusingen, wenn Musik im Radio kommt.
8.	_______	Ich verlasse das Haus erst, wenn ich sicher bin, daß ich gut aussehe.
9.	_______	Ich freue mich an Musik eigentlich nur, wenn sie mir hilft, mich zu entspannen.
10.	_______	Ich schaue mir bestimmte Filme nur deshalb an, um die Spezialeffekte, die Landschaftsbilder oder die Kostüme zu sehen.
11.	_______	Nichts entspannt mich mehr, als wenn mir mein Hals und meine Schultern massiert werden.
12.	_______	Ich verbringe einen Großteil meiner Freizeit am Telefon.
13.	_______	Ich muß oft aufstehen, mich strecken und mich bewegen.
14.	_______	Nach einem Tag mit viel Streß fühlt sich mein Körper angespannt an, und es fällt mir oft schwer, mich zu entspannen.
15.	_______	Beim Essen schaue ich normalerweise fern oder lese.
16.	_______	Ich würde lieber einem Geschichtenerzähler zuhören als ein Buch lesen.
17.	_______	Ich habe eine klare Vorstellung davon, wie mein Leben sein soll.

18. _______ Ich höre regelmäßig Talkrunden im Radio.
19. _______ Ich beurteile Leute normalerweise mehr nach ihren Kleidern und ihrer Erscheinung als nach ihrer Art zu sprechen und körperlich zu reagieren.
20. _______ Ich kritzel oder fummel gewöhnlich mit etwas herum, während ich telefoniere.
21. _______ Ich verbringe oft Zeit damit, CDs oder Kassetten anzuhören.
22. _______ Ich finde es schwierig, Geräusche oder laute Stimmen auszublenden.
23. _______ Mir fällt es leicht, jemanden zu umarmen, den ich gerade erst kennengelernt habe.
24. _______ Ich warte normalerweise darauf, was mein Bauch sagt, um zu wissen, wie ich zu einer Person stehe.
25. _______ Bücher mit einem attraktiven, farbigen Umschlag ziehen mich an.
26. _______ Für mich ist nichts so stimulierend wie gute Unterhaltung.
27. _______ Wenn ich in ein Zimmer komme, fallen mir die Dekorationen und die Kunstgegenstände auf.
28. _______ Beim Duschen singe oder summe ich oder führe Selbstgespräche.
29. _______ Mein Schlafzimmer ist farblich abgestimmt und schön ausgeschmückt.
30. _______ Für mich geht nichts über ein heißes Bad, um Streß und Spannung abzubauen.

Jetzt summieren Sie Ihre Antworten in der Tabelle auf der nächsten Seite, um festzustellen, welche Kommunikationspräferenz Sie haben.

> **„Intelligenz ist nicht die Fähigkeit, Information zu speichern, sondern zu wissen, wo man sie findet.“**
> *Albert Einstein*

Visuell		**Auditiv**		**Kinästhetisch**	
Frage **Nummer**	*Antwort* **Pkte.**	*Frage* **Nummer**	*Antwort* **Pkte.**	*Frage* **Nummer**	*Antwort* **Pkte.**
5	______	1	______	2	______
6	______	4	______	3	______
8	______	7	______	9	______
10	______	12	______	11	______
15	______	16	______	13	______
17	______	18	______	14	______
19	______	21	______	20	______
25	______	22	______	23	______
27	______	26	______	24	______
29	______	28	______	30	______
Summe	______	**Summe**	______	**Summe**	______

Wie ist Ihr Ergebnis?

Sind die Summen der einzelnen Sparten einigermaßen ausgeglichen? Falls nicht, brauchen Sie sich nicht allein zu fühlen. Die meisten von uns benutzen einen ihrer Sinne mehr als die anderen. So wie wir uns auf eine Gehirnseite mehr verlassen, sei es die rechte oder linke, so neigen wir auch dazu, einem Sinnessystem die Dominanz über unsere Wahrnehmung der Welt zu geben.

Gehen Sie zur Liste zurück und schauen Sie sich noch einmal die Fragen an, bei denen Sie insgesamt deutlich weniger Punkte hatten. Denken Sie sich noch einmal in die Fragen hinein. Wären Sie bereit, Ihre Fähigkeiten auszuweiten, indem Sie sich bewußt dafür entscheiden, die anderen Sinne mehr zu gebrauchen? Können Sie sich vorstellen, Ihren Geist zu öffnen, um den gesamten Input der Sie umgebenden Welt aufzunehmen?

Es ist ganz natürlich, das zu benutzen, was angenehm ist, aber das erwachte Genie ist willens zu wachsen. Sie werden wie die Schildkröte nicht weit kommen, wenn Sie nicht aus Ihrem Panzer herauskommen. Sie werden angenehm überrascht sein, wenn Sie sich darin üben, von Ihren anderen Sinnen Gebrauch zu machen. Sie werden bemerken, daß sich Ihr Gedächtnis verbessert und daß es leicht wird, zwischen verschiedenen Möglichkeiten zu wählen. Sie werden eine ganz neue Welt der Kommunikation entdecken. Wenn Sie gelernt haben, Ihre Wahrnehmung ins Gleichgewicht zu bringen, dann sind Sie nicht mehr weit vom holografischen Denken entfernt. Im folgenden Abschnitt werden Sie ein tieferes Verständnis für die verschiedenen sensorischen Filter gewinnen.

Visuelle, auditive und kinästhetische Informationsverarbeitung

Wir wollen jetzt herausfinden, was das alles für Sie, das Genie, bedeutet. Denken Sie beim Lesen dieses Kapitels an sich selbst, an Ihre Freunde, Familienmitglieder und Lehrer. Versuchen Sie festzustellen, welche Präferenzen die einzelnen beim Lernen und Kommunizieren haben.

Jeder von uns hat Vorlieben, wie Information präsentiert werden soll:

Manche möchten ***SEHEN****, was Sie mitteilen ...* ***VISUELL***

Manche möchten Ihre Idee ***HÖREN*** *...* ***AUDITIV***

Manche möchten ***ERFAHREN*** *oder* ***FÜHLEN****, worüber Sie sprechen ...* ***KINÄSTHETISCH***

Ebenso haben wir Präferenzen, wie wir Informationen deuten und analysieren:

Manche entscheiden sich danach, wie etwas ***AUSSIEHT*** *...* ***VISUELL***

Manche entscheiden sich danach, wie etwas ***KLINGT*** *...* ***AUDITIV***

Manche entscheiden sich danach, wie sich etwas ***ANFÜHLT*** *...* ***KINÄSTHETISCH***

Im allgemeinen benutzen Menschen alle drei Zugangsweisen, um Informationen aufzunehmen und zu kommunizieren. Manche haben eine bestimmte Präferenz, um Informationen zu sammeln und eine andere, um sie zu interpretieren. Zum Beispiel:

Ein neues Auto *ANSCHAUEN* und es dann kaufen, weil es sich gut *ANFÜHLT*.

Sie werden bald Gelegenheit haben, besser zu verstehen, wie Ihr Geist Informationen verarbeitet. Behalten Sie beim Lesen dieses Abschnittes im Kopf, worum es geht: Die Entwicklung von Flexibilität zwischen allen drei Sinnessystemen ist das, was Ihr Geniepotential erweckt.

Visuelles Lernen

Wenn Sie am Morgen zu Ihrem Schrank gehen, um sich anzuziehen, was stellen Sie fest? Ist Ihre Kleidung hell und farbenfroh und immer gut aufeinander abgestimmt? Wie machen Sie sich zurecht? Verbringen Sie viel Zeit vor dem Spiegel, um sich genau das richtige Aussehen zu geben? Was fällt Ihnen bei Menschen als erstes auf? Ihr Aussehen, ihre Kleidung, ihre mehr oder weniger gepflegte Erscheinung? Sind Sie sich immer Ihrer Umgebung bewußt? Regt Sie ein schief hängendes Bild auf oder ein Einrichtungsgegenstand, der nicht an seinem Platz ist?

Wenn Sie merken, daß Sie zustimmend mit dem Kopf nicken, dann sind Sie wahrscheinlich eine Person mit visuellem Zugang. Untersuchungen haben gezeigt, daß 70 Prozent der U.S.-Bevölkerung Informationen visuell verarbeitet. Das kann direkt auf die amerikanische Kultur zurückgeführt werden, die voll ist mit visueller Unterhaltung, grellen Lichtern und auffallender Kleidung. Die meisten Menschen, die visuell lernen, müssen *sehen*, was sie zu lernen haben, andernfalls nehmen sie die Information einfach nicht auf. Ohne visuellen Stimulus fällt die Gedächtnisleistung um die Hälfte und mehr ab. Wegen des hohen Prozentsatzes von visuell Lernenden, baut unser Schulsystem auf visuellen Voraussetzungen auf. Der Lehrer benutzt visuelle Hilfsmittel und Lesestoff, um eine Lektion zu vermitteln. Die zusätzliche Anwendung von Fernsehen und Videos im Klassenzimmer hat den visuellen Prozeß noch verstärkt.

Auditives Lernen

Wer auditiv lernt, legt nicht so viel Gewicht auf die äußere Erscheinung, macht sich aber sehr viel daraus, was andere Leute sagen. Wird er mir sagen, daß ich hübsch aussehe? Wird sie mir sagen, daß dieses Hemd meine breiten Schultern betont? Der auditiven Person ist es nicht so wichtig, ob ihr Auto neu lackiert werden muß, oder ob die Sitze etwas abgenutzt oder vielleicht verschlissen sind – aber, WOW, was für eine Stereoanlage! Ein auditiver Autokäufer würde sich nach dem Klang des Motors entscheiden und die Türen ein paar Mal auf und zu machen, nur um zu hören, ob sie satt ins Schloß fallen.

Auditive Menschen können in einem Vortrag sitzen, ohne je den Vortragenden anzuschauen, und still alles aufnehmen, was gesagt wurde. Manchmal erweckt das den Eindruck, als hörte die Person nicht zu, weil sie den Sprecher nicht direkt anschaut. In Wirklichkeit haben sich die auditiv Lernenden völlig auf das eingestimmt, was sie hören, und machen von ihrem visuellen Sinnessystem kaum Gebrauch.

Kinästhetisches Lernen

Erinnern Sie sich an die Kinder in Ihrer Klasse, die in diesen Schlotterkleidern herumgelaufen sind? Sie wissen doch, der Junge, der immer die Jesuslatschen trug, wo der Kamm nie ganz durch die Haare zu kommen schien und die Brille meistens schief auf der Nase saß? Gewiß ist nicht jeder, der kinästhetisch lernt, dermaßen „bequem“, aber Bequemlichkeit scheint ihre oberste Priorität zu sein. Der kinästhetische Typ begegnet der Welt über Gefühle. Das sind die Leute, die Ihre Hand oder Ihre Schulter berühren, während sie mit Ihnen sprechen. Sie umarmen andere gerne und können gut Nähe zulassen.

Auf den Rest der Welt wirken Kinästhetiker oft langsam oder sogar langweilig. Das liegt daran, daß sie erst einmal einen *Zugriff* zur Information bekommen müssen, ein Gefühl dafür, bevor sie eine Entscheidung treffen können. Die meisten müssen ihre Neurologie (ihren Körper) ins Spiel bringen, um Informationen zu verarbeiten. Sie sind oft zappelig und arbeiten am besten, wenn sie ihre Hände gebrauchen können. Dieses emotionale Verarbeiten braucht seine Zeit, und oft sind die auditiven und visuellen Typen schon längst beim nächsten Thema, bevor der Kinästhetiker überhaupt begriffen hat, um was es geht.

Unser Schulsystem kommt weder den auditiven noch den kinästhetischen Typen entgegen, aber die „Fühl-Menschen“ haben das größte Handicap. Die auditive Person kann immerhin dem Vortrag zuhören, der mit der visuellen Präsentation einhergeht, aber dem, der kinästhetisch verarbeitet, wird gesagt, er solle still sitzen, auf die Tafel schauen und dem Lehrer zuhören. Diese Anweisungen sind alle dazu angetan, den Lernenden von seinem natürlichen Genie abzuspalten. Wenn er doch nur etwas zu *tun* bekäme ...

Das ausgeglichene Genie

Jeder lernt und kommuniziert auf alle drei Weisen. Die meisten Menschen entwickeln jedoch eine Präferenz und neigen dazu, einen Zugangskanal sehr viel häufiger zu benutzen als die anderen. Blättern Sie jetzt noch einmal zurück und schauen Sie sich die Ergebnisse der Selbstentdeckungs-Übung *FINDEN SIE IHRE PRÄFERENZ* an.

Als ein Genie, das im Begriff ist aufzuwachen, ist es Ihr Ziel, sich Ihre eigene Präferenz bewußt zu machen und danach zu streben, zwischen allen drei Sinnessystemen ein Gleichgewicht herzustellen. Sämtliche Selbsthilfe-Dialoge sind dazu da, dieses Gefühl von Harmonie zwischen der visuellen, auditiven und kinästhetischen Verarbeitungsweise herzustellen, die sich in Ihnen vollzieht. Obwohl die Dialoge ein auditiver Prozeß sind, können Sie mit geschlossenen Augen und einem angenehm entspannten Geist sehen, hören und fühlen, daß Sie erfolgreich sind. Wenn Sie dann draußen in der wirklichen Welt Erfolg erschaffen, dann wissen Sie, wann Sie ihn erreicht haben; Sie haben den totalen Erfolg bereits gesehen, gehört und gefühlt – mit einem Wort erlebt.

Denken Sie daran, daß Ihr Geist holografisch ist, er ist immer mit allen fünf Sinnen aktiv. Ich habe einen Bruder, Walter, der sich auf seine spezielle Weise verabschiedet. Er sagt: *„Auf Wiederriechen!"* Den meisten Leuten kommt das ziemlich komisch vor, aber für ihn ist es ganz natürlich. Walter hat es nämlich mehr mit dem Riechen (dem olfaktorischen Sinn) als die meisten anderen Leute, und so benutzt er die entsprechende Sprache. Das gilt für die meisten Menschen – sie kommunizieren überwiegend mit ihrem dominanten Sinnessystem.

Fehlkommunikation

So wie Sie jetzt im Begriff sind, sich selbst besser verstehen zu lernen, so werden Sie beginnen, mit anderen besser zu kommunizieren. Beim Lesen des folgenden Dialogs zwischen einem Lehrer und einem Schüler achten Sie genau darauf, welcher Kommunikationsmodus benutzt wird. Kommunizieren diese beiden erfolgreich? Identifizieren Sie sich mit dem einen oder dem anderen?

LEHRER TOM: Bitte SCHAU dir nochmal diesen Test an. SIEHST du denn nicht die Fehler, die du machst? Wie willst du denn irgend etwas in dieser Welt erreichen, wenn du deine AUGEN nicht aufmachst?

SCHÜLERIN STEFFI: Ich habe wirklich das GEFÜHL, daß ich es so gut wie möglich gemacht habe. Irgendwie kriege ich das nicht in den GRIFF, wie man für einen Test lernt. Ich BEGREIFE dieses Zeug einfach nicht.
LEHRER TOM: Ich glaube, du nimmst dir einfach nicht die Zeit, dir die Sache von allen Seiten ANZUSEHEN. Wahrscheinlich ERSCHEINT dir alles noch etwas VAGE; soll ich dir den ganzen Prozeß noch einmal ZEIGEN?
SCHÜLERIN STEFFI: Ich weiß nicht, ob das was hilft. Ich habe einfach kein GESPÜR für die Sache. Außerdem FÜHLE ich mich in dieser Klasse nicht wohl. Aber ich kann es ja mal ERWÄGEN.

Wird TOM STEFFI davon überzeugen, daß es sinnvoll ist, ihr die Arbeit noch einmal zu ZEIGEN? Wer könnte von einer verbesserten Kommunikation profitieren?

Es ist unwahrscheinlich, daß LEHRER TOM STEFFI dazu bringen wird, mit seinen AUGEN zu SEHEN. Vielmehr spricht einiges dafür, daß STEFFI sich von LEHRER TOM und der ganzen Klasse noch mehr zurückziehen wird.

Haben Sie sich über TOM geärgert? Oder über STEFFI? Wer von den beiden würde am meisten von einer verbesserten Kommunikation profitieren? Für beide ist es wichtig. Es ist TOMS Aufgabe, STEFFI den Unterrichtsstoff beizubringen. Hätte TOM in STEFFIS Sprache (kinästhetisch) gesprochen, dann wäre es durchaus möglich gewesen, daß er ihr hätte helfen können, den Stoff zu BEGREIFEN.

STEFFI hat andererseits eine Pflicht sich selbst gegenüber, das zu lernen, was in der Klasse durchgenommen wird. Wäre sie bereit gewesen, in der Sprache des Lehrers zu kommunizieren, dann hätte sie mit SEINEN AUGEN Zugang zu der Information bekommen, die sie braucht, um erfolgreich zu sein.

Einem Genie ist sehr deutlich bewußt, welche Macht die Kommunikation hat. Wenn Sie das Repräsentationssystem eines Lehrers verstehen, dann werden Sie Ihren Mitschülern einen Schritt voraus sein.

Kommunizieren Sie mit anderen Leuten in deren Repräsentationssystem, so werden Sie in jeder Unterhaltung die Führung haben.

Nehmen Sie dieses Wissen mit in die Welt hinaus. Beginnen Sie damit, auf die Kommunikationspräferenzen, also die Repräsentationssysteme von Nachbarn, Freunden, ja sogar von Fremden zu achten. Vielleicht ist Ihr Nachbar, der bisher kaum den Blick gehoben hat, wenn Sie ihn mit einem fröhlichen „Hallo" begrüßt haben, ein auditiver Zauberer, der jede Nuance im Ton Ihrer Stimme wahrnimmt. Oder was ist mit Mrs. Perfekt, ihrer makellosen Erscheinung und ihrem ordentlichen, hübsch gestalteten Leben? Vielleicht lebt sie nur ihr visuelles Geniepotential aus! Werden Sie Ihre Meinung über den Gemüseverkäufer ändern, der Ihnen immer so langsam vorkam? Vielleicht ist er in Wirklichkeit ein kinästhetisches Genie!

Drei
Ihre Beziehung zur Vergangenheit

„Wenn Sie zu lange in den Rückspiegel schauen, werden Sie verunglücken.“
–*Jim Ward*, High School Football-Coach

Bei vielen Menschen besteht die Neigung, sehr viel Zeit damit zu verbringen, sich mit den negativen Erfahrungen der Vergangenheit zu beschäftigen. Das Gehirn ist ein zielorientierter Organismus. Es versteht sich nur darauf, Erfolg zu haben. Wenn Sie Ihre Aufmerksamkeit auf negative Erfahrungen konzentrieren, wird Ihr Geist darauf aus sein, von dieser Art von Erfahrung noch mehr zu produzieren. Ist Ihnen schon einmal ein Pechvogel begegnet? Wie hat diese Person ihre Zeit verbracht? Hat sie endlos über die Kümmernisse des Lebens lamentiert? Lauerte die nächste Katastrophe hinter jeder Ecke? Könnte es sein, daß sich diese Person ihr Pech selbst eingebrockt hat?

Mein achtes Schuljahr war ein Alptraum. Seit ich in der zweiten Klasse zurückgestuft und als „lernbehindert“ abgestempelt worden war, war das Klassenzimmer für mich ein höchst unglücklicher Aufenthaltsort. Ungefähr zu der Zeit, als ich mein Gastspiel in der achten Klasse gab, war mein Vater aktiv dabei, seinen Alkoholismus zu besiegen. Er hatte seinen Durst auf Alkohol durch Wißbegierde ersetzt, und seine Suche führte ihn zu den Konzepten des „positiven Denkens“. Er war erpicht darauf, seine neu gefundene Weisheit an seine Kinder weiterzugeben.

Ich fand es sehr schwierig zu verstehen, wie dieses ganze „Bewußtseinszeug“ funktionieren sollte. In diesem zarten Alter hatte ich bereits eine sehr negative Einstellung zu Leuten in Autoritätspositionen entwickelt. Ich erinnere mich, daß ich glaubte, mein Lehrer habe nichts anderes im Sinn, als mich fertig zu machen, und daß mein Hockey-Coach eine absolute Niete war. Ich hatte die Angewohnheit, ein neues Schuljahr mit der Überzeugung zu beginnen, daß die Lehrer nur darauf aus waren, mir Fehler nachzuweisen. Und natürlich tat ich alles, um ihnen recht zu geben. Ich wurde zum schwarzen Schaf und wurde ständig vom Unterricht ausgeschlossen – schließlich mußte ich meinem Ruf gerecht werden. Als ich zwölf Jahre alt war, konnte ich mir schon nicht mehr vorstellen, daß meine Zukunft anders oder besser sein könnte als das, was ich in der Vergangenheit „immer" erfahren hatte.

Eines Tages nahm mich mein Vater beiseite und sagte, ich solle mich neben ihn setzen. Ich bereitete mich auf eine endlose Moralpredigt vor oder auf eines diese Vater-Sohn-Gespräche, die nirgendwohin führen. Aber mein Vater, der selbst so viele Schwierigkeiten in seinem Leben gemeistert hatte, konnte mir jetzt dabei helfen, die Geheimnisse des Geistes zu entdecken und mich von solch negativem Denken zu befreien. Er machte mir klar, daß es einen gemeinsamen Nenner in allen meinen unglücklichen Schulerfahrungen gab. Der Lehrer, das Klassenzimmer und der Unterrichtsstoff änderten sich von Jahr zu Jahr – was aber konstant blieb, das war *ich*!

Allmählich begriff ich. Ich hatte zugelassen, daß die Zukunft aus der Vergangenheit erschaffen wurde. Es waren nicht meine Lehrer und nicht meine Umgebung, die sich verändern mußten, ich war der einzige, der das Modell der Vergangenheit durchbrechen konnte. Ich mußte einfach anders denken und handeln und vor allem anders *reagieren* lernen.

Meine Vergangenheit sagte mir, daß ich ein Dummkopf war. Ich war in der zweiten Klasse als „lernbehindert" beurteilt und zurückgestuft worden, weil ich im Lesen, Schreiben und Sprechen sehr schlecht war – ein Muster, das ich die ganze Grundschulzeit mit mir herumschleppte. Ich brauchte einen ganzen Sommer der Neuorientierung und mußte mehrere Jahre lang zusätzliche Anstrengungen unternehmen, um mich aus der Gußform der Vergangenheit zu befreien. Im zweiten Jahr der High School gelang es mir dann, in die Riege der Besten aufzusteigen, eine Position, die ich während der gesamten College-Zeit beibehielt. Wäre ich in dem alten Fahrwasser hängen geblieben, meine Zukunft aus dem Stoff der Vergangenheit zu erschaffen, dann könnte ich heute dieses Buch nicht schreiben. Dieser Abschnitt wird Ihnen zeigen, wie Sie in

Ihrem Leben sofort und automatisch Veränderungen herbeiführen können, indem Sie Kontrolle über Ihre Gedanken erlangen. Nehmen Sie sich Zeit und überdenken Sie jede der Fragen, die Ihnen gestellt wird. Stellen Sie sich vor, Sie würden jemand kennenlernen, der Sie interessiert, und lernen Sie sich auf diese Weise selbst kennen.

„Es hat den größten praktischen Nutzen, wenn man frühzeitig im Leben ein paar Fehler macht.“ – *T.H. Huxley*

Wo sind Sie?

Wie ist Ihre Beziehung zur Vergangenheit? Denken Sie an die Verhaltensweisen, die Sie häufig an den Tag legen. Wann machen Sie das? Was ist der Auslöser? Ist es wirklich Ihr eigenes Verhalten? Oder denken Sie an Ihre Mutter oder Ihren Vater, oder vielleicht einen Freund oder andere Familienmitglieder im Zusammenhang mit dieser Verhaltensweise? Wenn ja, ist das Verhalten positiv? Falls ja, dann bleiben Sie dabei! Falls es sich jedoch um negative oder unerwünschte Gewohnheiten handelt, dann können Sie die folgenden Schritte unternehmen, um sich von ihnen zu befreien, oder sie so umwandeln, wie Sie es sich wünschen. Sie müssen wissen, wo Sie sich befinden, um herauszufinden, auf welches Ziel Sie zusteuern.

Zeitweise fühlt sich das Leben so an, als wäre man an Bord eines großen Düsenflugzeugs. Wir nehmen an, daß der Pilot (das Bewußtsein) weiß, wohin er fliegt und wie er dorthin kommt. Sollte der Flug allerdings unruhig werden, dann bekommen wir vielleicht das Gefühl, daß wir dem Piloten etwas zu viel Macht eingeräumt haben. Vielleicht haben wir ihm nicht einmal den richtigen Flugplan gegeben! Es gibt viele Gründe, warum man den Kurs verlieren kann, und sie können durchaus real sein, aber es gibt mehr und bessere Gründe, auf den Kurs zurückzufinden.

Kürzlich nahm ich an einer Konferenz in Atlanta, Georgia, teil. Dort hatte ich Gelegenheit, Thomas Grinder, einen sehr inspirierenden

Redner, eine Geschichte erzählen zu hören, die mir unter die Haut ging. Die tiefere Bedeutung und die Implikationen dieser Geschichte blieben mir noch tagelang im Kopf, und noch immer laufen mir Schauer über den Rücken, wenn ich sie wiederhole.

Mr. Grinders erfundener Freund, nenen wir ihn „Caleb", hat die Theorie, daß dann, wenn er im Fluß und in der Präsenz des Lebens ist (in Harmonie mit dem anders-als-bewußten Geist), es so scheint, als würde ihn das Leben selbst zu den Zielen des Tages tragen. Das sind die Tage, an denen er sich zuversichtlich und kompetent fühlt. Er kennt seine Richtung und der Weg ist klar.

Caleb bemerkte jedoch, daß an den Tagen, an denen er aus irgendeinem Grund nicht im Fluß ist, es sich so anfühlt, als würde er durch Schlamm waten, der ihm bis zu den Schenkeln geht. An einem bestimmten Tag, als der Schlamm besonders zäh und die Beine so schwer waren, daß er fürchtete steckenzubleiben, schaute er schließlich zum Himmel auf und stellte eine einfache Frage: *„Wo bist du, Gott?!"*

Caleb starrte ausdauernd zum Himmel, aber es kam keine Antwort. Schließlich entschied er sich, sich schweren Herzens weiter fortzuquälen und begann, wieder durch den Sumpf zu waten; er hatte das Gefühl, als würden ihn Bleigewichte tiefer und tiefer ziehen. Dann bemerkte er aus dem Augenwinkel, daß ihm jemand zuwinkte. Er schaute genauer hin und erkannte die Gestalt.

„Lieber Gott", rief er aus, *„was tust du da drüben, wenn ich dich hier brauche?!"*

„Ich bin hier", rief Gott zurück, *„weil hier der Weg ist!"*

Ich weiß nicht, ob Gott sich wirklich so manifestiert, aber was ich weiß, ist, daß Gott auf geheimnisvolle Weise wirkt. Es gibt einfach keine Möglichkeit, den Plan, den Gott für unser Leben hat, zu erfassen. Manchmal kann sein Plan so aussehen, als würde er völlig vom Weg abführen, aber nachdem sich der Sturm und die Verwirrung gelegt haben, kommt alles ins Lot. Haben Sie je zurückgeschaut und sich gefragt: „Warum habe ich bloß *so* eine Affäre daraus gemacht?" Hat sich nicht alles aufs beste eingerenkt? Erwachte Genies wissen, daß es etwas

Größeres gibt als ihr kleines menschliches Selbst, das diese Welt zusammenhält.

Als ein werdendes Genie wollen Sie den Weg des geringsten Widerstandes gehen. Wenn sich das Leben wie ein Sumpf anfühlt, dann ist es an der Zeit, einen neuen Weg zu suchen, der frei und gerade ist und Sie direkt zu Ihren Zielen bringt.

Sind Sie vielleicht Caleb ein wenig ähnlich, der darauf aus war, sich durch Schlamm und Sumpf zu quälen? Wenn das der Fall ist, dann gibt es keinen besseren Zeitpunkt als den gegenwärtigen, sich nach anderen Optionen umzuschauen. Für die, die sich verändern wollen, gibt es jede Menge Optionen. Es mag manchen von Ihnen, die dies lesen, vielleicht wie eine bizarre Idee vorkommen, aber *das Leben ist dazu gedacht, Spaß zu machen*. Manche Leute mißverstehen diesen Satz und meinen, *das Leben müßte leicht sein*. Tut mir leid, Leute, das ist eine Do-it-yourself-Welt. Wenn Ihr inneres Genie diese einfache Weisheit erst einmal begriffen hat, dann übertrifft das alles andere Wissen. Diese Erkenntnis wird Sie auf den direktesten Weg des Lebens führen und Ihnen helfen, Sie auf den Weg zurückzubringen, wann immer Sie davon abgekommen sein mögen. Obwohl Geld oft zum Maßstab des Erfolgs gemacht wird, garantiert es nicht immer ein *leichtes* Leben. Was die meisten Leute in Wahrheit suchen, ist ein *Gefühl* – Glück oder inneren Frieden, das sich erst einstellt, wenn sie glauben, daß es so ist.

Es war im letzten Monat meines sechsten Schuljahrs, einer jener Sonnentage, an denen alle Kinder nur darauf warten, in die Freiheit hinauszukommen und sich in die Sommervergnügen zu stürzen. Die Lehrerin tat ihr Bestes, um die Klasse zur Ruhe zu bringen, aber ohne Erfolg. Einen besonders aufgeregten Jungen schrie sie schließlich an: „Mach jetzt endlich deine Arbeit, oder du wirst bei der Müllabfuhr landen!"

Ihre Hände hatte sie fest in die Hüften gestemmt und mit der Fußspitze klopfte sie ungeduldig auf den Boden. „Ist es das, was du willst?" hakte sie nach.

Man kann nicht behaupten, ihre Äußerungen wären von Erfolg gekrönt gewesen. Es war eine Drohung, die wir alle schon oft gehört hatten.

Am nächsten Tag kam ein anderer Junge aus meiner Klasse mit einem großen stämmigen Mann daher, dessen Haut wie Schuhleder aussah. Es war sein Vater. Seine riesigen Arbeitsstiefel schlugen hart auf den Boden, als er quer durchs Klassenzimmer auf die Lehrerin zuging. „Hören Sie mal gut zu“, sagte er und deutete mit dem Finger auf ihr Gesicht. „Zufällig verdiene ich meinen Lebensunterhalt, indem ich den Müll in dieser Stadt aufsammle, und es paßt mir wirklich gar nicht, wie Sie meinen Beruf hier vor den Kindern runtermachen. Ich verdiene mehr als Sie!“ Jetzt kam er richtig in Fahrt. „Ich bin ein guter Vater ... und ernähre meine Familie. Wir haben ein anständiges Haus und ein Auto ... und wissen Sie was, ich mag meinen Beruf!“

Es machte den Eindruck, daß dieser Mann eine andere Vorstellung vom „Müllmann“ hatte als meine Lehrerin. In dieser Do-it-yourself-Welt war Müllabfuhr ein ehrenhafter Beruf, und er hielt sich für ziemlich erfolgreich. Leider gibt es wahrscheinlich viele andere Müllmänner, die sich durch ihre Arbeit herabgesetzt fühlen. Weil sie es so sehen, ist es für sie so.

Da Sie jetzt lernen, die Kraft Ihres eigenen Genies (*Ihrer Wahrnehmungen*) zu erkennen, brauchen Sie gar nicht so weit vom Kurs abzukommen, daß Sie Korrekturen vornehmen müssen. Die Anonymen Alkoholiker haben einen Satz, der ihnen hilft, auf Kurs zu bleiben. Ich finde, daß er für jeden Menschen Gültigkeit hat. *„Gott gebe mir die Gelassenheit, die Dinge hinzunehmen, die ich nicht ändern kann, den Mut, die Dinge zu ändern, die ich ändern kann, und die Weisheit, das eine vom anderen zu unterscheiden.“*

Sammy Sly hat ein Ziel und er ist sicher, daß er es eines Tages erreichen wird. Er weiß, daß sein Ziel hoch gesteckt ist, und die Nachbarn machen sich oft darüber lustig, aber er läßt sich nicht davon abbringen: Eines Tages wird er die Freiheitsstatue sehen. Sein Wecker läutet also jeden Tag mit Sonnenaufgang. Er räumt sein kleines Zwei-Zimmer-Appartment auf, duscht, rasiert sich und ißt ein gesundes Frühstück. Mit erhobenem Kinn und leichten Fußes tritt er in den hellen Sonnenschein hinaus und genießt die Wärme, ohne sich um den Smog des Tages zu kümmern. Er geht direkt zur Bushaltestelle. 47 Minuten später tritt er auf das sandbedeckte Pflaster und atmet die salzige Meerluft tief ein. Sammy verbringt seinen Tag damit, die Küste abzusuchen in der festen Hoffnung, daß er heute die majestätische Statue seiner Träume entdecken werde.

Im Laufe des Nachmittags wird Sammys Zuversicht von einer altbekannten Schwermut überschattet. Er bleibt stehen, streckt sich und schaut an dem weiten Strand entlang. In der Ferne kann er den Pier von Santa Monica sehen. Mit einem Stich in der Brust dreht er sich um und schaut auf die Stadt hinter sich. Er kann gerade noch die Kuppen der Hügel von Hollywood ausmachen. Bei Sonnenuntergang nimmt Sammy wieder den Bus nach Hause. Er steigt die Stufen mit bleiernen Füßen hinauf, läßt sich mit hängenden Schultern auf den Sitz fallen, und heiße Tränen der Enttäuschung fließen über seine geröteten Wangen.

Wird Sammy jemals die Freiheitsstatue finden? Natürlich nicht. Er ist entschlossen, ausdauernd und absolut sicher, daß er sein Ziel erreichen wird. Aber er ist 3000 Meilen vom Kurs abgekommen. Ein Genie springt nicht jeden Morgen aus dem Bett und rennt in den Westen, um den Sonnenaufgang zu sehen. Er wacht mit dem Wissen auf, daß ihm alles, was er auf dieser Reise, genannt Leben, braucht, zukommen wird. Wenn es ihm an Fähigkeit mangelt, dann schreit er nicht *„Warum ich?“*, sondern macht eine Inventur seiner selbst und fragt dann: *„Warum nicht ich?“* Er kann sich dann auf einen neuen Kurs begeben, auf dem er die zusätzliche Hilfe oder Ausbildung bekommen wird, die er vielleicht braucht. Denken Sie daran, was Thomas Edison einmal gesagt hat: *„Genie ist ein Prozent Inspiration und 99 Prozent Perspiration!“*

Selbstentdeckung: Malen Sie ein Bild von Ihrer Beziehung zur Vergangenheit

Es ist an der Zeit, daß Sie Ihren Kurs bestimmen. Um festzustellen, welche Richtung Sie einschlagen sollen, müssen Sie erst wissen, wo Sie gewesen sind. Richtig, holen Sie sich Papier und bunte Stifte und geben Sie Ihrer rechten Gehirnhälfte das Ruder in die Hand. Malen Sie jetzt

Ihre Beziehung zur Vergangenheit. Sie können Farben oder Symbole oder was auch immer benutzen, um auszudrücken, welche Beziehung Sie jetzt zu Ihrer Vergangenheit haben.

Haben Sie sich die Zeit genommen, um dieses Bild zu malen? Falls Sie die Übung übersprungen haben, dann malen Sie das Bild jetzt. Es ist wichtig, denn ob Sie es glauben oder nicht, die meisten Leute denken, daß ihre Vergangenheit sie beherrscht. Unsinn, sagen Sie vielleicht, meine Vergangenheit beherrscht mich doch nicht! Vielleicht ist es Ihnen nicht bewußt, aber auf einer unbewußten Ebene kann die Vergangenheit Sie fest im Griff haben.

Um ein Beispiel zu nennen: Als „Nancy" noch sehr jung war, versagte sie restlos bei einem Rechtschreibetest. Sie fühlte sich beschämt und hatte extreme Angst davor, daß ihre Rechtschreibung wieder geprüft würde. So kam sie zu der Überzeugung, daß sie unfähig sei, richtig zu schreiben. Mit jeder Prüfungssituation wurde die Angst größer und der Glaube an ihre Unfähigkeit richtig zu schreiben wurde immer stärker. Nancy war vielleicht durchaus in der Lage korrekt zu schreiben, aber weil sie nur an Versagen glauben konnte und jeder Test diesen Glauben bestätigte, war es so; sie glaubte mit Haut und Haaren daran. Nancy, die inzwischen fünfzig Jahre alt ist, schlägt sich immer noch mit der Orthographie herum, weil sie sich von den Erfahrungen der Vergangenheit beherrschen läßt, die sie als kleines Mädchen gemacht hat. Es gibt nichts, das für Sie wahr ist, sofern Sie nicht daran glauben. Wenn Sie Ihr Leben nicht in die Hand nehmen, wird es jemand anders oder etwas anderes (wie Ihre Vergangenheit) tun.

Wie also steht es mit Ihrer Beziehung zur Vergangenheit? Welche Erinnerungen kamen hoch, als Sie an die Vergangenheit gedacht haben? Schauen Sie sich Ihr Bild an. Haben Sie sich an die schrecklichen und/oder nicht positiven Erfahrungen der Vergangenheit erinnert, oder haben Sie ein Bild von den schönen, erfüllten Zeiten gemalt, die Ihr Leben geformt haben?

In der Einzelarbeit mit Klienten bitte ich sie oft, mir eine positive Erfahrung aus ihrer Vergangenheit zu erzählen. Ich bin immer wieder erstaunt, wie viele Menschen mir automatisch sagen, daß sie nie Freude am Leben hatten. Auch wenn das auf der bewußten Ebene wahr sein mag, zweifle ich doch sehr daran, daß sie in der ganzen Zeit, die sie auf der Erde verbracht haben, nicht eine schöne Erfahrung gemacht haben. Was zu dieser Sichtweise führt, nennt man „selektives Denken", ein Vorgang, der nur auf der bewußten Ebene vorkommt. Selektives Denken ist die Fähigkeit, *sich daran zu erinnern zu vergessen*. Das ist Teil des Servo-Mechanismus, aber einer, der ungesund sein kann und manchmal schädlich. Wenn der Verstand darauf programmiert ist zu glauben, daß nie etwas Gutes geschehen ist, dann wird das Unbewußte alle liebevollen und positiven Informationen ausblenden. Das, was Sie glauben, *wird* sich in der Realität ereignen. In diesem Fall hat das Gedächtnis nur Zugriff zu den unglücklichen und negativen Erfahrungen.

Wahrnehmungsfilter

Stellen Sie sich vor, daß Sie gerade eine blau getönte Sonnenbrille aufgesetzt haben. Wenn Sie im Zimmer herumschauen und beschreiben würden, was Sie sehen, dann würde Ihnen alles blau vorkommen. Deswegen wäre alles, was Sie beschreiben, unkorrekt, denn Sie filtern alles durch die Farbe Blau. Sie können sich Ihre Wahrnehmungsfilter als eine blaugetönte Brille vorstellen, bestehend aus den Erfahrungen Ihrer Vergangenheit (seien sie negativ oder positiv). Ihre Wahrnehmung ist wie ein Filtersystem. Das Geheimnis der Erweckung Ihres Genies ist das Wissen, daß Sie sich jederzeit entscheiden können, die blaugetönte Brille abzunehmen. Wenn die blaue Welt für Sie nicht mehr funktioniert, dann wechseln Sie die Brille in grün oder rot oder noch besser, tragen Sie überhaupt keine Brille.

Wie steht es mit Ihrer Wahrnehmung der Vergangenheit – ist es wirklich Ihre, oder die von Vater oder Mutter oder die Ansicht eines Freundes über Ihre Vergangenheit? Schauen Sie sich noch einmal Ihr Bild an. Wenn Ihre Wahrnehmung der Vergangenheit „schlecht" ist, dann verweigern Sie Ihrem Bewußtsein die Fähigkeit, sich an das zu erinnern, was gut ist.

Die Fähigkeit, *sich zu erinnern zu vergessen* wird sich in jeden Aspekt Ihres Lebens einschleichen, Schulerfahrungen und andere Lernaktivitäten eingeschlossen. Was Sie heute lernen, ist morgen Vergangenheit. Wenn Ihre Wahrnehmung sagt, daß die Vergangenheit schlecht ist, und Sie eine Prüfung ablegen müssen, die sich ja mit der Information von gestern befaßt, dann gehen Sie mit einem negativen Bezugsrahmen ins Rennen.

Es gibt aber auch eine andere Möglichkeit. Was wäre, wenn sich Ihre Vorstellung von Prüfung ändern würde. Plötzlich sind Prüfungen für Sie spannend, ja sie machen sogar Spaß. Prüfungen sind für Sie eine Möglichkeit zu entdecken, wie gut Sie gelernt haben und die Informationen abrufen können. Jetzt hat sich Ihre ganze Wahrnehmung geändert – Sie schauen durch den Filter Spaß!

Welche dieser beiden Wahrnehmungsfilter werden zu besseren Ergebnissen führen? Natürlich würde eine Prüfung, die mit der Brille einer traurigen Vergangenheit gemacht wird, Ergebnisse hervorbringen, die von Negativität beeinflußt sein dürften. Und bei der Wahrnehmung von Lebensfreude? Nun, Sie wissen ja, daß Sie jede Aufgabe gut ausführen, wenn Sie dabei Spaß haben.

Eignen Sie sich Ihre Vergangenheit an – das Gute, das Schlechte und alles, was dazwischen liegt. Machen Sie sich zu eigen, wer Sie sind, wer Sie waren und vor allem, wer Sie im Begriff sind zu werden. Nur so können Sie Ihr gegenwärtiges Ich in eine kraftvolle, positive Person verwandeln.

Ihr Erinnerungsvermögen

Das Malen Ihrer Vergangenheit ist auch ein Schlüssel dazu, wie Ihr Gedächtnis funktioniert. Wir neigen dazu, uns an die seltsamen und ungewöhnlichen Ereignisse zu erinnern. Sie werden im Langzeitgedächtnis nicht die tägliche Fahrt zur Arbeit oder zur Schule festhalten, wohl aber den Unfall, der sich dabei einmal ereignet hat, oder sonstige außergewöhnliche Ereignisse.

Erinnern Sie sich noch, was wir in Kapitel eins über das holografische Bewußtsein gesagt haben? Weil das holografische Bewußtsein

Informationen zusammen mit Emotionen abspeichert, bilden sich so auch Erinnerungen. Sie hören ein Liebeslied im Radio, und in Ihrem Bewußtsein taucht vielleicht die Erinnerung an eine vergangene Liebe auf oder an ein besonderes Ereignis, das mit diesem Lied in Verbindung steht. Der auditive Stimulus löst im Gehirn das Hologramm aus.

Sie sind draußen im Wald und riechen den Duft von Kiefern. Im selben Augenblick werden Sie in der Zeit zurücktransportiert zu einem Campingausflug mit Ihrem Vater. Auf einer Lichtung im Wald sitzen Sie am glimmenden Lagerfeuer, und Sie und Ihr Vater erleben einen Augenblick vollkommener Stille. Das ist eine holografische Erfahrung, die durch den olfaktorischen Sinn (Riechen) ausgelöst wird.

Oder probieren Sie einmal das: Sie machen mit Ihrer Familie ein Picknick. Plötzlich kommen Erinnerungen hoch, die tief vergraben waren, aber durch den Stimulus des Familientreffens, vielleicht mit Tanten, Onkeln, Vettern und Cousinen, die Sie lange nicht gesehen haben, hat das holografische Gehirn diese lang vergessenen Erinnerungen produziert.

Ihre Gedanken, Erinnerungen und Glaubenssätze sind Teil des Hologramms, das Sie ausmacht, und gleichzeitig ist es der Teil von Ihnen, der begrenzen kann, was Sie werden können. Erwachte Genies wissen, wie sie durch innere Methoden Zugang zur holografischen Erinnerung bekommen. Sie schaffen sich ein perfektes Erinnerungs- und Abrufsystem. Mit dem Lesen dieses Buches und der Anwendung der Selbsthilfe-Dialoge werden Sie Ihr holografisches Gehirn trainieren, Ihnen das Gedächtnis eines Genies zu liefern.

Sie sind unglaublich!

Sie sind unglaublich, und zwar jetzt in diesem Augenblick! Sie existieren auf der Ebene des physischen Körpers, der Gefühle und des Geistes. Aber Sie bestehen außerdem noch aus viel mehr. Jetzt im Moment gibt es einen Teil von Ihnen, der Ihren Körper erhält und immer neu erschafft und der jede Funktion kontrolliert. Atmung, Herzrhythmus und

Verdauung gehören zur Vielzahl der körperlichen Funktionen, die von diesem unglaublichen Teil in Ihnen aufrechterhalten werden.

Alle Ihre vergangenen Erfahrungen und Gewohnheiten werden ebenfalls von dieser Kraft, die jenseits Ihrer Wahrnehmung arbeitet, stabil gehalten. Diese Kraft ist größer als Ihre Emotionen und ist mit dem bewußten Verstand überhaupt nicht zu vergleichen. Wir sprechen deswegen in diesem Training vom anders-als-bewußten Geist. Das ist der größere Teil von Ihnen, der Teil, dessen Sie sich nicht bewußt sind. Es ist Ihr riesiges Potential, das bis zu diesem Augenblick ungenutzt geblieben ist.

Das physische Gehirn

Es ist ein verbreiteter Glaube, daß das menschliche Gehirn bei der Geburt irgendwie leer sei und erst allmählich, mit dem Heranwachsen des Kindes, die Neuronen stimuliert werden Verbindungen herzustellen. Die Wissenschaft entdeckt jetzt jedoch, daß möglicherweise das Gegenteil wahr ist. Der Säugling wird mit sehr viel *mehr* Neuronenverbindungen geboren, als bei den meisten älteren Menschen zu finden sind. Es könnte sein, daß Lernen nicht durch die Herstellung von Neuronenverbindungen geschieht, sondern vielmehr durch das „Ausjäten“ jener, die nicht benutzt werden. Wenn das wahr ist, dann werden wir alle mit einem brillanten Geist geboren, den wir verlieren, wenn wir ihn nicht benutzen.

Die meisten Babies brabbeln in den ersten Lebenswochen so gut wie jeden möglichen menschlichen Laut. Aber die Kinder verlieren später die Fähigkeit, Laute zu bilden, die nicht zu der Sprache gehören, in der sie aufwachsen. Folglich spielt die Umgebung des Kindes und die Gedanken und Ideen, die ihm präsentiert werden, eine gewaltige Rolle bei der Gehirnentwicklung.

Wissenschaftler behaupten, daß das durchschnittliche Individuum in unserer Gesellschaft nur etwa fünf bis zehn Prozent seines Gehirnpotentials nutzt. Stellen Sie sich vor, wie Ihr Leben sein könnte, wenn Sie Ihr Gehirn dazu stimulieren könnten, auch nur von einem kleinen Teil dieses ungenutzten Potentials Gebrauch zu machen!

Beginnen Sie damit, sich folgende Fragen zu stellen:

(Ich empfehle Ihnen nachdrücklich, sich die Zeit zu nehmen, diese Fragen zu beantworten und die Antworten aufzuschreiben. Sie haben damit einen Bezugspunkt für Ihre Selbsthilfe-Dialoge.)

1. **Wenn Sie alles haben könnten, was Sie wollen, was wäre es?**
2. **Was müßte ich tun, um es zu bekommen?**
3. **Was hält mich davon ab, diese Dinge jetzt zu tun?**
4. **Wie kann ich diesen Herausforderungen begegnen, um das Leben zu schaffen, das ich mir wünsche?**

Diese Fragen bringen uns in den Bereich von *Imagination* und *positivem Denken* – die Qualitäten, die Ihnen erlauben werden, die restlichen neunzig Prozent Ihres Gehirnpotentials aufzuwecken und dafür zu sorgen, daß die Neuronen kräftig feuern. Vielleicht sagen Sie sich: „Ich habe schon eine positive Einstellung", oder: „Dieses ganze positive Denken funktioniert bei mir nicht, was ich brauche ist Willenskraft!" Das folgende Beispiel wird Ihnen in nur einer Sekunde beweisen, daß Imagination und positives Denken weit stärker sind, als es „Willenskraft" je sein kann.

Willenskraft versus Imagination

Lesen Sie die folgenden Worte mit Ihrer ganzen „Willenskraft" ... und jetzt DENKEN SIE **NICHT** AN EINE ROTE FEUERWEHR.

Was geschieht? Vermutlich haben Sie wie die meisten automatisch an eine ROTE FEUERWEHR gedacht. Das liegt daran, daß die Imagination immer gewinnt, wenn Wille und Imagination im Konflikt liegen. Die meisten Leute verbringen sehr viel Zeit damit, sich einzureden, was sie nicht wollen, anstatt sich das, was sie wollen, vorzustellen. Selbst unter Einsatz jedes Gramms von Willenskraft, das sie nur aufbringen können, brocken sie sich doch irgendwie immer wieder die gleiche Suppe ein. Der Geist funktioniert mit Bildern, nicht mit Worten. Deswegen ist es nicht wichtig, was Sie letztendlich zu sich selbst sagen, sondern was Sie sich ein-bild-en, was Sie imaginieren.

Aus dieser Idee kommt eine profunde Analogie – IMAGE-a-NATION – oder auch Imagination.

Wenn Sie eine Landkarte anschauen, können Sie unmöglich die Landschaft sehen – es kann nur ein „*Image*" der „*Nation*" sein. Jeder von uns hat eine innere Nation, eine *innere Landschaft*, die nur in unseren Köpfen existiert. Viele Leute glauben, daß nur deswegen, weil in ihrem Kopf ein Gedanke existiert, er auch im Gehirn aller anderen vorhanden sein müßte. Das ist natürlich nicht der Fall.

Es ist wahr, daß wir im Laufe des Lebens einigen Ideen kollektiv zugestimmt und ihnen Namen gegeben haben, wie *der Himmel ist blau* oder *das Wasser ist naß*. Dennoch gibt es keine Möglichkeit zu beweisen, daß diese Aussagen wahr sind, weil es einfach nur die Information ist, die die Filter unserer Sinne durchgelassen haben.

Wie ich schon gesagt habe, wird das Gehirn mit einem Computer verglichen. Bevor es neue Information verarbeiten kann, muß es erst Zugang zum *innewohnenden Gedächtnis* finden. Das ist der Raum, in dem Sie sich an alle Ihre vergangenen Erfahrungen, Gedanken und Handlungen erinnern und mit den gegenwärtigen Erfahrungen in Beziehung bringen können. Nur durch diese Verknüpfung bekommen Ihre tagtäglichen Neuentdeckungen Sinn. Sie können sich das innewohnende Gedächtnis als den Filter vorstellen, durch den Ihr holografisches Gehirn die Welt und Ihre Erfahrungen wahrnimmt.

Angenommen, Sie sind gerade einem alten Klassenkameraden auf der Straße begegnet. Das war ein Freund, mit dem Sie eine tolle Zeit verbracht haben. Die Erinnerungen an diese Person sind natürlich mit einem angenehmen und positiven Kontext abgespeichert. Unabhängig vom Inhalt der jetzigen Unterhaltung werden diese Erinnerungen an freudige Erlebnisse die Kommunikation beeinflussen. Sie werden vermutlich zeigen, wie sehr Sie sich freuen, Ihren alten Freund zu treffen. Ihre Unterhaltung dürfte höchstwahrscheinlich sehr animiert sein, Ihre Augen werden strahlen, und Ihre Mundwinkel werden sich häufig zu einem Lächeln nach oben ziehen. Sie begrüßen diese Person durch den Filter einer positiven Erinnerung.

Begegnen Sie jedoch jemandem, mit dem Sie unerfreuliche Erfahrungen gemacht haben (oder der nur so aussieht wie jemand, der Ihnen in der Vergangenheit einmal quer gekommen ist), dann wird aus dem innewohnenden Gedächtnis Ablehnung abgerufen. Egal, was die Person sagt oder tut, die gegenwärtige Information wird durch negative Erinnerungen gefiltert. Deswegen ist es unwahrscheinlich, daß dieser Mensch die Chance hat, Ihnen irgend etwas recht zu machen. Alte, unglückliche Erinnerungen *wohnen* in Ihrem *Gedächtnis*, deswegen dieser Begriff „innewohnendes Gedächtnis".

Die meisten glücklichen Menschen haben Gedächtnisprogramme, die positive Gefühle und Aktivitäten unterstützen, so daß sie das Leben wie ein Kind sehen können. Sie *imaginieren eine „Nation"* voller Möglichkeiten. Die meisten unglücklichen Menschen haben ein Erinnerungsprogramm von vergangenem Versagen, Wut und Groll auf andere, Schuld wegen vergangener Ereignisse. Sie *imaginieren eine „Nation"* voller Fehler und Versagen. Abraham Lincoln sagt uns: *„Die Leute sind ungefähr so glücklich, wie sie es in ihrer Vorstellung zulassen."*

Jeder von uns hat das Potential zu einem Genie. Denken Sie an das alte Klischee: *„Wenn Sie beim ersten Mal keinen Erfolg haben, dann versuchen Sie's nochmal."* Ein Mißerfolg ist nicht das Ende, sofern er nicht bedeutet, daß Sie aufhören, nach Erfolg zu streben. In den Worten der Begründer des Neurolinguistischen Programmierens (NLP): *„Es gibt kein Versagen – es gibt nur Feedback."* Erfolgreiche Genies sind bereits dahinter gekommen. Was wäre passiert, wenn Alexander Graham Bell auf die Leute in seiner Umgebung gehört hätte, die ihn für verrückt hielten, weil er glaubte, er könne eine Stimme durch einen Draht schicken? Für unsere Generation ist seine Erfindung eine Selbstverständlichkeit geworden. Aber ist Ihnen klar, wie weit er seine Phantasie ausdehnen mußte, um sich so etwas überhaupt vorstellen zu können?

Wußten Sie, daß jeder Computer, vom größten, modernsten der Welt bis zu Ihrem kleinen Taschencomputer, sämtliche Funktionen ausschließlich mit den Zahlen eins und null (oder plus und minus) ausführt? Wenn nicht irgendwo irgendwann ein Genie seine Vorstellungskraft so erweitert hätte, daß er die Möglichkeit erkannte, Null als Zahl zu begreifen, dann wäre unsere Zivilisation unfähig zu technologischem Fortschritt gewesen. Weder Sie noch ich haben viel über Null nachgedacht, es war einfach ein Teil der Mathematik, die wir in der Grundschule lernten. Aber für die Genies einer früheren Zeit bedeutete es das Heraufdämmern einer völlig neuen Welt. Wir können uns das heute schwer vorstellen, aber die Regeln jener Zeit besagten, daß Zahlen aus 1, 2, 3, 4 ... bis 9 bestanden. Es war eine unerhört geniale Tat, die Null als Zahl zu begreifen. Jemand, der bereit war, außerhalb der geltenden Regeln zu denken, muß einen Genieblitz gehabt haben. Denken Sie nur – Nullen ans Ende einer dieser Zahlen angehängt, und was haben Sie ... Unendlichkeit!

Es ist ungewiß, wem man solch unbegrenztes Denken zuschreiben soll. Man vermutet, daß die Hindu-Zivilisation die Null schon 10 000 Jahre vor Christi Geburt gekannt hat. Hinweise gibt es in der babylonischen Zivilisation im dritten Jahrhundert vor Christus. Leider wußte Diophantus von Alexandria nichts von diesen alten Entdeckungen, denn 210 nach Christus „entdeckte“ er zufällig negative Zahlen, aber er hielt diese Möglichkeit für völlig absurd und ließ das ganze Projekt wieder fallen. Heutzutage sind für uns Null und negative Zahlen ein selbstverständlicher Teil der Mathematik.

Vielleicht haben Sie manchmal, wenn Sie Lösungen für Ihre eigenen Probleme finden, das gleiche Gefühl wie Diophantus, daß eine bestimmte Lösung völlig absurd ist. „Auf keinen Fall“, sagen Sie, „das kann unmöglich wahr sein!“ Denken Sie mal, was Diophantus mit seinem begrenzten Denken entgangen ist. Vielleicht wollen auch Sie Ihren Möglichkeitssinn erweitern, eine Idee von allen Seiten betrachten, alle Möglichkeiten aufdecken, und sich dann entscheiden, was für Sie stimmt.

Imagination – Ein-bild-ung – ist der geheime Schlüssel des Lebens selbst. Wenn Leute sich vorstellen, daß sie „reich“ sind, egal wieviel

Geld sie haben, dann ist die Wahrscheinlichkeit groß, daß sie gesund und stark bleiben und in der Fülle leben. Wenn ein Reicher glaubt, er sei arm oder in Gefahr, sein Vermögen zu verlieren, dann dürften ihm ein Leben lang Schwierigkeiten und Krankheiten auf den Fersen sein. Alles, wonach wir im Leben suchen, ist immer schon in uns vorhanden.

Nichts ist außerhalb von uns. Je eher Sie an die Kraft Ihrer eigenen Vorstellung glauben, um so leichter wird Ihr Leben werden. Ich fordere Sie auf, in Ihre Vorstellung die Möglichkeit aufzunehmen, daß Sie mehr erreichen als Ihre Ziele. Wie wäre es, wenn Sie bei dem Versuch, Ihre Ziele zu erreichen, in sich das latente Genie erweckten, das die Fähigkeit hat, einen bedrohlichen Mangel dieser Welt zu überwinden? Wie würden Sie sich fühlen, wenn Sie ein Heilmittel für Aids oder Krebs fänden? Denken Sie an die Menschen, denen Ihre Leistung zugute käme? Und all das würden Sie dadurch erreichen, daß Sie sich selbst helfen! Tatsache ist, daß es solange Krankheit und Jammer geben wird, bis jeder auf dieser Erde sich eine Welt voller Gesundheit und Vitalität für alle vorstellt. Worte haben Kraft, aber denken sie daran, *ein Bild sagt mehr als tausend Worte.*

Womit sich der Geist beschäftigt, zu dem muß er werden!

Diese Erkenntnis ist Ihr stärkstes Werkzeug zur Veränderung Ihrer Welt, denn es ist ein Lebensgesetz, das für uns alle gilt. Wir haben alle eine innere und eine äußere Welt, und gewöhnlich passen sie nicht zusammen. Der Hauptgrund dafür ist, daß wir alle die Wirklichkeit verändern und verzerren und Teile davon ausblenden, damit sie in unsere Gußform der Wirklichkeit paßt.

Wir haben keine Möglichkeit zu wissen, was wirklich ist, wir können nur sehen und hören und das Leben durch unsere Wahrnehmungsfilter erfahren. Diese Filter blenden die Wirklichkeit aus, und man nennt sie die Sinne. Ich habe einmal eine Geschichte gelesen, wie die Indianer reagiert haben, als Cortez mit seinem Schiff in der neuen Welt landete. Der Autor behauptete, die Indianer hätten die Schiffe im Hafen nicht einmal sehen können, weil sie keinen Begriff vom Schiff hatten. So sollen die Indianer auch geglaubt haben, als sie Männer auf Pferden reiten sahen, daß Mann und Pferd eins waren und nicht voneinander getrennt werden könnten. Sie glaubten, sie wären Göttern begegnet, die halb Mensch und halb Tier waren. In der Vorstellungswelt der Indianer gab es einfach nicht die Möglichkeit, daß ein Mensch auf dem Rücken eines Tieres reiten könnte, sie hatten keinen Begriff davon. Sie konnten nur annehmen, sie wären einem Gott begegnet.

Sind Sie vielleicht einer der Menschen, die Angst davor haben, ihre Wahrnehmung der Realität auszudehnen? Wie wäre es, wenn Sie glauben könnten, daß Ihr Geist diese Seite bereits ein paar hundertmal überflogen hat? Sie wissen alles, was hier steht, und lesen es nur nochmal, weil Sie die Tatsache noch nicht ganz aufgenommen haben, daß Sie wirklich so intelligent sind. Wußten Sie, daß jeder Mensch ein perfektes fotografisches Gedächtnis hat? Das ist wahr. Leider hält das fotografische Erinnerungsvermögen nur eine Zehntel Sekunde an, bevor fast die gesamte Information im Bewußtsein vergessen ist. Das fotografische Gedächtnis von kleinen Kindern hat eine viel größere Spanne. Aus irgendeinem Grund geht diese Fähigkeit jedoch verloren, wenn die Kinder älter werden. Könnte das vielleicht daran liegen, daß es zu wenig gebraucht wird? Hören die Neuronen, die das fotografische Gedächtnis erzeugen, auf zu feuern, wenn diese Fähigkeit keinen Zweck mehr erfüllt? Anthropologen sagen, daß in Kulturen, in denen die Leute nicht lesen und schreiben lernen, das fotografische Gedächtnis im gesamten Erwachsenenleben erhalten bleibt. Wenn das wahr ist, so muß man sich fragen, ob unser Erziehungssystem nicht ernsthafte Hindernisse und Grenzen für die Entfaltung unseres Geniepotentials setzt. Vielleicht sollte im Kindergarten lieber das fotografische Gedächtnis gefördert werden, und das ABC auf später verschoben werden, wenn das Kind es mit einem Blick erfassen kann.

Bitte denken Sie nicht, daß Ihr Erinnerungsvermögen jetzt ein für allemal verloren ist, nur weil Sie fähig sind, diese Seite zu lesen. Jeder hat ein *perfektes* Gedächtnis. Das ist wahr, ob Sie nun ein oder einundneunzig Jahre alt sind. Ihr Geist nimmt sämtliche Informationen auf und erinnert sich bewußt oder unbewußt an alles, was Sie durch Ihre fünf Sinne erleben. Es ist der Prozeß des bewußten Zugangs, der verbessert werden muß, und damit befinden wir uns wieder in Ihrem Glaubenssystem. Wenn Sie wirklich glauben, daß Sie ein perfektes Gedächtnis haben und sogar ein fehlerfreies Abrufsysstem, dann würde das Gehirn, das ein zielorientierter Mechanismus ist, Ihre Fähigkeiten solange modifizieren, bis das zur Wahrheit geworden ist. Das ist der Zweck der mentalen Imagination (unsere Selbsthilfe-Dialoge) und der Affirmationen. Wenn diese Aussagen für Sie glaubhaft sind, dann werden sie Realität. Wenn nicht, dann bleiben sie einfach nur Worte.

Was wäre wenn?

Sie erinnern sich sicher an Nancy, die so schlecht im Rechtschreiben war. Sie war dermaßen in ihrem Glauben gefangen, daß Rechtschreibung eine hoffnungslose Mühsal wäre, daß es für sie unmöglich war, über diese selbst gesetzten Grenzen hinauszudenken. Dieser bewußte Glaube erzeugte die Begrenzung und bewirkte, daß sie tatsächlich sehr schlecht in Orthographie war. In der Wissenschaft des Neurolinguistischen Programmierens (NLP) wurde der *Was wäre wenn-Rahmen* entwickelt. Das Wort „Rahmen" bedeutet Bezugsrahmen. Denken Sie an irgend etwas, das Sie gerne tun oder sein würden, und stellen Sie sich die Frage: *„Was wäre wenn?"* Zum Beispiel: *„Was wäre, wenn ich in der nächsten Prüfung eine 1 bekäme? Was würde ich sehen, was würde ich hören und fühlen? Was, wenn es einfach passieren würde?"*

Der Was-wäre-wenn-Rahmen fokussiert Ihren Geist auf Möglichkeiten und Gelegenheiten – denn Wahlmöglichkeiten sind immer besser als keine Wahlmöglichkeiten. Ohne Möglichkeiten hängt der Geist fest. Er ist wie eine Maschine im Leerlauf, die kein Getriebe hat, um die Energie in Bewegung umzusetzen. Wenn man anfängt, sich *„Was wäre wenn"* vorzustellen, dann kommt man aus der Stagnation in einen natürlich fließenden Zustand – und nur dort finden sich Lösungen. Das „Was-wäre-wenn" überbrückt die Kluft zwischen der schöpferischen rechten und der logischen linken Gehirnhälfte. Selbst vor zweitausend Jahren wußte man, daß Glaube ohne Handeln nutzlos ist. Der „*Was wäre wenn*"-Bezugsrahmen bringt Ihren Geist von „Ich hoffe" oder „Ich wünsche" zu **„Ich kann!"** und **„Ich weiß wie!"**

Ich habe einmal einen Sportler beraten, der ein High School-Basketballstar war. Pete war ein großer, gutaussehender junger Mann mit sandfarbenen Haaren, grünen Augen und einem gewinnenden Lächeln. (Das Lächeln habe ich allerdings erst später gesehen.) Er hatte etwas sehr Reifes an sich und hätte leicht für einen College-Studenten durchgehen können. Petes Vater hatte den ersten Termin mit mir vereinbart, folglich kam Pete mit dem Kinn auf der Brust und einem höchst desinteressierten Blick in meine Praxis. Ich merkte bald, daß Pete nur ein einziges Interesse hatte – Basketball. Sein Vater hatte ihn zu mir gebracht, weil seine Noten so weit unter dem Durchschnitt waren, daß er nicht mehr im Team spielen durfte.

Ich begann damit, Pete zu fragen: „Was wäre, wenn du mit der gleichen Begeisterung, die du in der Basketballhalle hast, im Mathematikunterricht säßest?" Ich weiß nicht, was Pete von mir erwartet hatte, aber er starrte mich mit einem höchst verwunderten Gesichtsausdruck an. Er wußte nicht, wie er reagieren sollte. Er war nie auf die Idee gekommen, daß Mathematik Spaß machen könnte. Ich erklärte ihm dann weiter, daß Mathematik vielleicht niemals so aufregend für ihn würde wie ein gelungener Drei-Punkte-Wurf im Basketball, daß aber in seinem Kopf Erfolg bei einer Matheprüfung Punkten auf dem Basketballplatz gleichkommen könnte.

Da Petes Geist jetzt für neue Möglichkeiten offen war, kam Bewegung und Richtung in unsere Unterhaltung. Wir sprachen über seine anderen Fächer und die Möglichkeiten, auch sie in einem anderen Licht zu sehen. Ich weckte seine Neugierde. „*Was wäre, wenn*" er in die Klasse käme und die gleiche Art von Neugierde spüren würde, mit der er angefangen hatte, Basketball zu lernen? Er sollte nicht daran denken, wie er jetzt spielte – trainiert, wie er war – sondern daran, bevor er eine Reihe von Lerntechniken entwickelt hatte. Wie er zum Beispiel andere Spieler beobachtet hatte, ihre Haltung und ihre Bewegungen, oder an seine eigenen Tagträume von einem perfekten Dreipunktewurf. Die Aufmerksamkeit, die er auf dem Basketballplatz aufbrachte, hatte er einem Lehrer wahrscheinlich niemals entgegengebracht.

Pete verließ die erste Sitzung mit der Vereinbarung, sich beim nächsten Mal, wenn er ins Klassenzimmer käme, die Dinge unter dem „*Was wäre wenn*"-Gesichtspunkt anzuschauen. Was wäre, wenn sein Lehrer nicht nur über Mathematik spräche, sondern ihm zeigen würde, wie man mathematische Gleichungen löst, so daß sie genauso aufregend sein könnten wie leichtfüßig über den Platz zu dribbeln oder der perfekte Paß?

In der ersten Woche fiel Pete auf, daß der Unterricht sehr viel spannender wurde, als er es je für möglich gehalten hätte. Seine Aufnahmefähigkeit für Informationen steigerte sich allein dadurch, daß er einen neuen Bezugsrahmen für das Lernen hatte. Bei der nächsten Sitzung erklärte ich ihm, daß Informationen, die er mit Neugierde abgespeichert hätte, lebendig wären und leicht abgerufen werden könnten. Je mehr es Pete gelang, die Informationen mit Neugierde und Spannung aufzunehmen, um so besser wurde sein Gedächtnis. Pete stellte fest, daß sich seine Noten langsam verbesserten, und bald war er wieder im Team, genoß das Rampenlicht *und* bereitete sich auf das College vor.

Selbstentdeckung: Was wäre wenn?*

Was wäre, wenn Sie in die Zukunft gehen und zurückschauen könnten? Von welchem zukünftigen Platz aus könnten Sie all die Informationen bekommen, die Sie brauchen, um Ihre Ziele zu erreichen? Sie könnten dort alles sehen, fühlen und erfahren, was Sie richtig gemacht haben, um Ihren Erfolg Wirklichkeit werden zu lassen.

Was wäre, wenn Sie sich beim Lernen neuer Information so entspannt und wohl fühlten, daß Ihnen alles, was Sie gelernt haben, in der Prüfungssituation zur Verfügung stünde?

---

* Wenn Sie sich nicht die Zeit nehmen, die Ergebnisse auf dem magischen Bildschirm Ihres Geistes sichtbar zu machen, dann meint Ihr Geist, er täte genau das, was Sie wollen.

Was wäre, wenn Ihr Geist und Ihr Körper bereit wären, in jeder Prüfungssituation die Information von dem anders-als-bewußten Geist in Ihr bewußtes Gewahrsein fließen zu lassen?

Was wäre, wenn Sie Spaß daran hätten, bei allem Erfolg zu haben, was Sie in Angriff nehmen?

Was wäre, wenn Sie eine Prüfung nicht nur ohne viel bewußte Anstrengung bestehen würden, sondern außerdem erwarten würden, jede Prüfung zu bestehen?

Fühlt es sich nicht toll an, sich bei dem, was Sie lernen, entspannt und wohl zu fühlen? Macht es nicht Spaß, Erfolg zu haben? Wäre es nicht fabelhaft, sämtliche Prüfungen ohne viel bewußte Anstrengung zu bestehen? Und noch einmal: Ihr Geist arbeitet für Sie, der „*Was wäre wenn*"-Rahmen hilft Ihnen, sich auf das auszurichten, was Sie wollen und den Glauben in sich aufzubauen, daß Sie es erreichen können!

Gefühle

Erinnern Sie sich an Ihr unglaubliches Ich – diese erstaunliche Kombination von Geist, Körper und Gefühlen? Ihre Gefühle, oder was manche ihren Geisteszustand nennen würden, spielen eine wichtige Rolle dabei, was Sie als Realität wahrnehmen und wer Sie glauben zu sein.

Können Sie sich an einen Tag erinnern, an dem Sie sich super gefühlt haben und mit sich und der Welt voll zufrieden waren? Wenn an diesem Tag etwas nicht ganz glatt ging, kamen Sie mühelos damit zurecht. Und dann kommt ein anderer Tag, und Sie haben keineswegs ein positives Gefühl zu sich selbst – die kleinste Kleinigkeit kann Sie auf die Palme treiben. Das liegt daran, daß die meisten unserer Verhaltensweisen Reaktionen sind, die seit unserer Geburt in uns hinein programmiert wurden. Die meisten Menschen leben ihr Leben nicht mehr, sondern *über*leben es nur noch. Sie schleppen sich von Gehalt zu Gehalt, erwarten sehnsüchtig den Freitag und fürchten sich vor dem Montag. Wenn wir mit dem Leben unzufrieden sind, dann wird es Zeit zu erkennen, daß wir ein Leben in Reaktionen auf unsere Wahrnehmung der Wirklichkeit leben, nicht die Wirklichkeit selbst. Ohne diese Erkenntnis werden wir uns laufend weiter selbst sabotieren. Dem Leben wohnt als solches kein Sinn inne. Wir als Menschen geben ihm Sinn durch unsere Gefühle und in Beziehung zu unseren vergangenen Erfahrungen.

Auf jede Aktion gibt es eine gleichstarke gegenteilige Reaktion. Als Menschen haben wir über unsere Eltern, Familienmitglieder und Freunde und durch unsere Fehler und Erfolge gelernt, wie wir aufs Leben reagieren. Im folgenden Abschnitt werden Sie entdecken, wie Sie Ihr Vergangenheitsprogramm ändern können, um im Augenblick zu leben, am Punkt der Wahl, wo Sie das Leben erschaffen können, das Sie sich wünschen. Ihr Geist arbeitet schrittweise. Sie bewegen sich von einem Ereignis zum nächsten und reagieren auf jeden Stimulus, der auf Sie einwirkt – alles, was Sie sehen, berühren, schmecken, riechen, hören, fühlen und tun. Jeder Gedanke und jede Handlung bringt Sie zu Ihrer nächsten Erfahrung.

Selbstentdeckung

Ich fordere Sie auf aufzustehen, während Sie diesen Abschnitt des Textes lesen. Erheben Sie sich also. Keine Sorge, ich sage Ihnen schon, wann Sie sich wieder hinsetzen können. Was haben Sie zu verlieren außer ein paar schlechte Angewohnheiten!

Während Sie stehen, stellen Sie sich bitte vor sich einen Kreis vor. Benutzen Sie Ihre Phantasie und geben Sie dem Kreis eine Farbe, Ihre Lieblingsfarbe. Wenn Sie eine Farbe im Kopf haben, dann stellen Sie sich vor, daß in dem Kreis eine neue Fähigkeit oder Fertigkeit ist, die Sie sehr gut brauchen können. Es könnte Konzentration sein ... Es könnte Selbstbehauptung sein ... Es könnten die Gefühle der Entspannung sein ... Es könnten Glücksgefühle sein ... Es könnte all das zusammen sein und mehr. Benutzen Sie Ihre Vorstellungskraft, so gut es geht ... Lassen Sie Ihren Kreis entstehen und dann treten Sie hinein.

Wenn Sie drinstehen, dann schließen Sie die Augen und stellen Sie sich vor, daß die Farbe Sie erfüllt ... als wäre Ihr Körper ein leerer Glasbehälter, der mit Farbe gefüllt werden kann. Ich warte, bis Sie sich mit dieser Farbe angefüllt haben und bereit sind, weiterzulesen.

Sie haben sich jetzt mit all diesen wunderbaren Gefühlen angefüllt ... Gefühle der Vollständigkeit, der Zufriedenheit und vieles mehr. Ja, Sie werden feststellen, wenn Sie diese Übung gemacht haben und weil Sie diese Worte gelesen haben, daß Ihr Geist bereits dabei ist, diesen Kraftkreis in Ihrem Leben zu erschaffen ... so daß Ihr Kraftkreis für Sie arbeitet, wann immer Sie ihn wollen oder brauchen.

Denken Sie an eine Zeit und einen Ort, wo Sie gerne mit einem einfachen Schritt in Ihren Raum persönlicher Kraft treten würden. Vielleicht wenn Sie von der Arbeit nach Hause kommen oder von der Schule. Es könnte vor dem Kühlschrank sein. Oder wenn Sie Ihr Mathematikbuch aufmachen oder Ihre Englischhausaufgaben beginnen. Es könnte sein, wenn Sie im Klassenzimmer oder Hörsaal sind.

Und wissen Sie was? ... Sie haben bereits schon drei Plätze im Kopf ... nicht wahr? Denken Sie einen Augenblick an drei Orte, wo Sie einfach nur noch in den Kreis treten müssen ... den Kreis direkt vor Ihnen ... und schon sind Sie im Raum Ihrer persönlichen Kraft. Üben Sie folgenden Ablauf:

SCHRITT EINS: **Denken Sie an eine negative Emotion.** (Nehmen Sie eine Emotion, die Sie verändern möchten, lassen Sie sie nur einen Augenblick zu und gehen Sie zum nächsten Schritt.)

SCHRITT ZWEI: **Treten Sie in den Kraftkreis.** (Stellen Sie sich vor, wie Sie angefüllt werden.)

SCHRITT DREI: **Richten Sie sich auf, öffnen Sie den Brustraum, heben Sie den Kopf und lassen Sie Ihre Phantasie weitermachen.** (Atmen Sie so, wie wenn Sie sich glücklich und stolz fühlen.)

SCHRITT VIER: **Stellen Sie sich vor, was Sie verändern müßten, damit Sie in diese Erfahrung mit einem Sinn für neue Mög-**

lichkeiten hineingehen. (Öffnen Sie sich für die Möglichkeit, daß es eine andere Möglichkeit gibt. Sie sind dabei, Ihre Flexibilität zu vergrößern. Vielleicht wollen Sie hier den „Was wäre wenn"-Rahmen anwenden.)

Okay, Sie können sich jetzt hinsetzen.

Wir haben alle einen Kraftkreis, den wir immer bei uns tragen. Wenn Sie einen Moment innehalten und sich fragen, was Sie gut und gern machen, wo Sie Selbstvertrauen haben, sei es beim Sport, beim Lesen eines Buches oder in der Unterhaltung mit Freunden, etwas, wo Sie in der Kraft des Augenblicks ganz Sie selber sein können – das ist Ihr Kraftkreis.

Sie brauchen nur an die Zeiten in Ihrem Leben zu denken, in denen es Ihnen an Selbstvertrauen fehlte und Sie sich als weniger gesehen haben, als Sie sein wollten, um zu spüren, was Ihnen der Kraftkreis bringen könnte. In Wahrheit liegt die Kontrolle bei Ihnen. Sie haben Kontrolle über Ihre fünf Sinne, über die Art und Weise, wie Sie sehen, hören und Ihr Leben erfahren. Der Kraftkreis bringt Sie in die bestmögliche Situation, um die Sie umgebende Information zu verarbeiten.

Manche Studenten benutzen den Kraftkreis, wenn Sie vor anderen sprechen müssen. Unmittelbar, bevor sie aufstehen, stellen sie sich den Kraftkreis vor, und Selbstvertrauen stellt sich ein, sie verfügen über alle notwendigen Kommunikationsfertigkeiten, und ihre Gedanken fließen mühelos von ihrem Geist in ihren Mund. Manche stellen sich vor, daß sie den Kraftkreis aus der Tasche holen und auf den Boden werfen, so daß sie hineintreten können, oder sie bewahren ihn unter der Schulbank auf, so daß er für jede Prüfungssituation in Bereitschaft liegt. Wieder andere benutzen ihn im Sport, wenn sie einen Freistoß machen oder in den Startlöchern stehen.

Ob es sich um Prüfungen in der Schule oder im Leben handelt, der Kraftkreis ist ein wirksamer und leichter Weg, sich einen emotionalen Kick zu geben, wann immer man ihn braucht. Viele professionelle Verkäufer haben gelernt, den Kraftkreis zu benutzen, bevor Sie ein Verkaufsgespräch führen, einen Kunden begrüßen oder den Hörer vom

Telefon nehmen. Selbst alltägliche Begegnungen wie Diskussionen mit der Familie oder mit Freunden können durch den Kraftkreis positiv beeinflußt werden.

Der Kraftkreis hat unendlich viele Anwendungsmöglichkeiten, und nur Sie können entscheiden, wo und wann Sie ihn brauchen. Manche legen ihn direkt vor ihre Haustür, bevor sie morgens zur Schule oder Arbeit gehen. So beginnen sie ihren Tag mit dem rechten Fuß. Vielleicht hat Ihre Kindergärtnerin einst Dinge gesagt wie: „Setz deinen Denkhut auf." Sie war sich wahrscheinlich nicht darüber im klaren, was sie gesagt hat, aber tatsächlich hat sie Ihnen geholfen, in einen lernoffenen Zustand zu kommen – Sie haben oben auf Ihrem Kopf einen „Kraftkreis" erzeugt.

Wohin gehen Sie?

Erwachte Genies wissen ganz genau, wohin sie gehen, sie wissen, was sie erreichen wollen. Vielleicht wissen sie noch nicht, wie sie genau dorthin kommen werden, aber sie kennen die Richtung, in die sie sich bewegen. Die Fähigkeit zu *improvisieren* ist ein sehr wichtiger Bestandteil eines genialen Geistes. Ein Genie lernt schon früh im Leben, daß es keine Opfer gibt. Genies haben ihren Platz auf der großen Lebensbühne gewählt, und wenn er ihnen nicht gefällt, dann ist es ihre Sache, ihn zu verändern. Genies wissen, daß sie über ein Universum volle Kontrolle haben – es wiegt ungefähr drei Pfund und befindet sich in ihrem Kopf. Ein Genie weiß auch, daß es eine Kraftquelle gibt, die weit größer ist als seine kleine menschliche Gestalt, und daß sie es ist, die der Bestimmung des Menschen Form und Richtung gibt und dem anders-als-bewußten Geist innewohnt.

Wenn Sie es könnten, würden Sie dann irgendeinen Teil Ihrer Vergangenheit ändern? Wenn Sie „ja" gesagt haben, und sei es auch nur eine Kleinigkeit, die Sie ändern wollen, dann haben Sie Ihrem anders-als-bewußten Geist eine direkte Suggestion gegeben, in Ihrer Erinnerung rückwärts zu gehen und alte Verhaltensweisen auszumisten oder vielleicht einen begrenzenden Glaubenssatz. Ein Genie weiß, daß die größte

Kontrolle dadurch zu erreichen ist, daß man Kontrolle über den eigenen Geist gewinnt, und daß diese Kontrolle im Loslassen besteht. Ich weiß, dies scheint ein Widerspruch zu sein, und doch ist es wahr.

Ob Sie versuchen, eine andere Person oder eine Situation zu kontrollieren – je mehr Sie es versuchen, um so weniger Kontrolle haben Sie. Ich glaube, Buddha hat es am besten gesagt: *„Wer dich ärgert, der besiegt dich."* Wenn Sie so richtig die Sau rauslassen, dann fühlt es sich vielleicht im Augenblick so an, als hätten Sie Kontrolle – aber haben Sie sie wirklich? Das Genie weiß, daß es nichts bringt, sich von den Meinungen und Handlungen anderer in Rage bringen zu lassen. Wahre Genies wissen, was für sie selbst „wahr" ist, und können anderen ihre Wahrheit lassen. Die Wirklichkeit ist im Augenblick. Je spontaner und positiver eine Person ist, um so besser scheint die Welt zu funktionieren. Manche Leute hegen den Glauben, daß die Dinge alle so laufen müßten, wie sie sich das vorstellen, damit sie sich gut fühlen können. Das ist die Einstellung eines Verlierers. Jeder kann sich gut fühlen, wenn die Dinge gut laufen, aber es bedarf eines Genies, um einen Dauerzustand freudiger Erregung über das Leben als solches in sich herzustellen.

Was wäre, wenn Sie ein Problem mit neuen Augen betrachteten – mit staunenden Augen? Und Sie würden sich sagen: Wie toll wäre das Leben, wenn ich dieses Problem gelöst hätte und auf meinem Weg weiterginge? Dann machen Sie sich an die Lösung des Problems mit dem Gefühl, daß die Lösung auf der Hand liegt, selbst wenn Sie keine Ahnung haben, wie sie aussieht. Die wirklichen Cracks in unserer Welt wissen, daß unser Gehirn Lösungen mit Problemen und Probleme mit Lösungen speichert. Als erwachendes Genie ist es Ihre Aufgabe, sich auf die Lösung auszurichten und das Problem einfach als Stufe zu einem noch größeren Erfolg zu betrachten.

Setzen SIE sich Ihre eigenen Grenzen?

Ich wurde einmal aufgefordert, mit einem Klienten in Scottsdale, Arizona, zu arbeiten. Scottsdale ist ein sehr schöner Ort in der Wüste, nicht weit von Phoenix. Die langen Boulevards und die stuckverzierten

Häuser sind von mannigfaltigen Wüstenpflanzen eingerahmt – Kandelaberkakteen und blühende Wüstenfarne zwischen Felsen und Steinen aller Formen und Farben. Ich dachte, ich wüßte, was ich zu erwarten hätte, als ich mich in Scottsdale ansagte.

Als ich jedoch in die Einfahrt zum Haus dieses Klienten einbog, sah ich mich zu meiner Überraschung einem riesigen, geschwungenen, schmiedeeisernen Tor gegenüber. In der Mitte der Auffahrt befand sich ein schmuckes Häuschen, das, wie ich bald entdeckte, ein High-Tech-Telefonsystem beherbergte. Ich nahm den Hörer ab, und sofort fragte mich eine sehr reservierte Stimme nach meinem Namen und dem Zweck meines Besuchs. Ich bemerkte, wie mir ungemütlich zumute wurde, als ich das Kameraauge in den Büschen entdeckte, das auf mich und mein bescheidenes Auto gerichtet war.

Sofort begann sich das Tor langsam knirschend zu öffnen. Als mein Auto sich dem Stuckpalast näherte, der sich vor mir ausbreitete, spürte ich, wie ich tief durchatmete ... Ich war baff vor Staunen. Irgendwie konnte ich mir nicht vorstellen, daß irgend jemand diese Monstrosität sein „Zuhause“ nannte.

Es hätte mich nicht mehr erstaunen sollen, daß ich am Hauptportal ein weiteres exquisites Telefon fand, das offenbar auf meine Ankunft wartete. Als ich diesmal den Hörer abnahm, ließ mir dieselbe herablassende Stimme ein einziges Wort zuteilwerden: „Eintreten.“ Ich hörte ein kurzes Summen, dann ein Klicken, mit dem mir die massiven Türen die Erlaubnis gaben, sie aufzudrücken und hindurchzutreten. Ich hatte das Gefühl, als würde ich in eine Festung kommen. Bestimmt war diese Person in den Reichtum hineingeboren, war mein erster Gedanke, unmöglich, daß jemand all dies in einem Leben ansammeln konnte.

Meine Arbeit mit diesem Klienten, ich nenne ihn „Frank“, war voller Überraschungen. Er scheute sich nicht, mir sogleich mitzuteilen, daß er schon dreimal bankrott gemacht habe. Das war sein vierter Start als Millionär! Er zuckte nachlässig mit den Schultern, als er beschrieb, welche Schwierigkeiten er hatte, seine erste Million zu machen. Der Rest, sagte er, war eigentlich ganz leicht. Offensichtlich hatte dieser Mann ein völlig anderes Bild von einem Millionär als der Durchschnittsbürger.

Frank war in einer kinderreichen Familie in der Ära der Depression aufgewachsen. Er erzählte, wie seine Familie stundenlang anstehen mußte in der Hoffnung, einen Laib Brot und verdünnte Suppe zu ergattern. Als Junge hatte er den Entschluß gefaßt, daß er es eines Tages zu einer Million Dollar bringen würde, und daß er mit dieser Million irgendwie den Schmerz und den Mangel seiner Jugend ausgleichen würde.

Ich merkte, wie ich vom Strahlen in Franks Augen angesteckt wurde, als er die Hindernisse beschrieb, die er beim Erwerb seiner ersten Million überwunden hatte. Er wurde richtig überschwenglich, als er mir von seinen Eskapaden als aufstrebender Geschäftsmann erzählte und von dem „Lehrgeld", das er bezahlt hatte.

Mit vierzig war Frank auf der Höhe des Erfolgs. Er hatte es zu seiner Million Dollar gebracht. Aber das war auch die Zeit, als sein Leben in Stücke zu zerspringen begann.

Frank, dessen Körper jetzt sichtbar die Spannkraft verlor und dessen Augen sich verdüsterten, beschrieb die Jahre, die darauf folgten. Seine Ehe ging in die Brüche, er traf falsche Investitionsentscheidungen und ließ sich von einem Betrüger über den Tisch ziehen. Frank war bankrott und landete in der Untersuchungshaft, bevor er überhaupt wußte, wie ihm geschah.

Mit diesen Erfahrungen kam Frank zu einem neuen Entschluß. Er würde seine Million nie wieder verlieren! Mit einem völlig neuen Geschäftskonzept machte er sich daran, sein Vermögen wieder aufzubauen. Und tatsächlich gelang es ihm, wieder eine Million zu machen – und sie sogleich wieder zu verlieren. Was war geschehen? Er hatte sich diese Frage wieder und wieder gestellt, ohne auf eine Antwort zu kommen.

Ich erklärte Frank, daß er es hervorragend verstand, sich auf Erfolg zu programmieren, daß er seinem Erfolg aber Grenzen gesetzt habe. Wenn er eine Million Dollar geschafft habe, dann wisse er offenbar nichts mehr mit sich anzufangen. Er verlor die Million sogleich wieder, damit er wieder auf das einprogrammierte Ziel hinarbeiten konnte – eine Million Dollar zu machen. Er hatte mich in seiner Not angerufen, weil sein viertes Imperium auf der Kippe stand.

Zwar war ich kein Finanzberater, aber ich machte Frank klar, daß er im Begriff war, seine eigenen Prophezeiungen zu erfüllen, das heißt, ein weiteres Mal zu versagen, worin er ja mittlerweile Experte war. Er würde anfangen zu trinken, schlechte Geschäftsentscheidungen zu treffen und Unheil über seine Dynastie zu bringen, die er so sorgfältig aufgebaut hatte.

Was ich Frank begreiflich machen mußte, war, daß er sich nicht nur auf seine Million programmiert hatte, sondern auch auf deren Verflüchtigung. Ohne es zu wissen, hatte er sich selbst eine Grenze gesetzt. Er konnte in der Tat wie ein Besessener arbeiten, um eine Million zu machen, aber dann mußte er sie sogleich wieder verlieren, denn sein Selbstvertrauen und sein Selbstwertgefühl waren nicht auf einer Ebene, die ein solches Einkommen hätte tragen können. Er glaubte an den Kampf, aber nicht an den Erfolg.

Frank begann zu erkennen, daß Geld als solches kein ausreichendes Ziel ist, und daß es für ihn anstand, eine ausgewogenere Einstellung zu seinen Finanzen und zu seinem Leben zu entwickeln. Jetzt, wo er es zum vierten Mal zum Millionär gebracht hatte, war es nicht mehr nötig, so große Risiken einzugehen, er durfte sich entspannen und die Früchte seiner Arbeit genießen.

Er wollte einen konservativeren Ansatz finden, als er ihn in der Vergangenheit gehabt hatte, und ich sagte ihm, das würde sich einstellen, wenn er lernte, Tag für Tag zu leben. Während Frank und ich in den nächsten Monaten miteinander arbeiteten, begann diese Tag-für-Tag-Einstellung allmählich Früchte zu tragen.

Jahre später bekam ich von Frank einen überraschenden Anruf. Nein, er brauche meine Dienste nicht mehr, er wolle mir nur danken und mich wissen lassen, daß er immer noch die Entspannungsübung mache, die ich ihm beigebracht hatte. Jeden Tag in „my time" konnte er mit seinem Tag-für-Tag-Leben ins Reine kommen und seine zukünftigen Abenteuer planen. In der Tat bestand Franks Leben jetzt aus einer Serie von Erfolgen, und sein Vermögen hatte sich vervielfacht.

Es ist meine Hoffnung, daß jeder, der dieses Buch liest, zu der Erkenntnis kommt, daß Geld als solches kein angemessenes Ziel ist.

Vielmehr strebt unsere menschliche Natur nach einem emotionalen Zustand, nach dem Gefühl des Wohlbefindens. Es gibt arme Leute, die wirklich glücklich sind und sich mit den Gaben, die die Welt ihnen zu bieten hat, beschenkt fühlen. Und es gibt reiche Leute, die mehr Traurigkeit, Kummer und Streß haben, als irgend jemand, dem ich sonst begegnet bin.

Versprechen Sie sich heute, daß Sie, wann immer Sie feststellen, daß Sie deprimiert sind, besorgt, ärgerlich, wütend oder ängstlich, oder Groll gegen einen anderen Menschen hegen, daß Sie dann sofort den begrenzenden Glaubenssatz in sich aufspüren und ihn hinter sich stellen. Wenn der Raum vor Ihnen frei ist, dann stehen Ihnen weit mehr Möglichkeiten offen. Die besten Ziele im Leben sind jene, die nicht nur Sie in Ihrer Ganzheit fördern, sondern auch die Welt. Wenn Sie sich selbst und der Menschheit dienen, dann fühlen Sie sich ganz einfach gut und lebendig, unabhängig von Ihrer finanziellen Situation oder Ihrer Station im Leben.

Vier
Mehr Unglaubliches über Sie

Nun zurück zu Ihnen und Ihrem Geist – wir sagten ja schon: Sie sind unglaublich! Das Gehirn ist oft mit einem Computer verglichen worden, und in der Tat gibt es viele Ähnlichkeiten. Dennoch gibt es einige entscheidende und tiefgreifende Unterschiede. Das Gehirn besteht aus Nervenfasern (Neuronen), die lebendig sind und wachsen können. Das allein macht das Gehirn unendlich intelligenter als den modernsten Computer. Diese Neuronen stellen ständig synaptische Verbindungen mit anderen Neuronen her und verarbeiten Information mit einer unglaublichen Geschwindigkeit. Aber wie ein Computer, so muß auch das Gehirn zuerst über ein Betriebssystem verfügen, mit dem es die einströmenden Informationen zuordnen kann. In dieser Hinsicht ist Ihr Gehirn fast wie ein Computer, einer, der sich seiner selbst bewußt ist und – fast – voraussagbar!

Voraussagbar, weil Ihr Betriebssystem ein Leben lang durch verschiedene Quellen programmiert worden ist, wie Ihre Erfahrungen, Ihre inneren Gedanken und alle Menschen, die Einfluß auf Sie gehabt haben.

Selbst-Gespräche

Forscher haben festgestellt, daß in jeder Sekunde an die 20 000 bits Information über die Sinne ins Gehirn strömen. Zusätzlich zu dieser Masse an sensorischer Information sprechen wir mit uns selbst, und zwar unglaublich viel, 5 000 Worte und mehr pro Tag. Das ist Ihr *innerer Dialog* – der Teil Ihres Geistes, der ständig mit Ihnen spricht. Diese inneren Unterhaltungen, die fast ununterbrochen stattfinden, können uns entweder motivieren oder den Erfolg sabotieren. Wie können wir es schaffen, diesen ständigen Informationsfluß unter Kontrolle zu bekommen? Wir können es nicht – unser Unbewußtes oder der anders-als-bewußte Geist übernimmt die Kontrolle für uns. Wie das genau geschieht, wird Ihnen klar werden, wenn wir besprechen, wie das Gehirn und die Gehirnwellenaktivität funktioniert. Ein Genie wird sich seines eigenen inneren Dialogs bewußt und verändert die Botschaften, die keinen Erfolg mehr bringen.

Es ist meine Hoffnung, daß Sie mittlerweile zu verstehen beginnen, welch außerordentliches (Genie) Potential Ihr anders-als-bewußter Geist hat. Wenn Sie sich die Funktion klarmachen, die Ihr eigener innerer Dialog hat, dann verstehen Sie, wie dadurch Ihr Leben beeinflußt wird – entweder positiv oder negativ. Welche Macht übt dieser innere Dialog auf Sie aus? Haben Sie sich jemals selbst etwas ein- oder ausgeredet, was Sie wirklich gerne tun wollten? Vielleicht hatten Sie vor, den Abend damit zu verbringen, für eine Prüfung zu lernen, und sind statt dessen vor dem Fernseher gelandet? Oder wollten Sie vielleicht nach der Arbeit Sport treiben, gingen aber statt dessen mit Freunden zum Essen? Wie oft reden Sie sich etwas ein oder aus, das Sie wirklich erreichen wollen?

Wir werden in diesem Text lernen, wie jedes Wort Ihres inneren Dialogs Bilder in Ihrem Geist erzeugt, und wie diese Bilder dazu beitragen, daß Sie positiv oder negativ mit der Welt in Beziehung treten.

Jeder hat das Recht, das zu bekommen, was er will. Viele Pessimisten glauben jedoch, daß irgendwelche mangelhaften äußeren Umstände dem Erfolg im Wege stünden. Was sie nicht verstehen, ist, daß diese äußeren Umstände alle Teil ihrer Glaubenseinstellungen und Werte sind. Ein Genie ist jemand, der „Umstände" erschafft, die dann die Wahrscheinlichkeit für Erfolg produzieren, was auch immer die Schwierigkeiten sein mögen. Die Geschichtsbücher sind voll mit Erzählungen von Leuten, die es vom Tellerwäscher zum Millionär gebracht haben oder vom Sträfling zum Sozialreformer. Was hatten diese Leute, das anderen so unerreichbar erscheint? Irgendwie waren sie fähig, einen Quantensprung zu machen und statt irgendwelchen äußeren Umständen die Schuld zu geben, selbst Verantwortung für ihr Leben zu übernehmen. In fast jeder dieser Erfolgsgeschichten gab es einen Augenblick des Aufwachens, nämlich der Erkenntnis, daß in jedem Individuum die Ursache seines Lebens liegt. Nachdem einmal die innere Entscheidung getroffen war, anders zu denken, sind sie mit dem Leben in Interaktion getreten, und wenn dann die Gelegenheit an die Tür klopfte, konnten sie es hören. Manchmal glauben wir, wir wären für alle Möglichkeiten offen, aber wegen unserer vorgefaßten Glaubenshaltungen begrenzen wir unsere Wahlmöglichkeiten für den Erfolg. Was wir uns zu wünschen glauben und worauf wir unsere Aufmerksamkeit heften, sind oft zwei ganz verschiedene Dinge.

Wir wollen die Gesetze des Erfolgs mit einer Metapher deutlicher machen. Sagen wir mal, Sie funktionierten wie ein Flugzeug. Fluglotsen sind sich völlig darüber im klaren, daß ein Flugzeug vom Augenblick des Abflugs in einer Stadt bis zur Landung in einer anderen Stadt 90 Prozent des Fluges nicht auf Kurs liegt. Und doch sind diese Piloten höchst zuversichtlich, daß sie ihr Ziel erreichen werden und unter normalen Umständen sogar pünktlich. Das liegt daran, daß der Pilot und der Copilot ganz genau wissen, was ihr Ziel ist, und eine Landkarte haben, nach der sie sich richten können, wenn sie vom Kurs abkommen.

So viele Menschen glauben, daß sie genau das tun, was ihnen Erfolg bringen wird, und merken gar nicht, daß sie sich immer weiter vom Kurs entfernen, weil sie sich nie die Zeit nehmen, ihren Handlungskurs zu überprüfen. Selbst wenn die Tatsachen dafür sprechen, daß der Erfolg in immer weitere Ferne rückt, leugnen und verdrängen sie das und handeln immer weiter gegen die bewiesenen Gesetze des Erfolgs. Können Sie sich das vorstellen?

Zurück zu unserem Flugzeug. Wußten Sie, daß ein Flugzeug beim Start 110 Prozent seiner PS braucht, nur um vom Boden abzuheben, und wenn es in der Luft ist nur noch 40 Prozent? Richtig, beim Start müssen die meisten Flugzeuge eine Leistung bringen, die ihre „Kapazität“ überschreitet, um abheben zu können. Wie viele Leute kennen Sie, die ein Projekt erst gar nicht anfangen, weil sie vor der Arbeit zurückschrecken? Sie starren wahrscheinlich nur auf diese anfänglichen 110 Prozent, die notwendig sind, um das Projekt in die Gänge zu bekommen. Ein Genie weiß, daß eine Aufgabe, wenn sie erst einmal begonnen ist, ihre Eigendynamik entwickelt. Alles was Sie tun müssen, ist,

Ihren Traum weiterhin Tag für Tag zu nähren und beharrlich die Arbeit zu machen, die nötig ist.

Was hat das mit Ihnen zu tun? Nun, beginnen wir mit den Fakten. Es ist okay zu erkennen, daß es am Anfang schwer sein kann, Gewohnheiten und Muster zu verändern, die Sie ein Leben lang mit sich herumgeschleppt haben. Wenn der Wandlungsprozeß aber erst einmal eingesetzt hat, dann wird es leichter und leichter. Bald wird das neue, angemessenere Verhalten überwiegen und die alten Muster schmelzen vollständig weg, ein für allemal.

Bleiben wir noch beim Bild des Flugzeugs und nehmen wir an, daß Sie ein unerwünschtes Verhaltensmuster ändern wollen. Sagen wir, daß Sie Ihre gesamte Anstrengung, ja sogar mehr als Ihnen bewußt ist (110 Prozent), auf die Veränderung richten – dürfte man dann nicht damit rechnen, daß das neue Verhalten sich einstellen wird? Und wenn Sie das neue Verhalten eine Weile geübt haben, könnte man dann nicht auch damit rechnen, daß es Ihnen immer leichter fällt und es immer natürlicher wird? Wäre es dann nicht sehr wahrscheinlich, daß Sie damit beginnen könnten, mit diesem selben Bewußtsein an neue Möglichkeiten und neue Entscheidungen zu denken, vielleicht sogar an weitere positive Veränderungen, die Sie angehen möchten? Und da Sie es einmal getan haben, wäre da nicht anzunehmen, daß Sie den nächsten Schritt vielleicht sogar mit weniger Anstrengung machen könnten?

Ergebnisse

Der erste Schritt zu Veränderungen in Ihrem Leben ist, daß Sie sich darüber klar werden, was Sie wirklich wollen. Wir benutzen das Wort „Ergebnis", um das darzustellen, was Sie erreichen wollen – es bedeutet den erfolgreichen Abschluß dessen, was Sie sich wünschen, oder was sich aus Ihren Anstrengungen ergibt.

Meine erste Erfahrung mit „Ergebnissen" hatte ich, als ich noch in der High School war. Zu jener Zeit war mein Vater aktiv dabei, sich von seinem Alkoholismus zu befreien, und gab vieles von dem, was er lernte, an seine Kinder weiter. Im Sommer zwischen meinem ersten und zweiten Collegejahr hatte ich's so weit gebracht, daß ich Hausarrest bekam. Ich wurde im Tiefparterre eingesperrt, hatte nichts zu tun und durfte niemanden sehen. Dad wußte, daß Hausarrest nie viel nützte, und das brachte ihn auf eine neue Idee. Am zweiten Tag meines Arrests brachte er mir ein kleines Büchlein, auf dessen Umschlag quer der Satz stand: „Der Mensch ist, was er denkt." Er teilte mir mit, daß ich es von Anfang bis Ende zu lesen hätte, und zwar jeden Tag. Ich zuckte die Schultern, nahm das Buch und ließ mich aufs Bett fallen. Dann fang ich eben an, dachte ich, gibt sonst eh nichts zu tun.

Es fällt mir schwer zu beschreiben, was ich als nächstes erlebte. Als ich anfing zu lesen, war es, als würde etwas Dunkles und Schmerzhaftes, das ständig in mir auf der Lauer lag, plötzlich verschwinden. Ich öffnete mich für eine neue Welt der Hoffnung und der Möglichkeiten, für eine Welt der Freiheit, wo ich über mein Leben bestimmen konnte. Die Gedanken, die dieses Büchlein in mir weckte, gaben mir ein Gefühl von Leichtigkeit, ja Überschwenglichkeit! Es war alles so einfach. Ich brauchte nichts anderes zu tun, als meinen Geist auf das auszurichten, was ich erreichen wollte, brauchte mir nur vorzustellen, daß ich es bereits geschafft hatte, und es dann in die Tat umsetzen. Wie konnte etwas, das so schwer erschienen war, jetzt so einfach aussehen?

Es fiel mir leicht, Dads Anweisungen zu folgen. Täglich las ich die Seiten gewissenhaft durch und nahm jedesmal mehr von ihrer Wahrheit in mir auf. Schließlich entschied ich mich für ein ganz bestimmtes Ziel und fühlte mich bereit zu handeln. Voller Eifer ging ich zu meinem Vater, der gerade Zeitung las, und konnte meine Begeisterung nicht verbergen. „Ich habe mir ein Ziel gesetzt", erklärte ich stolz. „Ich habe vor Augen, wie ich es erreiche, und ich bin jetzt bereit anzufangen."

„Und was ist dein Ziel?" fragte er über den Rand seiner Lesebrille.

„Ich werde Kapitän des Fußballteams!"

Ich hatte das mit so viel Herzblut verkündet, daß mein Vater zunächst sprachlos war.

„Nun, Patrick", sagte er betont sachlich, „man muß sich realistische Ziele setzen."

Wenn Sie mich durch die Augen meines Vaters gesehen hätten, dann hätten Sie wahrscheinlich genau das gleiche gesagt. Ich war nicht nur klein, ich bestand aus Haut und Knochen! Ich war immer der Kleinste in der Klasse gewesen und klapperdürr dazu. Aber ich ließ mich nicht abbringen und war sicher, daß es nicht nur möglich wäre, daß ich Fußballkapitän würde, sondern daß es tatsächlich geschehen würde.

Jeden Tag las ich wieder „Der Mensch ist, was er denkt", selbst dann noch, als mein Vater schon völlig vergessen hatte, daß ich Hausarrest hatte. Ein paar Wochen später wurde mir ein Job bei einer Grabsteinfirma angeboten. Die Bezahlung war miserabel und die Arbeit scheußlich, aber ich tat es trotzdem. Jeden Abend fuhr ich mit dem Fahrrad langsam nach Hause zu einem heißen Bad und fiel ins Bett.

Aber dann geschah etwas. Ich merkte, daß ich mich veränderte. Durch die anstrengende körperliche Arbeit bekam ich einen gewaltigen Appetit. Ich war gar nicht mehr satt zu kriegen. Ich entdeckte Muskeln, von denen ich nicht gewußt hatte, daß es sie überhaupt gab. Ich merkte, wie ich jeden Tag stärker und geschmeidiger wurde. Diese riesigen Zementsäcke und Steinblöcke zu heben, schien jetzt nicht mehr so schwer. Und vor allem – ich wuchs in diesem Sommer zehn Zentimeter!

An jenem ersten Tag des Fußballtrainings war meine Batterie voll aufgeladen. Ich ging zum Trainer und sagte ihm, ich wäre bereit, in jeder Position zu spielen.

„Wer bist du?" fragte er und musterte mich von oben bis unten. „Bist du der Neue aus Chicago?"

„Nein", antwortete ich, „ich bin Patrick Porter, kennst du mich nicht mehr?"

„Porter? Hmmm", er schaute mich von oben bis unten an, „der Bruder von Mike?" Ich nickte. „Bist jedenfalls gewachsen." Er lächelte. „Schaun wir mal, was du tun kannst."

In diesem Augenblick wußte ich, daß die Zeit, in der ich von Erfolg nur geträumt hatte, vorbei war. Jetzt war für mich die Zeit gekommen, aktiv zu werden und das zu tun, was notwendig war, um meinen Traum Wirklichkeit werden zu lassen. Ich trainierte jeden Tag, ob Regen oder Sonne. Ich begann mit Gewichtheben und jeden Morgen ging ich

Joggen, um meine Ausdauer zu stärken, und dabei wählte ich immer einen Weg, der mich am Haus des Trainers vorbeiführte – wer weiß, wofür es gut ist, dachte ich mir. Ich spielte nicht nur Fußball, sondern machte auch Geländerennen und Ringen. Nach dem Training, wenn der Rest des Teams erschöpft war und zum Duschen ging, machte ich mich ans Gewichtheben.

Auch meine Schulleistungen wurden mir wichtig. Ich mußte sicher gehen, daß meine Noten mich fürs Team qualifizieren würden. Mit meiner neuen Motivation stellte ich fest, daß die Schule Spaß zu machen begann. Zusammen mit meinem Bruder Mike entdeckte ich, was mir Ausdauer gab und mich stärker machte. Ich veränderte meine Ernährung, ließ sämtlichen Schund weg und aß statt dessen gesunde und natürliche Lebensmittel.

Bis zum dritten Collegejahr war ich einer der heißesten Sportler an unserer Schule. Mein Name stand regelmäßig in der Zeitung und jüngere Mitschüler kamen auf mich zu und wollten wissen, was ich getan hätte, um so ein Supersportler zu werden. Obwohl die meisten anderen Spieler mit den Jüngeren nichts zu tun haben wollten, startete ich einen Club für Gewichtheben und lud sie dazu ein. Es machte mir Spaß zuzuschauen, wie sie lernten und immer besser wurden, und ich entdeckte eine echte Freude daran, anderen zu helfen.

Kurz vor meinem letzten Collegejahr entschieden die Trainer, daß alle Teammitglieder, auch die Junioren, die Erlaubnis bekommen sollten, ihre Teamkapitäne zu wählen. Obwohl ich das nicht geplant hatte, machte sich mein Einsatz mit den Jüngeren bezahlt. Ich wurde nicht nur zum Kapitän der Fußballmannschaft gewählt, sondern auch beim Ringen und Geländerennen.

Als Kapitän in drei Sportarten hatte ich nicht nur meinen Traum verwirklicht, sondern meine eigenen Erwartungen weit übertroffen. Aber das Wichtigste war, daß ich ein Modell für Erfolg entwickelt hatte, das mich vom Erreichen eines Ziels zum nächsten trug, und ich benutze es bis zum heutigen Tag.

Jetzt sind Sie an der Reihe. Worauf warten Sie noch? Machen Sie sich ein klares Bild in Ihrem Kopf, was Sie wirklich wollen. *Sehen* Sie es so, als hätten Sie es bereits erreicht. *Hören* Sie all die Geräusche um Sie herum und lassen Sie das, was Sie hören als den Ton Ihres Erfolgsergebnisses in sich nachklingen. Ja, *fühlen* Sie sich so, wie es sein wird, wenn der Wandel stattgefunden hat. Wichtig ist: Sie müssen sich ganz sicher sein, daß die Macht über das Ergebnis in Ihren Händen liegt, und daß Sie selbst die Verantwortung dafür übernehmen, daß Sie es vollenden.

Das Ergebnis vorwegnehmen

Stellen Sie sich jede der Fragen aus der folgenden Liste. Nehmen Sie sich Zeit dafür und denken Sie jede Antwort bis zum Erreichen Ihres Ziels durch. Wählen Sie jetzt nur ein Ergebnis aus und richten Sie Ihre gesamte Aufmerksamkeit darauf, es zu erreichen. Sie können auf diese Übung immer zurückkommen, wenn Sie irgendein anderes Ergebnis erreichen wollen. (Hinweis: Sie werden feststellen, daß es jedesmal leichter und präziser wird, wenn Sie diesen Prozeß durchmachen.) Ich empfehle Ihnen dringend, Ihre Antworten aufzuschreiben und sie für die Zukunft in Reichweite zu haben:

1. **Welches Ergebnis möchte ich erreichen?**
2. **Welchen ersten Schritt muß ich machen, damit dieses Ergebnis Wirklichkeit wird?**
3. **Liegt die Verantwortung für das Ergebnis ganz bei mir?**
4. **Was hat mich bisher davon abgehalten, das zu tun, was erforderlich ist?**
5. **Wenn ich mein Ziel erreiche, welches positive Ergebnis würde sich dann in meinem Leben zeigen?**

Ein Ergebnis erzielen

Der zweite Schritt ist einfach. Er bedeutet, aufzubrechen und das zu tun, was erforderlich ist. Wir haben ja schon gehört: Genie ist ein Prozent Inspiration und 99 Prozent Perspiration. Dieses Beispiel läßt sich ins Persönliche übertragen. Haben Sie schon einmal jemandem bei irgendeiner Arbeit zugeschaut und gedacht, ich weiß einen besseren Weg, wie man das machen könnte, das bringt mich auf eine Idee? Vielleicht sind Sie sogar auf eine neue Erfindung gekommen oder auf eine ganz neue, eigene Betrachtungsweise. Ich glaube, das ist uns allen schon irgendwann mal so gegangen. Es ist dieser Augenblick der Inspiration, als würde ein Licht im Gehirn angehen. Aber wie oft hat Sie etwas davon abgehalten, das zu verfolgen, was Sie inspiriert hat? Leider geht das den meisten Leuten so, und sie müssen bald feststellen, daß jemand anders ihren Traum erfüllt und den Erfolg erntet. Sie können dann nur dasitzen und zuschauen.

Es gibt vier Typen von Menschen

1. Jene, die es geschehen lassen.
2. Jene, die zuschauen, wie es geschieht.
3. Jene, die bewirken, daß es geschieht.
4. Jene, die sich fragen, was geschehen ist.

Dieser Text ist dazu da, Ihnen die Kontrolle über Ihr Leben wieder in die Hand zu geben. Die glücklichsten Menschen sind die, die bewirken, daß es geschieht. Um wirklich das Ergebnis zu bekommen, das Sie wollen, brauchen oder nach dem Sie sich sehnen, müssen Sie *handeln*.

„HANDELN UND DENKEN SIND EIN UND DASSELBE."

Was hindert Leute daran, ihre Ziele zu erreichen? In den meisten Fällen sind es ihre eigenen *Gedanken* und *Handlungen*, die dem Erfolg im Wege stehen. Um Ihre Träume oder Ziele wirklich ganz zu erreichen, müssen Sie so handeln, als wäre das schon der Fall und müssen sich das erwünschte Ergebnis plastisch vorstellen. Eric Oliver, ein Managementtrainer, sagt den Teilnehmern in seinen Seminaren oft: „Sie bekommen das, was Sie in Ihrer Vorstellung einstudieren; und das ist nicht unbedingt das, was Sie beabsichtigen." Mit anderen Worten, Ihre *Gedanken* sind Ihre *Absichten*, und Ihre *Handlungen* sind das, was Sie täglich *einstudieren*. Wenn Sie das Ziel (die *Absicht*) haben, einen nagelneuen Sportwagen zu besitzen, aber Tag für Tag auf dem Sofa hocken und sich

Seifenopern anschauen (*Einstudieren*) – ist es dann wahrscheinlich, daß Ihr Traum jemals in Erfüllung geht?

Vor einigen Jahren bekam ich den Auftrag, für die amerikanische Taekwondo-Gesellschaft in Phoenix, Arizona, ein Kassettenprogramm zu entwickeln. Im Rahmen meiner Forschungen zu diesem Thema interviewte ich mehrere Karatemeister. Jeder dieser Kampfsportkünstler beschrieb einen Prozeß der mentalen Imagination, durch den sie Denken, Handeln und Reaktion angemessen auf eine gegebene Situation einstellen. Sie stellen sich mental ganz genau vor, wie sie sich in einer Situation bewegen, und sehen, spüren und erleben sich in perfekter Synchronizität. Sie können dann darauf vertrauen, daß ihr anders-als-bewußter Geist die Führung übernimmt und das Denken, Handeln und Reagieren automatisch so ausführt, wie es notwendig ist.

Diese Fähigkeit ist nicht auf asiatische Kampfsportler begrenzt. Wenn Sie – genau wie der Träger eines schwarzen Gürtels – Ihrem anders-als-bewußten Geist ein Ziel vorgeben und dieses Ziel durch mentales Einstudieren ganz klar und präzise machen, dann müssen Sie nur noch aus dem Weg gehen. Mit den riesigen Ressourcen Ihres anders-als-bewußten-Geistes werden die Einzelheiten für Sie erledigt. Es ist dieser anders-als-bewußte Teil, der die Fähigkeit hat, Zugang zu allen Erinnerungen der Vergangenheit und zu allen zukünftigen Ergebnissen zu finden. Von dort aus wird Ihr Geist einen Handlungsweg finden, der dem Erreichen Ihrer Ziele am wenigsten Widerstand entgegensetzt – perfekte Synchronizität.

Als ich mich dann daran machte, diese Kassetten zu produzieren, wußte ich, daß es nicht notwendig war, jeden Aspekt von Karate zu berücksichtigen oder gar die einzelnen Bewegungsabläufe oder Haltungen zu erwähnen. Ich brauchte nur ein Schlüsselwort oder einen Schlüsselsatz zu sagen, und der geübte Geist des Kampfsportkünstlers würde mental den Prozeß durchspielen, und zwar sehr rasch. Was ein oder zwei Stunden physisches Üben erfordert hätte, konnte in dreißig Sekunden bis zwei Minuten geleistet werden. Beim mentalen Üben hat man die Empfindung, die geistige Vorstellung perfekt zu erfüllen, und darauf reagiert der physische Körper.

Nachdem ich die Kassetten gemacht hatte, bat ich mehrere Taekwondo-Studenten, mir beim Testen der Ergebnisse zu helfen. Diese Studenten waren durchaus in der Lage, die körperlichen Bewegungen auszuführen, aber sie fühlten sich dabei oft linkisch und nicht im Fluß. Ich bat jeden Studenten, sich die Tonbänder täglich anzuhören und die mentalen Übungen so gut wie möglich zu machen. Ich wußte, daß der Prozeß nicht vollständig war, so lange die Neurologie ihres Körpers nicht tatsächlich darauf ansprach. Nachdem die Testpersonen nur ein paar Wochen den Kassetten zugehört und mental die Bewegungsabläufe geübt hatten, erlebte jeder dieser Studenten eine deutliche Verbesserung seiner Konzentration und physischen Leistungsfähigkeit.

Die folgende Übung wird Ihnen helfen zu verstehen, wie Körper und Geist zusammenarbeiten.

Ihre Neurologie entdecken

Das ist eine kinderleichte Übung. Beantworten Sie einfach die folgende Frage: *In welche Richtung drehen Sie Ihren Autoschlüssel, um die Autotür zu öffnen?*

Falls Sie unwillkürlich die Hand ausgestreckt haben, als wollten Sie den Schlüssel drehen, dann habe ich gezeigt, was ich zeigen wollte – Handeln und Denken sind ein- und dasselbe, oder Denken und Handeln sind ein- und dasselbe. Die Gleichung stimmt in beide Richtungen. Selbst wenn Ihre Hand sich nicht tatsächlich nach vorn gestreckt hat, so mußten Sie sich doch die Hand am Schlüssel vorstellen, um zu wissen, in welche Richtung Sie ihn drehen müssen.

Auch die Neurologie Ihres Körpers ist programmiert. Um den Körper in Bewegung zu bringen, müssen Sie Körper und Geist dazu bringen, in dieselbe Richtung zu denken. Ihr Geist weiß ganz genau, wie sich der Schlüssel dreht, aber Sie mußten die Bewegung physisch ausführen, um an die Information zu kommen. Das gleiche gilt für das „Aufschließen“

des anders-als-bewußten Geistes, um dort an die Wissensschätze zu kommen. Ihr Körper muß daran beteiligt sein.

Das gilt insbesondere für jene, die eine Lernstörung zu haben scheinen. Möglicherweise haben sie überhaupt keine Störung, sondern ihr Geist lernt einfach anders, als es in der Gesellschaft für normal gehalten wird. Ich bin überzeugt, daß viele der Kinder, die als lernbehindert eingestuft werden, einfach nur kinästhetisch lernen. Sie haben ein Gehirn, das Informationen übermittelt, wenn die Neuronen fließen. Die meisten kinästhetisch Lernenden sind immer in Bewegung. Sobald sie einen Stift in den Fingern haben, fangen sie an zu kritzeln. Es ist egal, was sie zeichnen, wichtig ist, daß die Neuronen feuern. Wenn ihr Körper in Bewegung ist, dann ist der Geist aktiv und die Information fließt von der rechten zur linken Seite oder umgekehrt, je nachdem, welche dominant ist. Kinästhetiker sind genauso lernfähig und können Informationen genauso behalten wie irgendjemand sonst. Aber sie müssen die Information anders als die Mehrzahl der Menschen abspeichern, um bei Bedarf an sie heranzukommen.

Selektives Gedächtnis

Jeder hat ein sogenanntes *„selektives Gedächtnis"*. Irgendwann wählen Sie die Eindrücke aus, die Sie in Ihrem Gedächtnis festhalten wollen, um sich später daran zu erinnern. Normalerweise sind das jene Erlebnisse, die aus Ihrem Alltag irgendwie herausstechen. Ihr selektives Gedächtnis kann entweder Ihr bester Ratgeber oder Ihr größter Feind sein, je nach dem, wie Sie gelernt haben, es zu benutzen. Ein Genie versteht die natürlichen Prozesse des Geistes und nutzt sie zu seinem Vorteil. Das Geheimnis besteht darin, zu wissen, wie man mit den einfachsten Mitteln das größte Ergebnis erzielt. Da Sie fortwährend die Welt, die Sie umgibt, absorbieren, werden Sie jetzt lernen, wie Sie Zugang zur notwendigen Information finden, wie sie verfügbar ist, wenn Sie sie brauchen, und wie Sie das, was schädlich oder unbrauchbar ist, ausscheiden.

Wir haben einmal mit einer Gruppe von Seminarteilnehmern eine kleine Untersuchung zum Thema selektives Gedächtnis gemacht. Der

Raum war voll mit Erwachsenen und jungen Erwachsenen, und allen wurden zwei unterschiedliche Zusammenstellungen von Bildern gezeigt. Jeder Bildersatz bestand aus Darstellungen bekannter Politiker. Zur ersten Folge gehörten Fotos, wie sie wirklich aussahen, zur zweiten Folge gehörten Karikaturen dieser Menschen. Unser Experiment zeigte, daß die Karikaturen im Durchschnitt zu 80 Prozent besser behalten wurden, und zwar besonders die, die komisch oder ungewöhnlich waren und sich von den anderen deutlich abhoben.

Ein Genie versteht es, das selektive Gedächtnis so zu nutzen, daß es einen Zustand erhöhter innerer Lernbereitschft erzeugt, so daß auf diese Weise reichere Erfahrungen geschaffen werden. (Siehe optimaler Lernzustand in Kapitel zehn.) Indem Sie eine günstige Umgebung für selektives Erinnern schaffen, bringen Sie Ihre Lernerfahrungen in einen Kontext, in dem sie sich leichter erinnern lassen. Der Kraftkreis ist ein exzellentes Beispiel dafür. Angenommen, Sie sitzen in einem Vortrag. Indem Sie sich mit dem Kraftkreis umgeben, schaffen Sie eine Erfahrung, *die sich vom Gewöhnlichen abhebt*; sofort haben Sie Ihre Lernerfahrung optimiert. Dieser Vortrag wird jetzt mit den ganzen positiven Gedanken und Gefühlen gespeichert, die der Kraftkreis in Ihnen weckt. In einer Prüfungssituation werden Sie einfach den Kraftkreis aktivieren und die Information wird in Ihr Bewußtsein fließen. Sie haben selektiv eine Bahn zwischen dem bewußten und dem anders-als-bewußten Geist geschaffen, die Ihnen einen hervorragenden Zugriff auf Ihr Gedächtnis erlaubt.

Man kann auch die selektive Erinnerung an eine positive Lernerfahrung nutzen, an Lernen, das Ihnen wirklich Spaß gemacht hat. (So wie „Pete", unser Basketballspieler, der in der Schule mit der gleichen Begeisterung zu lernen begann wie in der Halle.) Wenn Sie etwas Neues lernen, können Sie den gleichen Zustand von *Vergnügen* selektieren. Plötzlich ist dann die neue Lernerfahrung anders, nämlich vergnüglich, ein bißchen komisch und ungewöhnlich. Sie selektieren aus der Erinnerung den Zustand des Vergnügens und lassen ihn durch die Erinnerungsfilter ins Bewußtsein. Auch das ist ein Weg zu einem perfekten Gedächtnis.

Alles, was Sie jemals sehen, hören oder erfahren, wird in der Erinnerung festgehalten. Sie haben ein Filtersystem, nämlich Ihren *Geist*, der alles, was um Sie herum geschieht, aufnimmt und assimiliert, und zwar 20.000 bits Information pro Sekunde. Diese Informations-bits werden von Ihrem anders-als-bewußten Geist selektiv abgespeichert; manche bits werden so abgespeichert, daß sie in der Erinnerung bleiben und abgerufen werden können, andere so, daß sie später vergessen werden. Der anders-als-bewußte Geist selektiert und kategorisiert die Abspeicherung von Information auf der Grundlage Ihrer Glaubensüberzeugungen (was in *Ihren* Augen vom Durchschnitt abweicht), und jene Dinge, denen Sie besondere Aufmerksamkeit schenken. Folglich können Sie also Ihr selektives Gedächtnis dazu benutzen, den Prozeß der Erinnerung und des Abrufens von Information zu verbessern.

Die meisten von uns sind Experten darin, uns ans Vergessen zu erinnern; das ist selektive Amnesie. Ohne jeden Einfluß und mit genügend Zeit können wir so gut wie alles vergessen. Selektive Erinnerung ist von Vorteil – selektive Amnesie bringt Sie in Nachteil. Das Genie benutzt die natürlichen Prozesse des Geistes, um die Bedingungen für Erfolg zu schaffen. Genies wählen die Information aus, die sie behalten, indem sie ihre Lernerfahrungen ungewöhnlich (erinnerbar) machen.

Eine junge Mutter schleppte einmal ihre Tochter „Mary" in meine Praxis, setzte sie auf einen Stuhl, schaute mir pfeilgerade ins Auge und sagte zwei Worte: „Helfen Sie!" Obwohl Mary ein helles Köpfchen war, ein attraktives Mädchen vor der Pubertät, versagte sie regelmäßig bei Prüfungen in der Schule. Sie war gut im Mündlichen, ihre Hausaufgaben waren immer tadellos, und wenn sie nach Hause kam, konnte sie alle Fragen einer Schulaufgabe, die sie gerade verhauen hatte, korrekt beantworten. In ihrem Geist erzeugte sie selektiv eine überwältigende Angst davor, die Antworten zu vergessen; sie erinnerte sich ans Vergessen. Ihr Gehirn tat ganz genau das, wozu es programmiert war, nämlich „vergessen", und folglich versagte sie in der Prüfung. Obwohl sie das bewußt natürlich nicht wollte, war der anders-als-bewußte Geist hervorragend darauf trainiert, während einer Prüfung Angst und Vergessen zu selektieren. Meine Aufgabe war es, neue Selektionsmöglichkeiten in ihrem Gedächtnis zu schaffen, das heißt einen mentalen Zustand, in dem für sie die Erinnerung an „Fließen" zugänglich wurde. Der neue selektive Zustand sollte sie in die Lage versetzen, die Antworten in der Prüfungssituation genau so leicht abrufen zu können wie zu Hause, wenn kein Notendruck bestand.

Ich brachte ihr eine Methode bei, die mein Vater die „Schwamm-Technik" nannte. Das war eine der Methoden, die mir geholfen hatten, mein Erinnerungsvermögen so zu entwickeln, daß ich in die Ehrenliste der besten Schüler aufstieg.

Ich zeigte Mary eine Abbildung des Gehirns, so daß sie es sich wie einen Schwamm vorstellen konnte, der alles aufsaugt, was er in der Schule sieht, hört und erlebt. Diese Fähigkeit, alle Informationen aufzunehmen, ist für den anders-als-bewußten Geist eine absolute Wahrheit. Wann immer sie die Information von ihrem Gehirn brauchte, das jetzt ein Schwamm war, der mit Wissen vollgesaugt war, sagte sie sich das Wort „ausdrücken". Augenblicklich floß die Information von ihrem Gehirn in ihr bewußtes Gewahrsein. Außerdem lernte ihr Körper, auf dieses Wort mit den Empfindungen von Entspannung zu reagieren, bis sie ein warmes Kribbeln in ihren Händen spürte. Indem der selektive Zustand hergestellt wurde, der ihr erlaubte, die gewünschte Information aus ihrem „Schwammgehirn" auszudrücken, wurde sie *proaktiv* anstatt reaktiv in Prüfungen.

Mary konnte sich jetzt eine Zukunft vorstellen, in der sie bei Prüfungen erfolgreich war, sie hatte es im Geist wieder und wieder geprobt. Mary war immer eine sehr fähige Schülerin gewesen. Nachdem sie jetzt ihr Genie erweckt und gelernt hatte, Informationen abzurufen, wann immer sie sie brauchte, wurde sie jetzt eine exzellente Schülerin. Im Laufe eines Schuljahres rückte sie zu den Besten auf und blieb es.

Selbsthilfe-Dialog: Ressourcengenerator

Setze dich bequem hin und bereite dich darauf vor, Zugang zu dem anders-als-bewußten *Prozeß der „selektiven Erinnerung" zu finden. Atme mit geschlosse-*

nen Augen tief ein ... halten ... und dann ausatmen. Dabei beginnt sich der Körper allmählich zu entspannen. Laß einfach los. Du wirst alles hören, was ich sage, während wir zusammen durch diesen Prozeß gehen. Stell dir vor, daß du mit jedem Atemzug in einen wunderbar ausgeglichenen Zustand der Entspannung kommst, ein Zustand, der dir helfen wird, Zugang zu positiven Erinnerungen zu finden und zu nützlichen Fähigkeiten für die Zukunft.

Beginne jetzt, dir etwas vorzustellen, was du gut kannst – ganz egal was ... und während du jetzt daran denkst, gehst du ganz in die Erfahrung hinein. Schau durch deine Augen, höre durch deine Ohren und spüre, was dein Körper fühlt, wenn du etwas gut machst. Und wenn du ganz in der Erfahrung bist, dann stell dir vor, wo dir dieser positive Zustand, im Vollbesitz deiner Kräfte zu sein, in der Zukunft nützen könnte ... vielleicht in der Schule ... vielleicht mit Freunden ... vielleicht in der Familie ... Aber am wichtigsten – es wird dort sein, wo du es am meisten brauchst. Wäre es nicht unglaublich, wenn dieses starke kraftvolle Gefühl, kompetent zu sein, mit dir in deinen Alltag zurückkäme? ... und zwar so, daß negative Gedanken und Einflüsse keine Macht mehr über dich haben, weder auf dieser Ebene noch auf irgendwelchen anderen erwachenden Bewußtseinsebenen. Während du weiter meine Stimme hörst, weißt nur du, wo die Veränderungen in der Zukunft sein werden. Während du also anfängst, Verantwortung zu übernehmen und ein positives ausgeglichenes Leben zu führen, kannst du auch beginnen, dir deine Zukunft hell und spannend vorzustellen. Jeder Tag ein neuer Tag mit neuen Entdeckungen für dich ... (Lange Pause, 2-5 Minuten) ... *Und jetzt ... so langsam, wie all diese positiven Veränderungen für dich Wirklichkeit werden, kehrst du in dein volles Wachbewußtsein zurück. Komm nun langsam in den Raum zurück ...*

Dem Ergebnis vertrauen

In diesem Beispiel wird das Wort *Vertrauen* benutzt, damit Sie verstehen, daß alles Neue Ihnen manchmal fremd und vielleicht sogar unangenehm vorkommen kann, daß es aber um so natürlicher wird, je mehr Sie es tun. Wenn Sie dem inneren Bild vertrauen und den äußeren Handlungen, dann kann Ihr Leben nur besser werden.

Das Wort Vertrauen wird auch gebraucht, um eine positive Einstellung zu Ihren neuen Gedanken und Handlungen zu beschreiben, selbst wenn die alten hochkommen sollten. Falls alte Bilder, Geräusche oder Gefühle in Ihr Bewußtsein treten, während Sie neue Verhaltensweisen praktizieren, dann haben Sie die beste Gelegenheit, in den Prozeß der Verzerrung und Auslöschung dieser alten Erinnerungen einzusteigen, so daß Sie nicht länger davon beeinflußt werden können.

Wenn es nicht funktioniert, dann bringen Sie's in Ordnung

Wer sind die Menschen, denen Sie am meisten vertrauen? Vermutlich werden Ihnen die Leute einfallen, die Ihr Vertrauen irgendwie *verdient* haben: ein Freund, der ein Geheimnis gehütet hat; jemand, der sich die Zeit genommen hat, Sie durch eine rauhe Periode Ihres Lebens zu begleiten; eine Person, die Ihre Freizeit dazu benutzt hat, Ihnen zu helfen, etwas Neues zu lernen. Im allgemeinen vertrauen Sie denen, die bewiesen haben, daß sie für Sie da sind, wenn Sie sie brauchen. Das sind die Freunde, die mit Ihnen durch Dick und Dünn gehen.

Und welchen Leuten mißtrauen Sie? Wahrscheinlich fallen Ihnen die ein, die Sie verletzt haben, die Sie ausgenutzt oder sonstwie reingelegt haben. Die meisten Leute mißtrauen Menschen, von denen sie glauben, daß sie ihnen „ein Messer in den Rücken gestoßen" haben, oder sie hängengelassen haben, als es ihnen schlecht ging.

Sie können sich nun Ihre Gedanken und Verhaltensweisen wie diese Leute vorstellen, denen man vertraut oder mißtraut. Es empfiehlt sich, daß Sie nur den Gedanken und Gewohnheiten vertrauen, die Ihnen Unterstützung geben und die zu Ihrem Besten sind, und daß Sie denen mißtrauen, die Ihnen in der Vergangenheit geschadet haben.

Wie viele von den Leuten, die auf Ihrer Mißtrauensliste stehen, spielen noch eine Rolle in Ihrem Leben? Wenn Sie so sind wie die meisten Menschen, dann sind es nicht viele. Es gehört zur menschlichen Natur, sich von denen frei zu machen, die einen in der Vergangenheit verletzt oder einem geschadet haben. Das gleiche kann für Ihre Gedanken gelten. Das Genie weiß, wie man Bilder, Gedanken und Gefühle aus der Vergangenheit, die Mißtrauen verdienen, eliminiert oder zumindest transformiert.

Menschen, die *visuell lernen*, können negative oder unglückliche innere Bilder in schwarz/weiß im Hinterkopf ablegen. Wenn die negativen Bilder ihre Farbe und Energie verlieren, dann verlieren sie auch den Reiz für Ihre Aufmerksamkeit. Bald werden sie überhaupt nicht mehr in Ihren Gedanken auftauchen, weil das Gehirn und der Geist sich niemals mit nutzlosen und unwesentlichen Aufgaben abgeben. Mit anderen Worten, Ihr Gehirn wird nicht darauf aus sein, überflüssige und unerwünschte Information festzuhalten und wieder zu aktivieren. Dieser Prozeß schafft im Geist des visuell Lernenden Raum dafür, daß er nützlichere Informationen in der Erinnerung festhält.

Menschen, die *auditiv lernen*, können ein Geräusch nehmen, vielleicht eine zänkische Stimme aus der Vergangenheit, und sich vorstellen, daß sie schnell und schneller wird, als würde sie mit einem Plattenteller beschleunigt, bis sie so schnell ist, daß sie völlig verzerrt ist und verschwindet – der Geist wird unbrauchbare Geräusche eliminieren.

Das Gleiche gilt für Menschen, die *kinästhetisch lernen*. Selbst wenn Sie so tun, als wären die neuen, positiveren Gefühle ein Teil von Ihnen, werden Ihnen gelegentlich doch Stolpersteine im Weg liegen. Vielleicht müssen Sie einen Augenblick innehalten, negative Gefühle wie zum Beispiel Ärger anerkennen und sie eventuell sogar verstärken wie mit einem Dimmer (das Teil in Ihrem Eßzimmer, mit dem Sie das Licht heller und dunkler stellen können). Die Neurologie Ihres Körpers wird überladen, so daß der alte Schaltkreis einen Kurzschluß bekommt und von einem neuen und wünschenswerteren ersetzt wird. Mit anderen Worten, Sie „drücken" die Gefühle nach „außen", um innen Platz für neue und angemessenere Gefühle zu machen.

Ein Genie lernt aus Fehlern, modifiziert das Verhalten und strebt wieder und wieder Erfolg an, bis er erreicht ist. *Es gibt keine Fehler, nur Feedback.* Ein Genie weist den Begriff Fehler zurück, er nimmt Feedback wahr und nimmt die angemessenen Veränderungen vor. Ein weiser Mensch hat einmal gesagt: **„Jene, die versäumen, aus der Vergan-**

genheit zu lernen, sind dazu verurteilt, sie wieder zu erleben." Das heißt ganz einfach: Wenn wir unsere Programmierung aus der Vergangenheit nicht ändern, dann wird sie in jeder Situation als dominantes Glaubenssystem wieder auftauchen, die der ursprünglichen Lernsituation ähnelt.

Betonen Sie das Positive!

Nehmen wir uns einen Augenblick Zeit, uns die Methoden zur Verhaltensänderung aus der Vergangenheit zu betrachten, die nicht funktioniert haben, um daraus zu lernen. Wir nehmen dafür zwei unterschiedliche Beispiele: 1.) *Psychologie der alten Schule** und 2.) *Bestrafung*. Obwohl manche immer noch an diesen Methoden festhalten, haben sie das Problem selten gelöst, oft nicht einmal das offensichtliche Symptom. Ich will erklären warum.

Das Gehirn arbeitet auf vier Ebenen oder mit vier Frequenzen: Beta, Alpha, Theta und Delta. Weil das Gehirn der Mechanismus ist, der physisch unsere Erinnerungen speichert und der beeinflußt, wie wir denken und uns verhalten, ist es wichtig zu wissen, welche Wirkung diese unterschiedlichen Gehirnfrequenzen auf uns haben.

Beta-Gehirnwellen

Wenn wir die alten „problemgetriebenen" Techniken der Psychotherapie anwenden, oder wenn auf ein Individuum Druck ausgeübt wird, dann haben wir es mit dem Beta-Bereich zu tun – einem Zustand hellwachen, bewußten Gewahrseins. Im Beta-Zustand halten Sie Ihr Leben auf Spur

---

*Mit *Psychologie der alten Schule* meine ich die überholten, problemorientierten Methoden des „Wiederkäuens" der Vergangenheit. Ich will damit in keiner Weise behaupten oder unterstellen, daß diese unwirksam wären. Tatsache ist, daß viele der heutigen Psychologen fortgeschrittene Methoden der Entspannung benutzen, wenn sie Patienten helfen, mit Streß zurechtzukommen und problematisches Verhalten zu überwinden.

– Sie gleichen Ihr Konto aus, zahlen Ihre Rechnungen, erledigen, was es zu erledigen gibt, entscheiden sich, was Sie für Ihre Unterhaltung tun und so weiter. Beta ist ein sehr notwendiger Zustand des Geistes, hier tun Sie das, was anliegt. Es ist die einzige Frequenz, die Angst erzeugt, Frustration, Besorgnis und Selbstzweifel. Das bedeutet, daß die meisten Therapien, die auf dieser Ebene arbeiten, im Kontext dieser Emotionen programmieren. Mit anderen Worten, der Geist nimmt nicht nur Information auf und programmiert sie, sondern alle dazugehörigen Gefühle und Emotionen. Und es sind diese Gefühle, die den Wandel initiieren.

Sagen wir, Sie haben sich entschieden, neue Informationen aufzunehmen, um zu lernen, wie man Prüfungen besteht. Würden Sie diese Informationen zusammen mit den Samen für Angst, Frustration und Besorgnis in Ihren Geist einpflanzen wollen? Natürlich nicht. Sie möchten die Samen des Friedens, der Gelassenheit und des Wohlbefindens sähen. Sie möchten, daß Gefühle des Selbstbewußtseins, des Selbstvertrauens und Selbstwerts sprießen, jene Gefühle, die Ihnen erlauben, in der Prüfung Zugang zu allen Antworten zu finden.

Beta ist also ein guter Ausgangspunkt, aber denken Sie immer daran, daß Verhaltensweisen, die im Beta-Zustand gelernt wurden, zusammen mit Emotionen abgespeichert werden. Das bedeutet, daß Sie im Wachbewußtsein lernen und Informationen aufnehmen, selbst wenn Sie es gar nicht wollen. Viele Psychologen sagen, daß wir unsere Lebenserfahrung zwischen null und sieben Jahren aufgenommen und geformt haben. Während der ersten sieben Jahre sind wir wie kleine Schwämme, die über Eltern, Familie und Freunde sämtliche Informationen über das Leben aufsaugen. Den Rest unseres Lebens brauchen wir dann dazu, alles wieder auszusortieren – das, was wahr ist und was für uns falsch ist. Während dieser sieben Jahre erleben wir nur wenig Beta-Gehirnwellenaktivität. Als Kinder laufen wir auf den Ebenen Alpha und Theta (über die Sie gleich etwas erfahren werden) und nehmen alles fraglos hin.

Wenn wir Information mit Angst und Frustration programmieren, wie das im Beta-Bereich geschieht, dann sickert sie langsam zurück in den anders-als-bewußten Geist und in die tieferen Gehirnwellenfrequenzen, wo sie allmählich zu dem sogenannten *Delta Imprint* werden. Mit anderen Worten, die Information, die mit Emotion gespeichert wird, bewegt sich vom Beta-Bereich zu Alpha, dann zu Theta und schließlich zu Delta, was heißt, daß sie zu einem unbewußten Verhalten wird. Jetzt hat die Beta-Frustration und Angst eine Brücke, über die sie in alle anderen Gehirnwellenaktivitäten einströmen kann und schafft dort das Potential für Phobien, Lernstörungen, mentale und emotionale Blockaden, Frustrationen und Ängste, die fast immer unbegründet sind. Wenn das einmal geschehen ist, dann können wir uns nicht erklären, warum wir eine bestimmte Aufgabe nicht erfüllen können, oder warum wir in gewissen Situationen unangemessen reagieren.

Am besten fangen wir also damit an, uns eine Operationsbasis zu schaffen – das heißt einen Startplatz. Anstatt in eine Therapiesitzung oder Lernsituation zu gehen, und alles Negative und das, was verbessert werden müßte, in den Vordergrund zu stellen, können Sie damit beginnen, das Positive zu verstärken. Moderne Therapeuten lernen, den Klienten zu helfen, ihr Selbstbewußtsein und Selbstwertgefühl aufzubauen, so daß sie dann, wenn sie den Drachen ihrer Vergangenheit begegnen, Ressourcen zur Verfügung haben und wissen, wie sie die alten Glaubenssätze und Werte, die ihnen nicht mehr dienen, aus den Angeln heben und durch neue Glaubenssätze und Konzepte ersetzen können. Mit einem erwachten Geist sind sie fähig, nach innen zu gehen und die alten *Delta Imprints* aufzulösen und durch neue und angemessenere Verhaltensabfolgen und Gedanken zu ersetzen, die prompt und automatisch wirken.

Wenn Sie sich in den Finger schneiden, weiß Ihr Körper genau, wie er sich selbst heilt. Sie müssen überhaupt nicht darüber nachdenken. Ihr Körper weiß, wie er die heilenden weißen Zellen schleunigst an die verletzte Stelle bringt. Er weiß, wie er Schorf bilden muß und wann genau der Schorf abgeworfen werden soll. Das gleiche gilt für Ihren Geist – er weiß genau, wie Lernen funktioniert.

Denken Sie nur einmal daran, wieviel Sie seit dem Augenblick gelernt haben, in dem Sie geboren wurden! Sie mußten erst einmal lernen, wie all die Muskeln Ihres Körpers zu gebrauchen sind. Es ist schwer, sich das heute vorzustellen, aber irgendwann mußten Sie einmal *lernen*, wie man aufsteht. Sie brauchten Mut, um sich aufzurichten, aber schließlich haben Sie es geschafft, vielleicht mit Hilfe einer Couch oder eines Tischrandes. Als Sie oben waren, haben sich Ihre Beine schwach angefühlt, und möglicherweise haben Sie daran gezweifelt, daß Sie so würden stehen können wie die anderen Leute um Sie herum. Aber weil ja alle anderen stehen konnten, dachten und handelten Sie weiterhin so, als ob Sie es auch könnten – und Sie wurden stärker und sicherer.

Sie benutzten die allernatürlichste Form des Lernens – die Nachahmung, auch *Modeling* genannt. Sie ahmten Ihre Eltern nach, die anderen Familienmitglieder und Freunde und Fremde, die zufällig Ihren Weg kreuzten. Heutzutage modellieren Kinder häufig Fernsehcharaktere, was entweder gut oder schlecht ist, je nach Auswahl der Programme. (Siehe Kapitel fünf: *Die Kraft des Modellierens*.)

So haben Sie also immer weiter beobachtet und gelernt. Eines Tages geschah etwas: Sie lernten, Ihren Entdeckungen zu vertrauen und wagten, einen Schritt von der Couch weg zu tun. Vermutlich sind Sie hingefallen, haben geweint und waren enttäuscht. Aber Sie probierten es wieder und wieder, bis Sie sich eines Tages hochzogen, losließen und spürten, daß Sie von Ihren zwei Beinen getragen wurden. Es fühlte sich so gut an, daß Sie es immer wieder taten. Ziemlich bald vergaßen Sie hinzufallen und erinnerten sich nur noch an das Stehen. Der Prozeß des Stehenlernens ähnelt der Art und Weise, wie ein *Delta Imprint* geschaffen wird. Es ist ein Verhalten, das physisch geübt und mental geprobt wird, bis es so natürlich und automatisch ist wie Aufstehen.

Viele der Psychotherapien der alten Schule sind problemgetrieben anstatt lösungsorientiert. Das Gehirn, das ja ein ziel-strebiger Organismus ist, wird versuchen, die erwünschten Veränderungen voranzubringen, wird aber immer die Ängste, Frustrationen und Besorgnisse mit anrühren, die während der Sitzung hochgekommen sind und besprochen wurden. Deswegen bekommt die Person, die Therapie sucht, mehr vom Gleichen und braucht immer weiter Therapie.

Was Strafe angeht, so kommt sie als widersprüchliche Information im Gehirn des Bestraften an. Ihm wird gesagt, daß er etwas NICHT tun darf. Das Gehirn hat keinen Kontext für das Wort NICHT (erinnern Sie sich an die rote Feuerwehr, an die Sie nicht NICHT denken konnten?), es hat also nur das Negative, mit dem es arbeiten kann. Deswegen wird die Person in den meisten Fällen das unerwünschte Verhalten wieder und wieder an den Tag legen.

Alpha- und Theta-Frequenzen

Wir wollen jetzt über die nächsten beiden Frequenzebenen des Gehirns sprechen: Alpha und Theta. Das sind Zustände, die normalerweise mit Frieden, innerer Ruhe, Glück und Zufriedenheit in Zusammenhang gebracht werden und die sich gewöhnlich in der Meditation, im Gebet, in Hypnose, in der Stille der Natur oder beim Hören entspannender Musik einstellen.

Als Kind haben Sie fast ausschließlich in den Bereichen Alpha und Theta gelebt. Es war ganz natürlich. Sie hatten noch nicht gelernt, wie man gestreßt ist, ängstlich, nervös oder besorgt. Mit zunehmendem Alter wurden Sie jedoch ein Produkt Ihrer Umgebung – wo alles voller Streß ist! Jetzt müssen Sie Ihrem Gehirn wieder beibringen, wie man sich entspannt. Während Ihr Geist in Alpha oder Theta hineingleitet, haben Sie Zugang zur gesamten vergangenen Information, und von dort erschafft Ihr Geist fortwährend Ihre wahrscheinlichste Zukunft aufgrund dessen, was Ihre Vergangenheit in die Zukunft projiziert. Mit anderen Worten, alle Ihre vergangenen Glaubensüberzeugungen und Erfahrungen erzeugen eine Erwartung, was höchstwahrscheinlich in den kommenden Tagen, Wochen, ja Jahren geschehen wird.

Alpha und Theta können nur in einem entspannten Geist und Körper auftreten. Da in diesen Frequenzbereichen dann so wohlige Gefühle auftauchen wie Friede und Gelassenheit, wird das, was Sie sehen, hören oder erfahren, während Ihr Gehirn entspannt ist, zu einer schnellen und leichten Veränderung führen, die gewöhnlich dauerhaft ist, und zwar innerhalb von sehr kurzer Zeit. Weil Sie die Veränderung herbeigeführt haben, während Sie entspannt und gelassen waren, wird Ihr Gehirn jedesmal auf Gelassenheit eingestellt sein, wenn das neue

Verhalten praktiziert wird. Wenn Sie Veränderungen in einem Zustand des inneren Wohlbefindens vornehmen, werden sich die neuen Verhaltensweisen angenehm und natürlich anfühlen. Das erklärt, warum die meisten erfolgreichen Leute sich täglich 10-15 Minuten Zeit nehmen, sich zu entspannen und ihren Tag mental zu planen.

In den Selbsthilfe-Dialogen lernen Sie, wie Sie in Alpha und Theta operieren. Am besten schließen Sie dabei die Augen, so daß Sie Ihre Aufmerksamkeit nach innen richten können. Sie sind dabei angenehm entspannt, aber Sie bleiben während des ganzen Prozesses wach und aufmerksam.

Delta-Frequenzen

Die letzte Gehirnwellenfrequenz heißt Delta, ein Zustand, der am besten als Tiefschlaf und eine Art Jungbrunnen beschrieben wird. Es ist ein unbewußtes Traumland. Niemand versteht wirklich, was alles in Delta geschieht – Ihr anders-als-bewußter Geist hat dann das Ruder völlig in der Hand. Während der Selbsthilfe-Dialoge bringen Sie sich zwar in eine angenehme und entspannte Haltung, die aber nicht so gemütlich sein darf, daß Sie gleich in Delta abgleiten.

Die Gehirnwellenaktivität, die unbewußt zu sein scheint, ist in Wirklichkeit eine gelernte Reaktion. Je mehr Sie Ihr Geniepotential aktivieren, um so natürlicher wird es für Sie sein, von Beta zu einem entspannten, natürlichen Alpha/Theta-Zustand zu wechseln. Es heißt, Albert Einstein sei auch im hellwachen und aktiven Zustand im Alpha-Bereich gewesen. Meine Erfahrung ist, daß jeder bei richtigem Training sich im entspannten Alpha-Zustand befinden und dabei wie Einstein einen natürlichen Fluß der Kreativität erleben kann.

Es ist gewiß kein Zufall, daß die Beschreibung des Beta-Gehirnwellenrhythmus sehr nach linker Gehirnhälfte klingt, und daß die Alpha/Theta-Zustände sehr ähnlich wie die rechte Gehirnhälfte beschrieben werden. Falls Sie in Ihrem Denken übermäßig kritisch sind, dann blockieren Sie wahrscheinlich den natürlichen Fluß von Alpha und Theta. Es ist auch interressant, daß jetzt künstliche Drogen erhältlich sind, welche die Beta-Gehirnwellen unterbinden. Aber halten Sie es nicht auch für sehr viel sicherer und effektiver, wenn Sie Ihr Gehirn so trainieren, daß es seine eigenen natürlichen *Endorphine* zur Entspannung erzeugt? Endorphine sind die Chemikalien, die vom Gehirn ausgeschüttet werden, wenn Sie sich wohl fühlen. Eine natürliche, gesunde Ausschüttung von Endorphinen ist genau das, was durch die Selbsthilfe-Dialoge geschieht. Also los, viel Spaß dabei, sie sind umsonst, sicher und machen nicht süchtig.

Wir treffen immer die bestmögliche Wahl!

Es ist sehr wichtig zu erkennen, daß wir mit der uns zur Verfügung stehenden Information immer die beste Wahl treffen. Die folgende Technik wird Ihnen helfen, Veränderungen hinsichtlich der Vergangenheit vorzunehmen, so daß Sie in der Zukunft angemessenere Entscheidungen treffen können.

Selbsthilfe-Dialog: Die Macht der Vergangenheit

Bereite dich auf eine Reise in die Vergangenheit vor. Schließe die Augen und nimm meine Stimme wahr, laß meine Stimme zwischen deine linke und rechte Gehirnhälfte ein. Bei den meisten Menschen steuert die rechte Seite des Gehirns die Kreativität ... diese Seite deines Gehirns hat kein Zeitempfinden ... es ist die frei fließende Seite, zu der passive Merkmale gehören ... feminine Qualitäten ... Stell dir vor, wie sich diese Seite deines Gehirns entspannt, so daß du in ihren vollen Genuß kommst ... und während sich dieser Teil immer weiter entspannt, beginnst du, deine linke Gehirnhälfte wahrzunehmen. Diese Seite deines Gehirns steuert die logischen Funktionen. Das ist dein analytisches Bewußtsein. Und während du diesen Teil von dir wahrnimmst, läßt du ihn einfach los ... einfach loslassen. Es gibt keinen Grund, auf irgendwelche anderen Stimmen zu hören ... keinen Grund, auf irgendwelche anderen Geräusche zu hören; ja, von diesem Augenblick an werden alle anderen Geräusche dazu bei-

tragen, daß du meine Stimme ganz deutlich hörst und merkst, wie du dich immer mehr entspannst zwischen deiner rechten und linken Gehirnhälfte.

Von hier aus kannst du dich an eine Zeit erinnern ... an eine Zeit in deiner Vergangenheit erinnern ... eine Zeit, die du gerne verändern möchtest ... und während du an diese Zeit denkst, schaust du sie wie von ferne an ... dort drüben ... und achtest darauf, an was du dich aus dieser vergangenen Zeit erinnerst. Während du da drüben weiter zuschaust, beginnst du dir vorzustellen, daß die Farbe aus dem Bild schwindet und daß alle Geräusche weg sind. Wenn noch irgendwelche Gefühle zu diesem Bild da sind, dann laß sie einfach los, laß sie mit dem Bild vollständig wegschmelzen. Von hier aus kannst du beginnen, dir eine neue Vergangenheit vorzustellen, die an den selben Stellen gespeichert werden wird wie die alte Vergangenheit, die nicht mehr da ist. Aber in der neuen Vergangenheit sind Veränderungen gemacht worden. Manche dieser Veränderungen werden in Bildern sein, manche in Geräuschen und wieder andere in Gefühlen. Als erstes, wenn du dir eine neue Vergangenheit vorzustellen beginnst, geh in den Körper von irgend jemand anderem in der Erfahrung. Es kann ein Freund sein oder ein Familienmitglied, und nur für einen Augenblick stellst du dir vor, durch seine Augen zu schauen, oder durch ihre Ohren zu hören, in ihrem Körper zu leben. Was würdest du anders machen? Jetzt, bei dieser einmaligen Gelegenheit, wie würdest du reagieren oder mit der Person, die du in der Vergangenheit warst, sprechen? Nimm dir Zeit und erlebe diese Szene der Vergangenheit von allen Standpunkten aus. Jetzt achte auf deine Reaktionen in der Vergangenheit. Welche Fähigkeit oder Stärke müßtest du haben, um mit der Situation besser zurechtzukommen? ... um so mit ihr umzugehen, daß du aus der Erfahrung lernen und Nutzen ziehen kannst, so daß du mehr zu der Person wirst, die du sein willst. Wenn du an eine Fähigkeit oder Stärke oder Einstellung denkst, dann nimm das in deinen Körper der Vergangenheit hinein. Schau durch deine Augen mit dieser Fähigkeit, höre mit deinen Ohren und spüre und fühle mit deinem Körper der Vergangenheit mit dieser neuen Stärke. Atme ... atme so, wie du es tust, wenn du weißt, daß etwas Schönes geschieht. Denn jetzt, in diesem Augenblick, veränderst du etwas ... es ist eine positive Veränderung ... Sie verändert deine Vergangenheit in einer Weise, daß du aus den Erfahrungen lernen und in der Zukunft anders reagieren kannst.

Während nun also diese Veränderung in deiner Vergangenheit geschieht, fallen dir vielleicht noch andere Situationen in der Vergangenheit ein, bei denen dir dieses neue positive Verhalten nützen könnte. Denke bewußt mindestens an drei Situationen und laß deinen anders-als-bewußten *Geist an die tausend anderen Orte und Zeiten denken, wo dir dieses positive Verhalten in der Zukunft nützen könnte. Ja. ... ja wirklich, Veränderungen in der Vergangenheit beeinflussen deine Zukunft. Je mehr positive Informationen du in deinen Geist bringst, um so positiver wird dein Leben. Du wirst feststellen, daß du schon heute die Dinge, die du gut machst, weiter gut machen wirst ... ja, du wirst beginnen, sie besser zu machen. Bei den Dingen, von denen du das Gefühl hast, sie müßten verbessert werden, wird dein Geist all diese Veränderungen und Verbesserungen in die Wege leiten, so daß du bald, ja schon sehr bald, auf all die Wandlungen zurückschauen kannst, auf jede einzelne Veränderung, und du merkst, wie die Tage bald zu Wochen werden, und die Wochen zu Monaten, und die Monate zu Jahren ... und daß all die neuen positiven Veränderungen für dich ganz natürlich und normal werden. Manche sind sofort eingetreten ... andere während der ersten Woche ... und wieder andere in den folgenden Jahren. Aber eines ist sicher ... die Veränderungen werden kommen, so wie du sie brauchst, um ein reicheres und erfüllteres Leben zu leben, jetzt und in Zukunft.*

Jetzt ist es an der Zeit, langsam wieder in den Raum zurückzukehren ... nur so langsam, wie all das, was gesagt, gehört und erfahren wurde, für dich wahr werden kann. Nimm dir alle Zeit, die du brauchst, damit die Veränderungen in deiner Vergangenheit dauerhaft werden und für immer bleiben ...

Fünf
Die Kraft des Modelings

Die Wissenschaftler entdecken jetzt, daß der menschliche Geist bei weitem anpassungsfähiger ist, als es jemals für möglich gehalten wurde. An der Stanford Universität wurde bewiesen, daß selbst der Geist eines durchschnittlichen Studenten zu *fortgeschrittenem Modeling* fähig ist – auch bekannt als „Lernen über Entfernung". Damit ist die Fähigkeit gemeint, in einem Zimmer zu sitzen und sich mental an einen anderen Ort zu projizieren und tatsächlich zu lernen, was dort geschieht ... Aber immer der Reihe nach. Es wäre nicht richtig, einem Kind Autofahren beizubringen, bevor es laufen kann. Und doch werden Sie sich für alle Möglichkeiten öffnen wollen, wenn Sie die höchst wirksame Technik entdecken, die als Modellieren bekannt ist.

Stellen Sie sich vor, wie Lernen wäre, wenn Sie plötzlich feststellten, daß Sie schon alles wissen, was der Lehrer weiß? Was für ein Gedanke! Wahrscheinlich würde es Ihnen fast so vorkommen, als würden Sie bei Ihren Hausaufgaben und Prüfungen mogeln. Ist so etwas denn möglich? Schauen wir uns die Sache einmal näher an.

Die erste Universität, die ich besuchte, war Ferris State in Michigan. Als ich zu meinem ersten College-Semester unterwegs nach Norden war, das Auto voll mit Kumpels aus der High School, machte ich große Pläne für eine grandiose College-Karriere. Bis zur Campuseinfahrt war ich überzeugt, daß ich hier der größte und tollste Superstar im Geländerennen werden würde. Ich machte mir keine großen Gedanken über die Ausbildung, die ich hier bekommen würde, oder die Arbeit, die von mir verlangt würde. Schließlich konnte ich die 400 Meterstrecke schneller rennen als irgend jemand anderes in meiner Heimatstadt. Mir sollten die Augen noch aufgehen, als ich feststellte, daß es zwei paar Stiefel waren, in der High School zu den Besten zu gehören und als Student im College zu überleben.

Ich hatte jedoch sehr viel mehr Glück als die meisten Newcomers im College. Mit dem Training, das ich von meinem Vater bekommen hatte, wußte ich, daß es nötig sein würde, mein Gedächtnis und mein Selbstbild zu verbessern, wenn ich akademisch überleben wollte. Ich begann den Prozeß damit, daß ich mich fragte: „*Wie werde ich im College erfolgreich sein?*" Ich sprach mir diese Frage mehrmals täglich vor, jedesmal mit dem Vertrauen, daß die Lösung auf der Hand lag. Am Anfang hatte ich nicht die geringste Ahnung, was die Antwort sein würde. Aber ich wußte, daß es eine Lösung gab – es mußte eine geben, weil ein Problem nicht ohne seinen Begleiter existiert, nämlich die Lösung. Ich wußte das genau so, wie ich weiß, daß die Sonne im Osten aufgeht und im Westen untergeht.

Dann erzählte mir mein Leichtathletik-Coach eines Tages von einem Superlearning-Kurs, der an der Universität angeboten wurde. Es war ein Kurs außerhalb des Lehrplans, der so klang, als würde er Spaß machen. Ich ging also in meiner Freizeit hin. Wenn ich zurückschaue, dann weiß ich jetzt, daß die wichtigste Methode, die sie dort lehrten, Modeling war. Es war nicht das Modeling über Entfernung, das sie in Stanford entdeckt hatten, sondern eher eine Art „mentaler Projektion" in den Geist des Lehrers.

Ich habe eine schockierende Neuigkeit für Sie: *Jeder Lehrer will und braucht Ihren Erfolg.* Denken Sie daran, Ihre Lehrer haben eine ganze

Ausbildung gemacht, um zu lernen, Sie zu lehren. Die meisten Lehrer würden Sie nur allzu gern die Antworten wissen lassen, die im Test verlangt sind. Sie brauchen nichts anderes zu tun, als zu merken, *wann* sie die Antworten verraten!

Weil ja auch Lehrer Menschen sind, haben sie in ihrer Rolle als Lehrer Muster und bestimmte Verhaltensweisen entwickelt. Sie sind Lieferanten von Information und werden Ihnen alles sagen, was Sie wissen müssen. Sobald Sie den Code ihres Musters geknackt haben, läuft die Sache wie geschmiert.

Stellen Sie sich zunächst einmal vor, daß Sie Ihr eigener Lehrer sind.

1. **Was soll Ihre Klasse lernen?**
2. **Was würden Sie tun, um sicherzugehen, daß die Klasse versteht, was Sie vortragen?**
3. **Woran würden Sie erkennen, daß Ihre Klasse das lernt, was Sie vortragen?**
4. **Was ist Ihre Intention beim Vermitteln dieses Stoffes? Welches Ergebnis wünschen Sie sich für Ihre Studenten?**
5. **Wie könnten Ihre Studenten diese Information im Leben nutzen?**
6. **Wie könnten Sie das, was Sie lehren, mit früherer Information in Beziehung bringen, damit die neuen Informationen leichter im Gedächtnis haften bleiben?**

Wenn Sie sich diese Fragen vor Augen halten, dann installieren Sie einen Servo-Mechanismus – ein zielstrebiges System, das funktioniert. Indem Sie den Standpunkt des Lehrers einnehmen und mit seinem Geist denken, setzen Sie einen mentalen Prozeß zum Speichern und Abrufen von Information in Gang. Unser Geist ist auf das fokussiert, woran wir am meisten denken. Das Genie weiß, daß alle Probleme überwunden werden können und überwunden werden, wenn wir bei der Lösung verweilen. Wenn Sie Ihrem Unbewußten ein Ziel setzen und ihm Zeit geben, dann wird es die beste Lösung herausfinden. Modeling ist ein Prozeß, das zu beschleunigen, was wir alle frühzeitig im Leben gelernt haben – die Fähigkeit der *Nachahmung*.

Als kleine Kinder haben die meisten von uns „Haus" oder „Arbeit" gespielt, und in diesen Als-ob-Spielen haben wir begonnen, so zu denken und so zu reagieren wie unsere Eltern, eine Familie aus einer Fernsehserie oder ein Freund. Die Fähigkeit zu modellieren ist uns mitgegeben; sie ist die Grundlage von Genialität. Erwachte Genies sind jene, die gelernt haben, dieses Reservoir des Überbewußtseins anzuzapfen, so daß sie nie Zeit und Energie verschwenden, um das Rad neu zu erfinden. Sie nehmen einfach Anpassungen und Verbesserungen vor, bis sie mit optimaler Geschwindigkeit und Effektivität fortschreiten können.

Modeling heißt einfach nur, daß Sie sich selbst aus dem Bild herausnehmen, samt Ihren Gefühlen und Emotionen, und vorurteilslos zuschauen – zulassen, daß sich das Bild entfaltet. Es ist an der Zeit, zu der Funktionsweise des anders-als-bewußten Geistes Zutrauen zu fassen. Aus irgendeinem Grund sind die Menschen zu der Auffassung gelangt, daß der Geist Informationen ausfiltern muß. Gelegentlich ist das positiv, aber es kann auch häufig unangemessen sein. Dieser mentale Aussonderungsprozeß hat uns kritisch gemacht und manchmal skeptisch. Wenn Sie Ihren Geist benutzen, um alles zu kritisieren, dann verarbeiten Sie sämtliche Information mit dem linken Gehirn, was erheblich mehr Energie verbraucht, als es der Fluß des rechten Gehirns täte. Das führt dazu, daß die Information Sie ermüdet und langweilt.

Wie anders wird es sein, wenn Sie lernen, offen und empfänglich wie ein Kind zu bleiben. Mit einem neugierigen, kindlichen Geist können Sie die Information aufnehmen, auf Ihre Lebenserfahrung anwenden und entscheiden, ob sie für Sie wahr ist. Das heißt in keiner Weise, daß Sie einfach alles schlucken sollten, was andere sagen, es heißt nur, daß Sie Ihr Urteil in der Schwebe lassen und die Information entspannt und natürlich fließen lassen. Wenn Sie die Information dann später brauchen, wird sie leicht in Ihr Bewußtsein fließen.

Einer der Stolpersteine von Lehrern ist ihre unabsichtliche Annahme, daß die Schüler den Stoff schon können, bevor sie überhaupt begonnen haben, ihn zu lehren. Es ist nicht ihre Schuld. Sie sind mit dem Stoff einfach so vertraut, daß sie vergessen, daß der Schüler bei Null anfängt.

Ist Ihnen das schon einmal passiert? Können Sie sich erinnern, wie

Sie versucht haben, jemandem etwas beizubringen, was Sie gut konnten? War es frustrierend? Sind Sie ungeduldig geworden? Haben Sie sich gefragt, warum die anderen es nicht begreifen, wo es Ihnen doch so leicht erschien?

Eine der Herausforderungen besteht darin, immer zu prüfen, ob die Lektion, die Ihnen präsentiert wird, klar ist. Deswegen ist die Fähigkeit des Modelings so wichtig. Wann immer Sie verwirrt sind, *fragen Sie nach*, und fragen Sie, wenn nötig, wieder und wieder, bis Sie verstehen. Es gibt keine dummen Fragen. Es ist Ihre Verantwortung, den Lehrer wissen zu lassen, wenn Sie verwirrt sind, ob Sie nun sechs oder 96 Jahre alt sind.

Schlüssel für Modeling in der Klassensituation

1. **Sitzen Sie in einer offenen Haltung.** Tests haben gezeigt, daß eine Seite des Gehirns blockiert wird, wenn die Arme verschränkt oder die Beine übergeschlagen sind. Mit einer offenen Körperhaltung kann Ihr Gehirn voll funktionieren.

2. **Nehmen Sie die Information mit einem entspannten Geist auf.** Lassen Sie die Frage in sich aufsteigen, wie es wäre, wenn Sie alles behalten könnten, was der Lehrer sagt. Achten Sie auf Ihre Hände, die werden Ihnen sagen, wie entspannt Sie sind. Wenn sie warm sind, sind Sie entspannt, wenn sie kalt sind, sind Sie verspannt.

3. **Machen Sie Ihren Geist neugierig.** Fragen Sie sich ab und zu: „Was ist es, das ich aus dieser Information lernen soll?“ und „Wie würde diese Information in einem Test geprüft?“

4. **Machen Sie sich Aufzeichnungen.** Entwickeln Sie Ihre eigene Kurzschrift – eine Gelegenheit, kreativ zu sein. Merken Sie sich Schlüsselsätze oder Abschnitte, auf die der Lehrer besonderes Gewicht legt, sei es durch besonderen Zeitaufwand oder verbale Betonung. Beispiel: Der Lehrer hebt eine bestimmte Aussage her-

vor, indem er sie an die Tafel schreibt, sie unterstreicht und immer wieder darauf hinweist. (Siehe Kapitel elf.)

5. **Stellen Sie Fragen.** Wenn Sie von der Information gelangweilt sind, dann dürften sich auch die anderen Teilnehmer langweilen. Stellen Sie verstärkende Fragen, wenn es passend ist. Zum Beispiel: Wenn der Lehrer einen bestimmten Abschnitt des Textes besonders hervorhebt, dann könnten Sie fragen, ob dieser Stoff für die Prüfung wichtig sein wird. Sie könnten fragen, wo Sie weitere Informationen finden können, um Ihr Wissen zu diesem Thema zu vertiefen. Stellen Sie Fragen, die helfen, sich die Information besser einzuprägen, etwa: „Wie könnte ich diese Information in der Praxis anwenden?"

6. **Nehmen Sie sich fünf Minuten Zeit und schauen Sie sich die Informationen noch einmal an, bevor Sie einschlafen.** Rufen Sie sich jeden Abend, bevor Sie einschlafen, so viel Information in Erinnerung, wie Ihnen einfällt. Fordern Sie sich. Mit Übung werden Sie feststellen, daß Ihre Fähigkeit, Information zu speichern und abzurufen, unbegrenzt ist. Sie dürfen über sich selbst staunen! Denken Sie daran: Ihr Gehirn ist wie ein Muskel, es wird durch Gebrauch stärker.

Ihr Gehirn hat die Kunst des Modeling bereits gemeistert. Ich gebe Ihnen ein Beispiel, das fast jeder erlebt hat. Alle haben wir schon einmal jemandem zugeschaut, der eine unglaubliche Leistung vollbracht hat. Vielleicht war es ein Olympiasieger, der einen neuen Rekord für 100 Meter aufgestellt hat, oder der perfekt am Barren geturnt hat, oder wie auch immer den entscheidenden Siegpunkt erlangt hat. Wie haben Sie sich gefühlt, als dieser Sportler gewonnen hat? Haben Sie die Begeisterung des Siegers gefühlt? Hat Ihr Körper auf das reagiert, was Sie beobachtet haben? Vielleicht hat Ihr Herz schneller geschlagen, oder Ihre Hände sind feucht geworden, und Ihr Körper hat sich in den letzten

Augenblicken vor dem Sieg angespannt. Haben Sie etwas von dieser Entschlossenheit gespürt und von dem Gefühl „Ich hab's geschafft!"?

Obwohl Sie an der Erfahrung nicht physisch beteiligt waren, hat Ihr Körper doch einen neurologischen Transfer von all der Freude, der Spannung und der harten Arbeit der anderen Person gefühlt. Wenn Sport nicht Ihr Ding ist, wie wäre es damit: Sie sitzen in einem von diesen Filmen „Das Gute siegt über das Böse", und der Gute hat gerade in diesem Augenblick über das Böse triumphiert. Waren Sie dabei, haben Sie seinen Sieg miterlebt? Oder wie wäre es damit: Ihr bester Freund ist gerade hereingekommen und dreißig Leute springen auf und rufen „Happy Birthday!!" und werfen Konfetti. Fühlen Sie die Überraschung, die Freude und die Aufregung Ihres besten Freundes mit? Wenn Sie ein Mensch sind, dann tun Sie es! Wir alle leben stellvertretend durch andere, und diese natürliche Tendenz ist ein vitaler Mechanismus des genialen Geistes. Stellen Sie sich einmal vor, Sie könnten beliebig das Gefühl in sich erzeugen, das sich einstellt, wenn man gerade ein Tor geschossen hat, Applaus entgegennimmt oder ein Einserzeugnis nach Hause bringt.

Haben Sie sich jemals klargemacht, daß Sie Ihre Rollenmodelle frei wählen können? Sagen wir einmal, Bobby Schlaukopf säße in der Klasse neben Ihnen. Sie haben ihn immer für den intelligentesten Typ gehalten, den Sie kennen. Er hat bestimmte Eigenschaften, für die Sie ihn immer bewundert, vielleicht sogar ein bißchen beneidet haben. Stellen Sie sich vor, wie es wäre, wenn Sie sich auf Bobby genauso einstimmen könnten wie auf den Olympiasieger, der gerade über die Ziellinie rennt, und mit dem Sie Ihre Gefühle ganz natürlich verschmelzen. Stellen Sie sich vor, daß Sie mit Ihrer vollen Sinneswahrnehmung, also mit allen fünf Sinnen, das erleben könnten, was Bobby erlebt. Sie würden sozusagen durch Osmose lernen, wie er die Person sein kann, die Sie bewundern.

Jetzt werden Sie zu dem neugierigen Genie, das aus dem Staunen nicht mehr herauskommt. Wie machst du das, was ich tun möchte? Wie wirst du gut, in dem, was du tust? Warum funktioniert es bei dir? Wie kann ich lernen, das zu tun, was du getan hast, ... und mehr? Wenn Sie nur *eine* erfolgreiche Person modellieren würden, und zwar so lange, bis Sie fähig sind, so zu denken, zu handeln und zu reagieren wie sie, dann würden sich Ihre Fähigkeiten vervielfachen und zwar weit über Ihre wildesten Träume hinaus.

Prüfungen können Spaß machen

Prüfungsangst wird durch den Glauben ausgelöst, daß Sie sich nicht an das erinnern werden, was Sie gelernt haben, oder vergessen werden, was Sie wissen, wenn Sie in der Prüfungssituation sind. Es gibt ein paar Gründe für Prüfungsangst. Der erste und der üblichste beruht auf der Regel Nummer eins des Geistes: *Das Gesetz des Geistes ist das Gesetz des Glaubens.* Wenn eine Person glaubt, daß sie sich in der Prüfungssituation nicht an die Information wird erinnern können, dann ist das Unbewußte darauf programmiert, den Stoff zu vergessen. Mit anderen Worten: Die Person hat eine sich selbst erfüllende Prophezeiung geschaffen. Mark Aurel, der das Römische Reich von 161 n.Chr. bis zu seinem Tod im Jahre 180 n.Chr. regierte, hat einmal gesagt: „Warum überrascht sein, wenn ein Feigenbaum Feigen hervorbringt?" Sehen Sie Ihre Gedanken als Samen, die in Ihren Geist gesät wurden – sie werden alle Frucht tragen. Sie können nicht erwarten, daß Sie Erdbeeren ernten, wenn Sie Zwiebeln gepflanzt haben!

Modeling können Sie sich wie Säen vorstellen – es wird das optimale Lernklima schaffen. Wenn Sie Ihren Geist offen halten und glauben, daß Sie lernen können, was Ihr Lehrer weiß, dann wird Ihr anders-als-bewußter Geist an die Arbeit gehen und ein Netz schaffen, das die Einzelheiten aufnimmt. Das heißt, wenn Sie Ihrem Geist ein Ziel vorgeben, dann wird er nach der leichtesten Erfüllung dieser Aufgabe streben. Lernen und Prüfungen absolvieren wird leicht werden, und wenn es leicht ist, dann kann es auch Spaß machen!

Ihr Geist ist ein Servo-Mechanismus, das heißt, er ist zielstrebig. Henry Ford hat es am besten ausgedrückt: *„Ob Sie glauben, daß Sie es können, oder ob Sie glauben, daß Sie es nicht können – Sie haben recht!"* Die meisten Leute versagen, bevor sie überhaupt angefangen haben, weil sie ihren Geist auf einen Versagerkurs gesetzt haben. Ein Genie schaut sich ein Problem an und weiß, daß es eine Lösung gibt. Jeder Abenteuerfilm, den Sie je gesehen haben, begann mit einem Problem und endete mit einer Lösung. Für ein Genie ist das Leben ein Abenteuer und es macht Spaß.

Selbsthilfe-Dialog: Modeling im Klassenzimmer

Mach dich bereit, mental in das Klassenzimmer deines Geistes transportiert zu werden. Während du nun langsam deine Augen schließt, gehst du mit deiner Aufmerksamkeit in die Mitte zwischen deine rechte und linke Gehirnhälfte. Laß den Ton deiner eigenen Stimme weich und angenehm für dich werden.

Nimm dir einen Augenblick Zeit und denke an drei Dinge, die du heute gesehen hast ... und dabei gehst du tiefer und tiefer in die Entspannung ... (Pause) ... *Erinnere dich jetzt an drei Dinge, die du heute gehört hast ... und gehe tiefer und tiefer in die Entspannung ...* (Pause) ... *Erinnere dich an drei verschiedene Gefühle, die du gehabt hast, und dabei läßt du dich einfach weiter in einen positiven und ganz entspannten Zustand hineingleiten ...* (Pause) *...Jetzt denke an zwei neue Dinge, die du heute gesehen hast ... und gehe tiefer und tiefer ... Zwei neue Dinge, die du heute gehört hast ... tiefer und tiefer ... zwei unterschiedliche Gefühle, die du heute gefühlt hast ...* (Pause) ... *Und jetzt stell dir einen Augenblick lang vor, wie du gerade aussiehst – so entspannt und wohlig ... Und spüre, wie du dich jetzt im Moment wirklich fühlst ... und du gehst noch tiefer und tiefer in den entspannten Zustand ...* (Pause) ...

Von hier aus möchte ich gerne, daß du dir vorstellst, daß du an der Decke schwebst und auf dich selbst herunterschaust ... Wie würdest du aussehen? ... Welche positiven Dinge würdest du zu dir selbst hier unten sagen? Wie würde es sich anfühlen, da oben unter der Decke zu schweben? ... (Pause) ... *Und jetzt stell dir vor, daß du über diesem Gebäude schwebst. Wie würde es heute da draußen aussehen? Du weißt, daß dein physischer Körper hier geborgen und völlig sicher ist, während dein Geist jetzt eine Reise in der Welt der Imagination macht. Was würdest du zu der Welt dort draußen sagen? ... Wie würde es sich anfühlen, von allen Gedanken und Sorgen des Tages frei zu sein? ... Frei, alles und jedes zu sein, alles was du willst ... laß dich jetzt einfach noch höher steigen ... als würdest du von einer Wolke herunterschauen ...* (Pause) ...

und du spürst, wie du jetzt weiter und weiter steigst, als würdest du auf dem Mond sitzen und auf die Erde zurückschauen. Wie schön die Erde von hier aussieht! ... Wo lebst du auf dieser Erde? ... Und du spürst, wie du dich den Sternen zuwendest, und einer dieser Sterne leuchtet ein bißchen heller als die anderen. Stell dir vor, daß du dorthin fliegst durch Zeit und Raum ... (Pause) ...

Und hier, mit Hilfe deiner Phantasie, möchte ich, daß dein anders-als-bewußter *Geist dir hilft, dein eigenes Klassenzimmer zu schaffen. Wie wäre es? ... Was würdest du sehen, hören und erleben? ...* (Pause) ... *Und hier in diesem Klassenzimmer deines Geistes stellst du dir vor, daß dein Lehrer da ist und dich unterrichtet. Stell dir vor, daß du durch die Augen deines Lehrers schaust. Wie würde das Klassenzimmer aus dieser Perspektive aussehen? Siehst du so aus, als wärst du an der Information interessiert? Was könntest du tun, um deine Haltung zum Lernen zu verbessern, aus dieser Perspektive? ...* (Pause) ... *Und jetzt stell dir einen Augenblick vor, daß du hörst, was dein Lehrer über dich denkt? ... Was könntest du an der Situation verbessern, so daß dein Lehrer positive Gedanken über dich im Kopf hat? ...* (Pause) ...

Und du entspannst dich weiter im Prozeß des Modelings ... Stell dir vor, so gut du kannst, was dein Lehrer fühlt ... und jetzt schaust du dir noch einmal die Information an, die in der Prüfung in deinem Geist erscheinen wird ... ja richtig ..., stell dir vor, daß dein Lehrer noch einmal den Stoff durchgeht, den du in der kommenden Prüfung wissen sollst ... Stell dir in Ruhe vor, welche Fragen und Antworten drankommen dürften ... Hier kannst du dir jetzt merken, wo du noch am meisten zu lernen hast ... Nachdem du diesen Selbsthilfe-Dialog gehört hast, wird es dir leichtfallen, entspannt zu bleiben und Lust zu haben aufs Lernen ... du wirst eine positive Einstellung dazu finden ... sie wird schon am Morgen da sein und den ganzen Tag hindurch. Sie wird die starken positiven Glaubenshaltungen in dir entstehen lassen, die dir erlauben, selbst unter schwierigsten Umständen zu lernen ... Beim Aufwachen wirst du vom Anhören dieses Selbsthilfe-Dialogs merken, wie entspannt du bist, wie erfrischt und voller Lebenskraft. Nimm dir alle Zeit, die du brauchst, und wenn meine Stimme wiederkommt, dann bist du überhaupt nicht überrascht ... vielmehr wird sie dich an einen friedvollen, ausgeglichenen Ort in deinem Bewußtsein bringen ... und das ist so (lange Pause). *Und jetzt kannst du langsam von deiner Imagination und deinem inneren Klassenzimmer zurückkehren:*

Zuerst zurück in unser Sonnensystem ... dann zurück in unsere Atmosphäre ... dann zurück in unser Land ... dann zurück in dieses Gebäude ... dann zurück in deinen Körper ... Und jetzt kannst du langsam daran denken, wie du durch Modeling Veränderungen in deinen Lernmustern vornehmen kannst ... Komm langsam in den Raum zurück. Laß dir Zeit, so viel wie du brauchst ...

„Es geschieht immer das, was du wirklich glaubst. Und der Glaube an eine Sache läßt es geschehen.“
– Frank Lloyd Wright

Sechs
Das Theater des Geistes

Wir haben in früheren Kapiteln schon darüber gesprochen, daß Ihnen und jedem von uns ständig Worte und Gedanken durch den Kopf gehen. Was glauben Sie, könnte der Zweck dieses inneren Dialogs sein?

Diese Dauerüberflutung mit dem mentalen Wortschwall ist im Grunde dazu da, Sie daran zu erinnern, wer Sie sind. Stellen Sie sich vor, Sie würden morgen aufwachen und hätten vergessen, wer Sie sind? Wären Sie dann in der Lage, auch nur die folgenden einfachen Fragen zu beantworten?

Wie heißen Sie? ... Wie alt sind Sie? ... Wie sehen Sie aus? ... Wer ist Ihre Familie? ... Haben Sie überhaupt eine Familie? ... Wer sind Ihre Freunde? ... Wo wohnen Sie? ... Wo ist die Toilette?!

An diesem Beispiel können Sie sich klarmachen, welch wichtige Rolle Ihre Selbstgespräche in Ihrem täglichen Leben und Ihren Aktivitäten spielen. Aber das obige Beispiel ist nur eine Art, wie diese inneren Worte auf Sie wirken. Der innere Dialog erzeugt auch mentale Bilder. Hier kommen wir wieder zur Grundregel des Geistes: Je nach dem, wie Sie diese Bilder wahrnehmen, werden Sie Ihnen entweder dienen oder Sie beherrschen.

Möchten Sie Beweise?

Dann machen Sie jetzt eine Pause und denken Sie an eine glückliche Zeit in Ihrer Vergangenheit. An was erinnern Sie sich? Wie viele Einzelheiten kommen Ihnen in den Sinn?

Wenn Sie so sind wie die meisten Menschen, dann ist diese Erinnerung ziemlich lebendig, höchstwahrscheinlich tauchen farbige, helle, strahlende Bilder in Ihrem Kopf auf. Die dazugehörigen Geräusche sind vermutlich für Ihre inneren Ohren klar zu hören, und es dürfte

Ihnen leichtfallen, mit den Gefühlen mitzufließen, die diese Erinnerung hervorrufen.

Wie haben Sie sich damals gefühlt? Was war es, das Ihnen so viel Freude gemacht hat?

Wie reagieren Sie jetzt auf die Erinnerung? Wie fühlt es sich an, an diese glückliche Erfahrung in Ihrem Leben zu denken? Vielleicht hat Ihr Mund ganz natürlich darauf reagiert, so daß sich die Mundwinkel zu einem kleinen Lächeln nach oben gezogen haben? Hat Ihr Körper noch irgendwie sonst darauf reagiert? Haben Sie bemerkt, daß sich Ihr Atmen verändert hat oder Ihr Herzschlag?

Kommen Sie jetzt zum Buch zurück. Da jeder Mensch so unglaublich individuell ist, macht bei diesem Beispiel jeder andere Erfahrungen. Die meisten fanden es aber vermutlich angenehm, in diese Erfahrung einzutauchen und sie wieder zu erleben. Sie können gerne noch einmal zu der Erfahrung zurückgehen, wenn Sie noch genauer verstehen wollen, welche Wirkung Ihre Erinnerungen und Reaktionen auf Sie haben.

Nehmen wir noch ein anderes Beispiel: Machen Sie hier eine Pause und denken Sie an eine traurige oder unglückliche Episode. Nehmen Sie etwas, das schon lange her ist. Wie erleben Sie diese Erinnerung? An wie viele Einzelheiten können Sie sich erinnern?

Vermutlich sind die Bilder schwarz/weiß, vielleicht wie ein Schnappschuß ohne Bewegung. Wahrscheinlich sind wenig oder keine Geräusche zu hören. Sie erinnern sich an die Szene aus der Distanz, als würden Sie einen Film oder alte Fotos anschauen.

Sie können jetzt zum Text zurückkehren und sich klarmachen, welche Unterschiede es in der Speicherung von Information gibt.

FARBE	⟷	**SCHWARZ/WEISS**
GERÄUSCH	⟷	**KEIN GERÄUSCH**
IM BILD	⟷	**NICHT IM BILD**
BEWEGUNG	⟷	**KEINE BEWEGUNG**

Die meisten Menschen glauben, daß das, was sie in ihrem Geist gespeichert haben, dauerhaft und unveränderbar sei. Das ist völlig falsch.

Um den Punkt noch einmal ganz deutlich zu machen, sei wiederholt: *Wer sich weigert, aus der Vergangenheit zu lernen, ist dazu verurteilt, sie noch einmal zu erleben.*

***Selbsthilfe-Dialog:* Veränderte Filter**

Mach dich für einen Wandel in deiner Selbstwahrnehmung bereit. Schließe die Augen und nimm meine Stimme wahr. Merkst du, wie schnell du dich jetzt schon entspannst? Bring diesmal eine unglückliche Erfahrung in deine Vorstellung. Setze sie in einen Bilderrahmen und entziehe dem Bild langsam die Farbe. Du bemerkst, wie das Bild allmählich schwarz/weiß wird. Irgendwelche Geräusche, die du über diese vergangene Zeit hörst, entfernen sich mehr und mehr, so als kämen sie vom Mond. Du weißt, daß es sie gibt, aber sie kommen jetzt von außerhalb deines Bewußtseins. Falls noch irgendwelche Gefühle da sind ... dann stell dir vor, daß sie wegschmelzen, in das Schwarzweißbild hinein. Während das geschieht, stell dir vor, daß der Teil des Bildes, der weiß ist, immer weißer und weißer wird, bis er den ganzen Bildraum erfüllt. Und wenn das geschieht, dann wirst du im selben Augenblick begreifen, was du aus der Erfahrung gelernt hast ... entweder bewußt oder unbewußt.

In diesem Augenblick taucht jetzt die Erinnerung an eine glückliche Zeit langsam in dir auf, und du setzt dieses Bild in den Rahmen ... und nun verstärke allmählich die Farben. Laß die Geräusche kommen, die zu dieser glücklichen Zeit gehören. Stell dir vor, daß du da bist und genauso atmest, wie du damals geatmet hast, glücklich und erfüllt. Stell dir vor, daß du so wie damals mit den Augen schaust, mit den Ohren hörst, mit dem Körper dieser glücklichen Erfahrung fühlst. Genau in diesem Moment wird das ganze Bild in deinem Geist lebendig. Es ist, als würde alles jetzt passieren. Und während du die Erfahrung wieder erlebst, kannst du deinen Geist, dieses machtvolle Instrument, benutzen, um dir zu helfen, in deine Vergangenheit zurückzugehen und mit dieser Methode die Farben, die Geräusche, die Gefühle so zu verändern, daß Erlebnisse in der Vergangenheit, die dich vielleicht daran hindern, dein volles Potential zu erwecken, auf Dauer verändert werden, so verändert werden, daß dein Geist frei wird, deine Zukunft voller Freude jetzt neu zu erschaffen ... jetzt in diesem Augenblick. Denn du wirst merken, wenn du jetzt zurückgehst und deine Erinnerung verschiebst, deine Wahrnehmung auf die positiven Dinge des Lebens richtest, dann wird sich eine neue Welt für dich öffnen ... eine neue, helle und unwiderstehliche Welt. Eine Welt, in der du ausdrücken kannst, wer du bist ... unbegrenzt. Du hast einen Wandlungsprozeß begonnen ... Wandel ist das Wesen aller Dinge. Von den Frühlingsblumen, dem warmen Sommer, den raschelnden Herbstblättern zum glitzernden Schnee – ist der Wandel das, worauf du ganz sicher vertrauen kannst.

Jetzt fang an, dir vorzustellen, wo sich die Veränderungen, die du heute machst, in der Zukunft zeigen werden ... manche heute ... manche nächste Woche ... manche in den kommenden Monaten. Nur du weißt genau, wo diese ganzen positiven Veränderungen auftreten werden. Einige werden dir bewußt sein ... einige wirst du einfach für dich geschehen lassen ... durch diese Aktivierung des anders-als-bewußten Geistes ... (Pause).

Wenn du das Gefühl hast, daß du die notwendigen Veränderungen in deiner Vergangenheit vorgenommen hast, und die notwendigen Verhaltensweisen in die Zukunft eingebracht hast ... und wenn du überzeugt bist, daß diese Veränderungen ein für allemal gemacht wurden ... und zwar ganz bestimmt ... dann kannst du deine Reise zurück in diesen Raum beginnen. Und wenn du zurückkommst, dann öffne langsam die Augen und vielleicht bemerkst du die feinen kleinen Veränderungen in diesem Raum.

Wirkworte

Kürzlich war ich bei einer Konferenz über ayurvedische Medizin, eine alte ostindische Heilmethode. Es faszinierte mich, was der Redner, ein amerikansicher Arzt, über die indische Kultur sagte, die Körper und Geist integriert, um natürliche Heilung hervorzurufen, und über seine persönlichen Erfahrungen mit Patienten, die über Krebs und andere lebensbedrohende Krankheiten gesiegt hatten.

Dann übernahm ein anderer Arzt, und zwar ein Inder, das Podium. Er sprach mit einer weichen melodiösen Stimme und einem starken Akzent. Ich konnte von dem, was er sagte, kaum ein Wort verstehen. Ich war überzeugt, daß sein Wissen und seine Erfahrung umfassend waren, und wollte wirklich verstehen, was er zu sagen hatte. Wie sehr ich mich aber auch anstrengte und mühte, es war vergeblich. Allmählich schweiften meine Gedanken ab – bis ich den Redner überhaupt nicht mehr hörte.

Ich schaute mich nach den anderen Teilnehmern um und sah einen Raum voller höflicher Gesichter mit leeren Augen. Was war geschehen? Wir alle wollten durchaus wissen, was dieser Mann zu sagen hatte. Es konnte sein, daß er atemberaubende Mitteilungen zu machen hatte, aber er verlor die Aufmerksamkeit der gesamten Gruppe. Warum? Weil er sich in einer „Sprache" ausdrückte, die uns – obwohl es Englisch war – nicht „ansprach".

Haben Sie je in einem Restaurant gesessen und gemerkt, wie Sie plötzlich nicht mehr bei Ihren eigenen Gedanken waren, sondern anfingen, der Unterhaltung eines Paares am Nebentisch zuzuhören? Plötzlich bekamen Sie Eselsohren, Ihr Körper hat sich dem Sprecher ein wenig zugedreht, und vielleicht haben Sie sich bemüht, jedes Wort aufzuschnappen. Was hat Ihre Aufmerksamkeit zu dieser Unterhaltung gezogen?

Die Leute am anderen Tisch waren wahrscheinlich auf ein Thema gekommen, das Sie interessierte, und benutzten möglicherweise einige Ihrer *Wirkworte*. Sie hätten Ihre Aufmerksamkeit nicht einen Augenblick an den anderen Tisch verschwendet, wenn das Paar nicht begonnen hätten, in *Ihrer* Sprache zu sprechen.

Begeben wir uns also wieder in das Reich des Geistes und schauen wir uns diese wunderbaren kleinen Kommunikationsvorrichtungen an, die wir *WORTE* nennen: Was genau sind Worte?

Das Webster-Lexikon sagt: „WORT: Ein gesprochener Laut oder eine Gruppe von Lauten, die Bedeutung kommuniziert und *graphisch dargestellt werden kann.*"

In dieser Definition heißt es also, daß es sich um einen gesprochenen Laut oder um Laute handelt, die graphisch dargestellt werden können. Jedesmal, wenn wir sprechen, repräsentieren unsere Worte also etwas, das *graphisch gesehen werden kann*. Wäre es nicht schlüssig anzunehmen, daß auch die Worte, die wir uns selbst sagen, graphisch repräsentiert werden, aber auf einem inneren Bildschirm, dem Bildschirm unseres Geistes?

Worte und die Imagination

Nehmen Sie sich einen Augenblick Zeit, schließen Sie Ihre Augen und stellen Sie sich die folgenden Worte und Sätze vor, während Sie sie lesen; dann fahren Sie im Text fort.

Stellen Sie sich ein rotes Feuerwehrauto vor ... die Eingangstür zu Ihrer Wohnung oder Ihrem Haus ... Ihren Lieblingsfilmstar ... Freiheit ... eine Heugabel ... Unabhängigkeit ... einen Polizisten ... Selbstvertrauen ... blauen Himmel ... eine goldene Sonne ... Ehrlichkeit ... grünes Gras. Sie können jetzt Ihre Augen öffnen und mit Ihrer Aufmerksamkeit in den Raum zurückkehren.

Konnten Sie sich ein Feuerwehrauto vorstellen, Ihre Eingangstür, Ihren Lieblingsstar?

Konnten Sie sich Freiheit, Unabhängigkeit, Selbstvertrauen oder Ehrlichkeit vorstellen?

Was ist der Unterschied zwischen diesen Worten?

Der Hauptunterschied liegt darin, daß Sie die Feuerwehr und die Eingangstür leicht mit etwas identifizieren können, das für Sie real ist und das angefaßt werden kann. Die anderen Begriffe können Sie nicht anfassen. Es gibt keine zwei Menschen, die sich unter Freiheit das gleiche vorstellen oder über Unabhängigkeit dasselbe denken. Es gibt viele solche „unfaßlichen" Worte und sie gehören zu Ihren machtvollsten Werkzeugen, um Zugang zu dem anders-als-bewußten Geist zu finden.

Es gibt bestimmte Worte, die unsere Werte behausen. Sie sind es, die wir WIRKWORTE nennen. Diese Worte betreiben das Programm unseres anders-als-bewußten Geistes. Wie können Ihnen diese Worte von Nutzen sein? Wenn Sie wissen, welche Worte es sind, dann können Sie sie benutzen, um mit Ihren bereits existierenden positiven Programmen neue und angemessenere Verhaltensweisen zu schaffen. Zweitens können Sie vielleicht herausfinden, wie diese Worte unerwünschtes Verhalten bewirken, und die entsprechenden Veränderungen vornehmen.

Selbstentdeckung: Wirkworte

Wie finden Sie Ihre Wirkworte? Nehmen Sie ein Blatt Papier, falten Sie es in der Mitte und noch einmal in die andere Richtung. Benutzen Sie jedes der vier Rechtecke, um die folgenden Fragen zu beantworten:

1. Was muß bei einer Arbeit gegeben sein, damit sie mir Freude macht?

2. Was muß in einer Beziehung gegeben sein, damit Sie mir Freude macht?

3. Was muß bei einem Hobby gegeben sein, damit es mir Freude macht?

4. Was muß in meinem Leben gegeben sein, damit es mir Freude macht?

Falten Sie jetzt Ihr Papier auf, damit Sie alle Antworten sehen können. Kreisen Sie die Antworten ein, die gleich sind.

Das sind die Worte, die auf Ihren Geist die größte Wirkung haben. Menschen sind sehr viel ansprechbarer, wenn sich die Kommunikation in Ihrer Behaglichkeitszone abspielt. Neue Ideen und Konzepte können leicht zu einem Teil Ihres Denkens werden, wenn Sie Ihnen in *Ihrer Sprache* präsentiert werden und mit *Wirkkraft* ausgestattet sind. Sie wissen ja: Ihr Geist arbeitet perfekt. Das Genie benutzt das, was sich bereits als effektiv erwiesen hat.

Gewußt wo

Es gab einmal einen alten Mann, der alles reparieren konnte. Jeder in der Stadt kannte ihn als „Old Joe". Joe konnte wirklich alles reparieren, aber besonders gut verstand er sich auf Röhren. Es war mitten im Winter, und der Brenner der Schule funktionierte nicht. Die Leute in der Schule versuchten alles, aber ohne Erfolg. Schließlich riefen sie in ihrer Verzweiflung Old Joe. Nachdem sie ihm erzählt hatten, was sie schon alles probiert hatten, kratzte sich Joe ein paar Mal am Kopf und ging an der Heizung auf und ab. Er ging zu seinem Werkzeugkasten, nahm einen Hammer heraus und schritt noch einmal die ganze Anlage ab. Dann, ohne ein Wort zu sagen, nahm er seinen Hammer und klopfte sachte auf ein Ventil. Sofort sprang der Brenner wieder an und lief anstandslos. Joe packte seinen Hammer ein und ging nach Hause.

Nach einer Woche erhielt die Schule eine Rechnung von Old Joe über 400 Dollar. Der Direktor war wütend, um es gelinde auszudrücken. Die Sache wurde der Schulaufsicht vorgelegt, die Joe anrief und um eine genaue Aufstellung der Reparaturarbeiten bat. Wie er 400 Dollar berechnen könne, wenn er nur einen einzigen Hammerschlag getan habe!? Old Joe war einverstanden und als der einfache Mann, der er war, schickte er eine einfache zweite Rechnung, in der er 1 Dollar für den Hammerschlag verlangte und 399 Dollar dafür, daß er wußte, wo er hinschlagen mußte.

Joes Rechnung	
Hammerschlag	$ 1.00
Gewußt wo	$ 399.00
Zu bezahlen	$ 400.00

Diese Geschichte ist das perfekte Beispiel für einen Meister des Geistes. Am wichtigsten ist es, zu wissen, wo man intervenieren muß, um dann die richtigen Werkzeuge zu gebrauchen. Wir werden bald lernen, wo diese mächtigen Wirkworte angewendet werden können und wie sie Ihnen helfen können, das Genie in Ihnen zu erwecken.

Selbsthilfe-Dialog: Wirkworte

Bereite dich auf eine Reise in die Innenwelt der Kommunikation vor. Schließe deine Augen und atme tief durch und dabei hältst du an deinen Zielen fest ... halten ... atme noch ein bißchen mehr Luft ein und laß einfach los und mit dem Atem auch alle Gedanken und alle Pflichten und Sorgen des Tages. Während dir Gedanken durch den Kopf gehen, erlaube deinem höheren, schöpferischen Geist, sich um alle Einzelheiten, alle Feinheiten zu kümmern.

Denke jetzt an deinen gegenwärtigen Beruf (oder *deine Karrierepläne) ... Wie paßt deine Arbeit* (oder *deine Pläne) zu dir? Und wie paßt du zu ihr oder zu deinen Plänen? Denk jetzt an deine Wirkworte ... Passen sie zu deiner gegenwärtigen Arbeit? Wenn nicht, was für eine Arbeit würde dir ...* (Wirkworte einfügen) ... *geben? Wenn du an diese Arbeit in der Zukunft denkst, was müßtest du tun, damit es dazu kommt? Womit müßtest du heute anfangen, um diese erfolgreiche Zukunft unwiderstehlich zu machen mit allem, was du brauchst ...* (Wirkworte einfügen) ... *Was würdest du für Kleider tragen? Was würdest du hören? Wie würdest du dich fühlen, wenn all das geschehen ist? Wie wäre es, wenn sich mit all dem ...* (Wirkworte) ... *deine Beziehungen verbessern würden? Wie wäre es in den kommenden Tagen, Wochen, Monaten? Wie wird sich dein Leben heute anfühlen mit soviel neu ...* (Wirkworte) ...*? Und wenn du mit neuen Augen in die Zukunft schaust ... und klar siehst, was du sein wirst ... mit all diesem neuen ...*(Wirkworte) ...*, was wirst du dann von anderen hören, das dich überzeugt, deinen Geist weiter für einen positiven Zweck zu benutzen ... der Zweck ist, dein Leben zu verbessern ... deine Welt ... und deine Erfahrung. Wie wäre es, wenn du einfach in einen wunderbaren Heißluftballon einsteigen könntest, und würdest alle Fesseln zerschneiden, die dich an die Vergangenheit binden ... eine nach der anderen ... und würdest aufbrechen in eine neue, spannende Zukunft voller ...* (Wirkworte) ...*, die dir erlauben würde, über die Städte und die Berge zu segeln, gerade so, wie du dir eine Fahrt in deinem wunderschönen Ballon vorstellst. Das ist dein Ballon und* *er kann dich überall hinbringen, wo du hinwillst. Atme also tief ein und stell dir vor, wie du die Stricke zerschneidest, die dich am bewußten Denken festhalten, und spüre, wie du dich in die saubere frische Luft deines schöpferischen Geistes erhebst. Von hier aus kannst du auf die Fesseln zurückschauen, die dich festgehalten haben ... du fühlst diese herrliche Freiheit, dorthin zu gehen, wo du hinwillst. Und von hier aus kannst du deine Reise fortsetzen. Erlaube deinem Geist, dich auf eine Reise ins Innere des Geistes mitzunehmen. Wenn meine Stimme wiederkommt, wird sie dich nicht im geringsten erschrecken, vielmehr wird sie dich veranlassen, noch weiter in den kreativen Vorstellungsprozeß einzutauchen.*

(Pause)

Wenn du jetzt zurückkommst, kannst du dir vorstellen, wie du mit deinem Ballon draußen im Garten landest, und du spürst, wie du in den Raum zurückgehst, wo sich dein Körper und dein bewußter Geist entspannt haben. Du bringst diese ganze wunderbare Entspannung mit dir in den Raum zurück, wenn du deine Augen für all die neuen Möglichkeiten öffnest ... Du kannst einfach nach unten schauen, und da siehst du all deine machtvollen Wirkworte.

Nimm dir so viel Zeit, wie du brauchst, um in den Raum zurückzukehren ... allmählich zurückkommen ... atme ein paarmal tief durch ... und öffne jetzt die Augen, und du bist ganz wach ...

Sieben
Hummeln können nicht fliegen

Als „Janes" Mutter anrief, um einen Termin für ihre Tochter auszumachen, waren ihre Angaben über das, was Jane brauchte, äußerst vage. Ich konnte nicht mehr aus ihr herausbekommen, als daß Jane Schwierigkeiten bei Rückwärtssaltos hatte. Ich nahm an, sie sei eine Turnerin. Als die junge Dame in meine Praxis hereinschlenderte, wurde ich etwas verwirrt. Sie war keineswegs die sehnige, kleine Turnerin, die ich erwartet hatte, vielmehr war sie groß und schlank, hatte beinahe etwas Statuenhaftes; lange kastanienbraune Locken fielen ihr über die Schultern und rahmten ein ausdrucksvolles Gesicht mit großen runden Augen ein.

Mein erster Eindruck war richtig, Jane war überhaupt keine Turnerin, sie war *Cheerleader*. Meine Verwirrung war echt; ich hatte keine Ahnung, daß Cheerleading ein derart aggressiver Wettkampfsport in den High Schools und auf dem College geworden war. Jane wußte, daß sie der beste Cheerleader in ihrer Abteilung war, und sie hatte große Pläne für ihre Karriere auf diesem Gebiet. Das einzige, was ihr im Weg stand, war, daß sie keinen Handstandüberschlag konnte.

Zu Beginn unseres ersten Gesprächs bat ich Jane, nach innen zu gehen und sich vorzustellen, wie es wäre, wenn sie jetzt einen Handstandüberschlag machen müßte. Sofort erstarrte ihr Gesicht zu Eis, ein Ausdruck, der den reinen Schrecken widerspiegelte. Ich bat sie, das innere Bild festzuhalten, das sich offenbar in ihrem Geist befand, und mir mitzuteilen, was sie sähe. Ihre Gedanken hatten sie zu einem Vorfall gebracht, der sich vor Jahren ereignet hatte, als sie bei einem Handstandüberschlag unglücklich aufgekommen war. Der Schmerz war sehr intensiv gewesen, und Jane mußte mehrere Wochen liegen, um die Verletzung auszukurieren.

Ich wußte jetzt, daß Jane aus der Perspektive der Vergangenheit dachte. Obwohl seitdem viel Zeit vergangen war, der Ort gewechselt hat, und sie sehr viel kräftiger geworden war, kommt doch bei jedem neuen Handstandüberschlag die Erinnerung an die Vergangenheit hoch. Es war eine Endlosschleife in ihrem Gehirn entstanden. Jedesmal, wenn sie einen Handstandüberschlag machen wollte, kamen ihr die Bilder des Mißlingens in den Kopf.

Ich begann die Sitzung mit Jane damit, daß ich ihr half, das alte Bild zu verzerren und zu löschen. Ihr anders-als-bewußter Geist war dann bereit zu akzeptieren, daß es nicht mehr nötig und nicht mehr von Belang war, das vergangene Trauma immer wieder zu erleben. Ich fragte sie, ob sie jemals in der Lage war, einen Handstandüberschlag korrekt auszuführen. Ihr Gesicht strahlte. „Natürlich", sagte sie, „hunderte Mal".

Ein Fall von hunderten stand ihr also im Weg. Sie hatte sich selbst darauf programmiert, daß sie wieder und wieder versagen würde. Jane begriff im Laufe der Sitzung, daß sie dieselbe Situation immer wieder erzeugen würde, wenn sie in ihren Gedanken die Vergangenheit festhielt. Sie versicherte mir, daß sie bereit war, die vergangene Erfahrung loszulassen. Ich half ihr, das Bild und den dazugehörigen Glauben immer weiter zu verzerren, bis sie sich nicht mehr an den Vorfall erinnern konnte.

Jane wußte noch immer, daß sie einmal einen Fehler gemacht hatte, so wie wir alle ungezählte Fehler gemacht haben, als wir laufen lernten oder rennen oder radfahren. Es gibt immer eine Serie von Fehlschlägen, die die Erfolge des Lebens begleiten. Jetzt war Janes Geist genau da, wo sie sich vorstellen konnte, was sie gut machte. Ich bat sie, sich eine Gymnastikübung vorzustellen, die sie leicht konnte. Sie rollte die Augen. „Ich kann Radschlagen, vorwärts, rückwärts und mit geschlossenen Augen", sagte sie.

„Wie fühlt es sich an, wenn du radschlägst?" fragte ich.

„Ich muß überhaupt nicht darüber nachdenken, wie man ein Rad schlägt, ich tu es einfach. Ich kann zehn nacheinander machen, mit Leichtigkeit. Ich stelle mir einfach vor, wo ich hin will, und dann geht's los."

„Und wie wäre es, wenn du genauso über Handstandüberschlag denken könntest?"

Jane grinste. „Das wäre wunderbar!"

„Wie oft müßtest du wohl diesen Handstandüberschlag machen, bevor du überzeugt wärst, daß es heute für dich möglich ist?"

„Also", sagte sie nachdenklich, „wenn ich es ein einziges Mal könnte, dann könnte ich es auch nochmal." Jane zögerte einen Augenblick. „Aber", sagte sie, „ich müßte mich sicher dabei fühlen."

„Ganz genau, Jane", sagte ich, „wenn dein Körper irgend etwas einmal kann, dann kann er es auch nochmal."

Wir arbeiteten jetzt gemeinsam daran, eine neue und stärkere Jane aufzubauen – die Jane der Zukunft, die das, was sie wollte, voll und ganz konnte, inklusive Handstandüberschlag, anstatt das, was sie nicht wollte, Mißlingen, Verletzung, Hinfallen, womit sich ihr Geist in der Vergangenheit aufgehalten hatte. Jane schuf das positive Bild der Zukunft in hellen, lebendigen Farben. Es gab dort sogar Raum für ihre Lieblingsmusik. Je mehr Jane sich auf den Prozeß einließ, um so größer wurde ihr Selbstvertrauen. Am Ende der Sitzung erklärte Jane mit Begeisterung: „Ich glaube, daß ich es sofort kann, gleich heute!"

Ich bat Jane zu warten und den Handstandüberschlag im Geist zu üben. Jeden Morgen im Bett, bevor sie aufstand, sollte sie im Geist fünf- oder sechsmal den perfekten Handstandüberschlag machen und sich dabei an verschiedenen Orten visualisieren. „Wann ist der früheste Zeitpunkt, um den Handstandüberschlag zu üben?" fragte ich sie.

„Nächste Woche beim Cheerleader-Training." Dann leuchteten ihre Augen auf. „Oder zu Hause auf dem Rasen."

Jane verließ meine Praxis mit einem breiten Lächeln. Ich machte mir eine Notiz in den Kalender, daß ich Jane nächste Woche anrufen wollte. Ich war neugierig auf ihre Fortschritte. Aber der Anruf war überflüssig. Meine Mitarbeiter erzählten mir, daß sie beim Weggehen noch auf dem Flur vor der Praxis Handstandüberschlag gemacht habe. Nachdem Jane erst einmal das Bild der Vergangenheit losgelassen und die zukünftigen Möglichkeiten erkannt hatte, bekam ihre Zukunft bei weitem mehr Gewicht als ihre Vergangenheit und wurde zur vorherrschenden Vorstellung. Anstatt an die Vergangenheit zu denken, lernte sie, einfach das zu *tun*, was sie tun wollte.

Die meisten Menschen, die Probleme in ihrem Leben haben und persönliche Veränderungen machen müssen und wollen, stellen fest, daß sich ihnen dieselben alten Hindernisse immer wieder in den Weg stellen. Dafür gibt es zwei entscheidende Gründe. Erstens haben sie die Angewohnheit, anderen die Schuld an ihrem Unglück zu geben, und zweitens haben sie keine Ahnung, wie sie die Veränderungen bewirken oder wo sie überhaupt anfangen könnten.

Unser Gehirn funktioniert nach einem eisernen Prinzip. Alles, was wir sehen, hören und erleben wird als Tatsache aufgenommen und beeinflußt uns. Dieser Einfluß hängt sehr weitgehend davon ab, wieviel Aufmerksamkeit wir der Information bewußt oder unbewußt geben.

Gehen wir einen Schritt weiter. Wenn Sie eine Veränderung in Ihrem persönlichen Leben vornehmen wollen, aber einer anderen Person die Schuld für das Problem geben, dann sucht Ihr Geist nach Möglichkeiten, wie er beweisen kann, daß der andere Schuld hat, und tut nichts, um das eigene Verhalten zu verändern. Deswegen wird das Ergebnis immer dasselbe bleiben. Übernehmen Sie andererseits die volle Verantwortung *(selbst wenn Sie bewußt immer noch nicht glauben können, daß es Ihr eigener Fehler ist)*, dann wird Ihr Geist, der auf *alle* Information reagiert, damit beginnen, Ihr persönliches Verhalten umzuwandeln. So beginnen Sie, auf andere Leute anders zu reagieren, und deren Reaktion auf Sie wandelt sich auch. Und während Sie Anpassungen und Wandlungen in Ihrer Perspektive vornehmen, lösen sich die alten Gewohnheiten und Muster bald auf. Dieser Prozeß wird Ihnen leichtfallen, wenn Sie erst einmal wissen wie, und es ist eines der besten Werkzeuge, die Sie einsetzen können, wenn Sie Ihr Leben in irgendeiner Weise ändern oder verbessern wollen.

Wir kennen alle Leute, die sich ständig darüber beklagen, wie ihnen das Leben und die Welt mitspielt. Wir kennen auch die Glückspilze, mit denen die Welt zu kooperieren scheint. Könnte es wohl sein, daß diese Glückspilze ihr Genie so benutzen, daß sie aus jeder Situation das beste machen? Wenn das stimmt, dann erkennen die Leute, die immer zur rechten Zeit am richtigen Ort sind, vielleicht einfach nur die Gelegenheiten, die sich ihnen bieten. Die Jammerer können ihre Chancen gar nicht sehen, weil sie ihre ganze Geisteskraft darauf verwenden, einen negativen Zustand zu perpetuieren. Manche Leute sind in ihrer Negativität so gefangen, daß sie glatt an einem Geldbaum vorbeigehen würden, weil sie auf den Boden schauen und vor sich hinsagen „Ich Armer ....ich Armer ... ach ich Armer!"

Die Wahrnehmung des Lebens

Schauen Sie sich einen Augenblick dieses Bild an. Haben Sie, während Sie auf das Bild geschaut haben, gedacht, das Glas sei halb leer oder halb voll?

Die Übung erscheint Ihnen vielleicht klischeehaft, aber sie hilft Ihnen zu verstehen, was Ihre ersten Wahrnehmungen waren und wie Sie das Leben entweder ausblenden oder in Ihr Gewahrsein fließen lassen. Ist Ihr Denkprozeß Grenzen setzend – daß es nicht genug gibt – so wie Janes Glaube an den Schmerz und das Mißlingen der Vergangenheit? Oder glauben Sie, daß es genug für alle gibt – so wie Jane sich gefühlt hat, nachdem sie in ihrem Geist für ihre wahren Fähigkeiten und für Selbstvertrauen Platz gemacht hatte.

Das heißt keineswegs, daß Sie nicht alle Möglichkeiten und Ergebnisse in Betracht ziehen sollten. Es bedeutet, sich eine Situation im Ganzen anzuschauen und festzustellen, wohin einen das eigene Denken bringt. Jeder erfolgreiche Geschäftsplaner wird sich den schlechtesten Fall anschauen und den besten und wird dann einen Mittelweg planen. Der erfolgreiche Geschäftsmann hat *alle* Informationen und weiß, auf was er seine Aufmerksamkeit richten und was er vermeiden soll.

Gemäß sämtlichen Gesetzen der Aerodynamik müßten Hummeln unfähig sein zu fliegen. Sie sind für ihre Flügel viel zu schwer. Die Wissenschaft hat auch bewiesen, daß Menschen eigentlich gar nicht auf zwei Füßen stehen und gehen können, aber wir tun es trotzdem. Jeden

Morgen geschieht ein Wunder – wir stehen auf, setzen unsere Füße fest auf den Boden und gehen quer durchs Zimmer. Egal wie daneben oder müde Sie sich fühlen, Ihre Füße tragen Sie, wohin Sie wollen, ohne auch nur einen bewußten Gedanken darauf zu verwenden. Hummeln finden das Fliegen selbstverständlich; die meisten Leute wachen morgens auf und gehen davon aus, daß ihre Füße und Beine sie dorthin bringen, wo sie hin wollen; Jane macht jeden Handstandüberschlag jetzt mit der Einstellung, daß es ihr allerbester sein wird. *Genies bereiten sich auf den schlimmsten Fall vor und glauben an den besten.*

Führen Sie, folgen Sie, oder gehen Sie aus dem Weg

Die nächste Übung soll Ihnen helfen festzustellen, wo Sie sich befinden und wohin Ihr Denken Sie geführt hat. Sie wird Ihnen auch helfen, sich vorzustellen, wo Sie sein wollen und welche praktischen Schritte Sie heute ergreifen können, um das, was Sie ersehnen, Wirklichkeit werden zu lassen.

Nehmen Sie ein Blatt Papier und falten Sie es in der Mitte. Schreiben Sie auf eine Seite die Überschrift „Das Ich der Vergangenheit" und auf die andere Seite „Das Ich der Zukunft". Dann falten Sie das Papier so, daß Sie zunächst nur die Seite „Das Ich der Vergangenheit" sehen können.

Das Ich der Vergangenheit

Richten Sie Ihre Aufmerksamkeit auf eine Einstellung oder ein Verhalten der Vergangenheit, das Sie verändern möchten.* Schreiben Sie es oben auf die Seite.

Benutzen Sie Ihren Geist und stellen Sie sich das Ich der Vergangenheit vor, das dieses Verhalten an den Tag gelegt hat, und schreiben Sie dann alles auf, an was Sie sich erinnern.

* Halten Sie diese Einstellung oder dieses Verhalten im Geist für den kommenden Selbsthilfe-Dialog fest.

1. **Wie haben Sie damals ausgesehen?**
2. **Wie alt waren Sie?**
3. **Wie haben Sie gesprochen?**
4. **Was haben Sie gefühlt?**

Erinnern Sie sich daran, wie es wirklich war, dieses Ich in der Vergangenheit zu sein und diese bestimmte Einstellung oder dieses bestimmte Verhalten zu praktizieren.

Lassen Sie Ihren Geist jetzt mit diesem Verhalten in die Zukunft gehen. Schreiben Sie alles auf, wie Sie sich vorstellen, daß Ihr Leben sein könnte.

Wohin bringt Sie das Denken der Vergangenheit?

Wo werden Sie in einem Monat sein, wenn Sie mit den alten Denkmustern weitermachen?

In sechs Monaten? ...

Einem Jahr? ...

Fünf Jahren? ...

Anzunehmen ist, daß das Leben ziemlich ähnlich sein wird wie heute. Denken Sie an die Prinzipien, nach denen Ihr Ich in der Vergangenheit gelebt hat —

Wenn Sie weiter denken,
was Sie immer gedacht haben,
dann werden Sie weiter bekommen,
was Sie immer bekommen haben!

– oder es kommt schlechter. Ihr Körper könnte auf den tagtäglichen Widerstand und die Frustration reagieren und eine sogenannte psychosomatische Krankheit hervorbringen. Das sind Krankheiten und Störungen, die im Körper auftreten, aber im Geist geschaffen wurden.

Denken Sie daran, daß Ihr Geist mit Mustern arbeitet, die von *positiven* **Intentionen** gespeist werden. In der Tiefe, im Kern dieses alten Denkens, gibt es etwas Positives ... nicht auf einer bewußten Ebene, sondern tief im anders-als-bewußten Geist. Es ist diese darunter liegende positive Intention, mit der wir im nächsten Abschnitt dieser Übung arbeiten wollen. Ihr Zweck ist es, Ihnen dabei zu helfen, neue Verhaltensweisen, Einstellungen zu schaffen, die sich auf Ihr perfektes Gedächtnis, Ihre Konzentration und Ihre Fähigkeit gründen werden, selbst in den schwierigsten Situationen fokussiert zu bleiben. Genies wissen, wie sie ihren Geist benutzen müssen, um die Ergebnisse zu bekommen, die sie wollen.

Ein Genie hat seinen Geist dazu erzogen, im Rahmen persönlicher *Verantwortung* zu lernen. Das heißt einfach nur, daß Sie auf Situationen aufgrund der Einsicht *antworten*, daß Sie zwar Ihre Verhaltensweisen und Einstellungen der Vergangenheit geschaffen haben, aber nicht länger von ihnen gebunden sind. Sie verlassen das Gefängnis Ihrer bewußten Gedankenmuster und treten in die freie Welt des Genies – die Welt Ihrer Imagination. Wenn Sie sich jetzt auf diese Übung einlassen, dann seien Sie bereit, Ihr Genie zu aktivieren und es für Sie Realität werden zu lassen.

Drehen Sie jetzt Ihr Blatt Papier um, so daß Sie das Ich der Vergangenheit nicht mehr sehen können und Ihre Aufmerksamkeit auf das Ich der Zukunft richten können:

Das Ich der Zukunft

Stellen Sie sich einmal vor, wie Sie in der Zukunft sein wollen – eine *No-limit*-Person, ein wahres Genie, das perfekt in der Lage ist, auf dem Bildschirm des inneren Raumes alles zu erschaffen, was notwendig ist, oder was Sie sich wünschen. Sie haben die Kraft des anders-als-bewußten Geistes erweckt. Wenn Sie ein Ziel in sein Gewahrsein bringen, dann wird dies die Ergebnisse herbeiführen. Lesen Sie die folgenden Fragen durch und erlauben Sie Ihrem Geist, einen Film in Bewegung zu setzen; schreiben Sie dann auf, was Sie sehen, fühlen und erleben.

- ***Welche Fertigkeiten bräuchten Sie, um das Genie zu sein, das Sie sich vorstellen?***
- ***Welche Fähigkeiten bräuchten Sie?***
- ***Wie würden Sie aussehen?***
- ***Was würden Sie zu sich selbst sagen, wenn Sie dort in der Zukunft wären und auf die Zeit zurückschauen würden?***
- ***Wie wäre Ihre Atmung?***
- ***An was würden Sie merken, daß Sie dort sind?***
- ***An was würden Sie merken, daß dies Ihre leuchtende aufregende Zukunft ist?***
- ***Was könnte Sie dazu bringen, dieses Leben zu leben?***
- ***Wie wäre Ihre Umgebung?***

Lassen Sie sich viel Zeit, um ganz in die Erfahrung einzutauchen. Wenn Sie überdenken, was Sie gerade erfahren haben, dann achten Sie darauf, was der erste Schritt ist, um diese Zukunft Wirklichkeit werden zu lassen.

Woran merken Sie also, daß Sie angekommen sind? Wie werden Sie den Morgen erkennen, an dem Sie aufwachen, die Füße auf den Boden stellen, und überzeugt sind, daß Sie befähigt und bereit sind, Ihre Ziele zu erreichen?

Falten Sie jetzt Ihr Blatt auf und schauen Sie sich beide Seiten an. Sieht das vergangene Ich jetzt ein klein wenig dunkler aus? Und wie steht es mit dem zukünftigen Ich, ist es ein wenig heller? Achten Sie darauf, wie Sie über jede Seite mit sich selbst sprechen und was die Unterschiede sind. Was für Gefühle kommen in Ihnen auf über das vergangene und das zukünftige Ich?

Wie bringen Sie es fertig, das vergangene Ich loszulassen und das neue Ich zu akzeptieren? Hier ist nun Ihr anders-als-bewußter Geist an der Reihe. Denken Sie an Ihr vergangenes Ich mit dem Geist der Zukunft. Während Ihr zukünftiger Geist die Veränderungen vornimmt, merken Sie, wie das alte Ich zu schmelzen beginnt, und alles was übrig bleibt, ist das Ich des Augenblicks mit allen Möglichkeiten der Zukunft.

Als Genie können Sie jetzt Ihre Vergangenheit als Übungsplatz betrachten. Die Entscheidungen der Vergangenheit werden keine Wirkung mehr auf Sie haben, so lange Sie sich daran erinnern, daß Sie mit der Ihnen zur Verfügung stehenden Information immer das Bestmögliche getan haben. Als erwachtes Genie lernen Sie jetzt, Ihre Aufmerksamkeit auf das zu richten, was Sie wollen. Sie werden bald entdecken, daß Ihre positiven Intentionen der Vergangenheit, wie immer sie gewesen sein mag, daß diese positiven Intentionen jetzt auf eine Weise erfüllt werden, die dem *Ich der Gegenwart* mehr entspricht. Von diesem Standpunkt aus erkennen Sie, wie wahr der Satz ist: *„Worauf Sie Ihre Aufmerksamkeit richten, das wächst."*

Selbsthilfe-Dialog: Alles zusammenbringen

Bereite dich vor, das Ich der Zukunft heute kennenzulernen. Schließe deine Augen ... und nimm das Ich der Vergangenheit *in eine Hand ... all die Ängste, Zweifel, den Groll und die Schuldgefühle der Vergangenheit ... sei ehrlich mit dir. Geh jetzt ganz in die Erfahrung hinein ... du bist jetzt dort in der Vergangenheit. Wenn du da bist, schließe langsam deine Faust ... ja so ...* (Pause)

Öffne jetzt langsam deine Hand und spüre deinen Körper ... Das Atmen ... die Entspannung ... Jetzt nimm das Ich der Zukunft *in die andere Hand ... mache es zu einem positiven Ich ... benutze deinen Geist, um dieses Ich der Zukunft mit allen Fertigkeiten und Fähigkeiten auszustatten, die du brauchst, die du dir wünschst, die du ersehnst ... beginne so zu atmen, wie du atmen würdest ... als wäre all dies schon geschehen. Wenn du es mental vor dir hast, dann tritt in das Bild hinein ... benutze deine Phantasie, um durch die Augen der Zukunft zu sehen, durch die Ohren der Zukunft zu hören und mit dem Körper der Zukunft zu spüren und zu fühlen. Wenn du das alles getan hast, dann schließe langsam die Hand, die das Ich der Zukunft darstellt. Du machst es ausgezeichnet ... ja, richtig. Wenn du das getan hast, laß deine Hand locker und schlaff werden.*

Und spüre jetzt wieder deinen Körper ... den Zustand der Entspannung, in dem du jetzt bist ... dein Atmen ... rhythmisch, natürlich und entspannt. Jetzt beginne langsam, deine beiden Hände zur Faust zu ballen und denke an das Ich der Vergangenheit und an das Ich der Zukunft ... und wenn beide Bilder in deinem Geist sind, laß die Hände los und benutze deinen Geist ... deinen anders-als-bewußten Geist ... um all diese positiven Intentionen der Vergangenheit mit all den neuen Verhaltensweisen der Zukunft zu integrieren. Und während das für dich geschieht ... auf deine ganz eigene Weise ... laß deinen Geist zwischen der Vergangenheit und der Zukunft hin und her fließen und dabei all die Informationen aufnehmen, die er braucht, um die Veränderungen zu machen, die du dir wünschst ... manche Veränderungen werden bewußt sein ... du wirst einfach neue Dinge tun. Manche der Veränderungen werden unbewußt sein ... gerade dann, wenn du sie brauchst, um aus diesen Entdeckungen den größten Nutzen zu ziehen.

Während dein anders-als-bewußter Geist mit dem Ich der Vergangenheit weiter verschmilzt, beginnst du, die feinen Veränderungen in deinem Bewußtsein wahrzunehmen. Alles im Universum unterliegt dem Wandel. Das ist das einzige, worauf wir ganz sicher vertrauen können ... Wandel ... Während du also deinen Geist benutzt, um ihn auf die Veränderungen auszurichten, die du dir wünschst, beginnst du deine Hände zu spüren. Vielleicht ist dir schon aufgefallen, daß sich deine Hände berühren. Laß deine Hände jetzt langsam zusammenkommen ... aber so langsam, daß all die positiven Veränderungen integriert und von deinem Bewußtsein akzeptiert werden können. Nimm dir alle Zeit, die du brauchst. Aber wenn die Hände zusammenkommen, entweder jetzt oder in der Zukunft, dann wirst du darangehen, eine leuchtende, höchst anziehende Zukunft aufzubauen ... die Zukunft, die du dir wünschst ... und das ist so ...

(Pause von 60 Sekunden)

Und wenn du jetzt in diesen Augenblick zurückkehrst, dann kommst du nur so langsam zurück, daß alles, was du gesehen, gehört und erfahren hast, für dich wahr werden kann ... nimm dir alle Zeit, die du brauchst ... die Sekunden sind wie Stunden ... die Stunden sind wie Tage und die Tage sind wie Wochen ... kehre nun allmählich in den Raum zurück mit all den neuen Fertigkeiten und Fähigkeiten, die für dich arbeiten ...

(60 Sekunden Pause)

Und wenn ich jetzt von eins bis fünf zähle, dann wirst du so viel Zeit gehabt haben, wie du brauchst ...

1. *du hörst den Ton meiner Stimme ....*
2. *du kommst ganz in den Raum zurück ...*
3. *du fühlst dich ganz natürlich und normal ...*
4. *und erinnerst dich perfekt an alles, was gesagt, gehört und erlebt wurde ... und ...*
5. ***mit offenen Augen**, hellwach, fühlst du dich besser als je zuvor, bereit, den ersten Schritt in deine leuchtende, spannende Zukunft zu tun ... und das ist so ... **und so ist es.***

Acht
Ihr magischer Körper

Bis jetzt haben wir über den Geist und die Gefühle gesprochen, aber noch sehr wenig über den physischen Körper. Welche Rolle, wenn überhaupt, spielt Ihr physischer Körper bei diesem ganzen Geniekram? Er spielt eine sehr wichtige Rolle. Der physische Körper ist das Vehikel zum Ausdruck von Geist und Gefühlen; er gibt Ihnen die Möglichkeit, auf der Erde zu existieren. Aber wir wollen nicht den Fehler machen, den Körper für das ganze Ich zu halten. Sie sind mehr als Ihr Geist, Sie sind mehr als Ihre Gefühle, und natürlich sind Sie mehr als Ihr physischer Körper.

Haben Sie schon einmal in einer sternklaren Nacht zum Himmel geschaut? Es ist ein wunderbarer Anblick, finden Sie nicht auch? Die Unermeßlichkeit des Raumes, die endlosen Möglichkeiten, es kann einem die Sprache verschlagen. Lassen Sie uns eine kurze Reise zu einem anderen Ort machen, der genauso unfaßbar ist – nämlich der menschliche Körper. Stellen Sie sich vor, Sie könnten mit einem Mikroskop in Ihren Körper schauen. Vergrößern Sie die Kraft des Mikroskops noch um das Zehnfache. Stellen Sie sich vor, wie Sie diesen magischen Mechanismus, den Sie Körper nennen, jetzt betrachten würden. Wäre es nicht unglaublich, wenn Sie sehen könnten, wie Ihr Herz Blut durch die Arterien und Venen pumpt und die Zellen und Organe ernährt? Alles geschieht in vollkommener Harmonie. Denken Sie nur, welchen Respekt jede Zelle für die Funktionen der anderen Zellen hat; zwischen allen Zellen, Systemen und Organen besteht eine Beziehung, und sie arbeiten zusammen wie ein fein gestimmtes Orchester. Beachten Sie, daß es eine Beziehung der Synergie ist, die Sie miteinander haben.

Stellen Sie sich vor, Sie könnten die Bilder unterm Mikroskop noch einmal um das Zehnfache vergrößern. Vielleicht verlieren die Organe jetzt ihre Form, aber in den Zellen werden nun die Neuronen und Protonen sichtbar. Merken Sie, daß die glasklare Unterscheidung, die vorher da war, jetzt verschwunden ist? Es bleibt nur eine Welt von rotierenden elektrischen Teilchen, die schneller als mit Lichtgeschwindigkeit ins Blickfeld kommen und wieder hinausgehen.

Stellen Sie sich vor, daß Sie die Vergrößerung noch einmal um das Zehnfache steigern und jetzt wahrlich in die Unermeßlichkeit des Körpers schauen könnten – wie ein Wissenschaftler mit einem Elektronenmikroskop. Es heißt, daß auf der atomaren Ebene unseres Körpers der leere Raum noch größer ist als zwischen den Sternen. Das bedeutet, daß Sie eher nichts sind als etwas! Was ist dieses *„no-thing"*? Mit dem Erwecken Ihres Genies werden Sie diese anders-als-bewußte Kraft verstehen lernen, die nicht nur dafür sorgt, daß Ihr Körper harmonisch funktioniert, sondern auch die Sonne und alle Planeten unseres Sonnensystems und all die anderen 600 Milliarden Galaxien in vollkommener Harmonie hält. Sie werden, wie die anderen großen Genies der Vergangenheit, entdecken, daß wir weit größer sind, als man uns hat glauben machen, und daß eine überbewußte Macht, die größer ist als unser bewußter Geist, das Steuer in der Hand hat.

Der Phantomblatteffekt

Ende der vierziger Jahre entwickelte der sowjetische Elektroforscher Semjon Kirlian eine Art von Elektro-Fotografie, mit der man Bilder von Energiefeldern erstellen kann. Mit Hilfe der Kirlian-Fotografie haben Wissenschaftler folgendes gezeigt: Wenn man von einem Blatt ein Stück abschneidet, ist auf der Elektrofotografie dennoch das ganze Blatt zu sehen, also auch der Teil, der abgeschnitten wurde. Selbst die Feinheiten des Blattes sind auf der Fotografie noch intakt. Dieser fotografische „Effekt" ist als „Phantomblatteffekt" bekannt geworden.

Ärzte haben bei Menschen, denen ein Körperteil fehlt, einen ähnlichen Effekt festgestellt. Es gibt Fälle, wo ein Arm oder ein Bein verloren wurde, die Person aber immer noch Schmerzen in diesem Glied hat. Man nennt das „Phantomschmerzen".

Dieser „Effekt" spricht dafür, daß wir mehr sind als nur unser physischer Körper ... sehr viel mehr. Es gibt einen Teil in uns, der für Harmonie und Gleichgewicht in unserem Körper sorgt. Es ist dieser überbewußte (anders-als-bewußte) Teil, der ununterbrochen an der Arbeit ist und sich um alle Einzelheiten kümmert. Stellen Sie sich einmal vor, Sie könnten Zugang zu der anscheinend unendlichen Intelligenz finden, die Ihren Herzschlag steuert, Ihre Atmung und das Zusammenspiel aller unbewußten Körperfunktionen – zu dem, was diese und jede andere Welt zusammenhält? Was, wenn die Möglichkeit bestünde, daß Sie alles, was „es" weiß, auch wissen könnten? Genau das tut ein Genie. Es ist erwacht zu dieser Möglichkeit.

In dem Film *Krieg der Sterne* benutzte Luke Skywalker in seinem Kampf für den Sieg des Guten über das Böse das, was die Jedi „die Kraft" nennen. Das war ihr Begriff für diesen anscheinend unendlichen Fluß der Intelligenz, und das war es, was ihm die Fähigkeit gab, über Darth Vader zu triumphieren, selbst unter den schlimmsten Umständen. Dieser Quelle, dieser Macht des Guten, ist es egal, wie Sie sie nennen, sie möchte einfach benutzt werden. Aber Sie müssen Ihren Geist darin üben, diese Verbindung in einem entspannten Zustand herzustellen.

Mit dem gewöhnlichen Faden der Intelligenz werden Sie eine Verbindung zu einer größeren Wahrnehmung der Wirklichkeit schaffen. Eine Wirklichkeit, in der wir auf einer Meta-Ebene (jenseits der Ebene bewußten Denkens) alle verbunden sind – wo wir alle an denselben Supercomputer angeschlossen sind, der uns die Information einspeist, die wir brauchen und zwar dann, wenn wir sie am meisten brauchen. Das einzige, was diesen Fluß stoppt, sind Ihre Ängste und Zweifel. Es ist das oberste Ziel dieses Textes – in allen Menschen die Einsicht zu wecken, daß sie bereits alles wissen, was sie wissen müssen, wenn sie es wissen müssen. Das ist die Hauptlektion bei allem Lernen, daß es nicht darum geht, die Information zu „lernen", sondern zu erkennen, was Sie bereits wissen.

Unsere Körper sind ein riesiges chemisches Laboratorium

Irgendwie schafft es Ihr Körper, ein perfektes Gleichgewicht zwischen all seinen Systemen zu wahren. Angefangen bei der Nahrungsaufnahme, der Verdauung und Assimilation bis zum Aufbau neuer Zellen, gibt es eine unglaubliche Anzahl von chemischen Transaktionen. Genies wissen, daß das Essen, das sie aufnehmen, bald zum Körper wird, in dem sie sich bewegen und ausdrücken.

Ob Sie es glauben oder nicht, es gibt Leute, die meinen, sie könnten Schundnahrung essen und trotzdem einen gesunden Körper haben. Vielleicht glauben sie, sie hätten ein kosmisches Geheimnis von Geist über Materie entdeckt, aber es ist einfach nicht wahr. Wenn man ein Haus baut und dazu nicht Holz und sonstige Baustoffe von erstklassiger Qualität verwendet, dann wird es früher verfallen und seinen Wert schnell verlieren. Das gleiche gilt für diese schönen und äußerst effizienten Körper, die uns zu lebenslangem Gebrauch überlassen werden. *Wenn Sie für Ihren Körper sorgen, wird Ihr Körper für Sie sorgen.*

Ein Genie weiß, welchen Wert Körperbewegung hat und gönnt sich dafür die Zeit. Es heißt, daß nach 27 Jahren der Körper jedes Jahr ein Pfund Muskel in Fett verwandelt. Ein Pfund ist ein Pfund, aber ein Pfund Fett nimmt fünfmal mehr Raum ein als Muskel. Das Gesetz der Natur ist Wandel. Bis zu dem Zeitpunkt, an dem ich dies schreibe, hat noch niemand einen Weg gefunden, den Alterungsprozeß aufzuhalten oder umzukehren, aber die Forschung hat bewiesen, daß Körperübung eine der besten Möglichkeiten ist, den Körper in Topform zu halten. Ein Genie hat auch begriffen, daß es Spaß macht, in einem Körper, der frei von Fett und Giftstoffen ist, zu leben – man hat reichlich Energie für jede Aktivität, zu der man Lust hat.

Der elektrische Körper

Ihr Körper ist auch eine starke Elektrostation und ein Leiter von Elektrizität. Deswegen benutzen manche Leute den Ausdruck „Ich bin voller Energie“, oder „Ich bin müde, meine Energie ist alle“. Genies haben Anschluß an den endlosen Fluß der Energie und benutzen sie, um ihre Ziele zu erreichen.

Das ist sehr wichtig, weil der elektrische Strom, der ein Teil von Ihnen ist, durch Ihren Körper fließt und an manchen Tagen stärker zu sein scheint als an anderen. Tatsache ist, daß die Energie sich nie vermindert. Sie erneuert sich unaufhörlich selbst, wenn der Körper im Gleichgewicht und in Harmonie mit seiner Umgebung ist.

Ein Genie weiß von den guten Wirkungen der Liebe und hat die Fähigkeit, Liebe anzunehmen und zu geben. Es heißt, Liebe sei die Kombination aller Gefühle. Auch heißt es, daß es außer Liebe in Wahrheit nichts gibt. Genies erkennen, daß sie Liebe zu sich selbst und Liebe zu anderen haben müssen. Wenn Liebe für Sie jetzt noch ein zu starkes Wort ist, dann nennen Sie es bedingungsloses Annehmen. Das ist ein mehr linkshirniger Ausdruck für die selbe Sache.

Genies erkennen, daß Ihre Energie sinkt, wenn sie nicht in diesem Zustand der Liebe sind, und daß sie dann dazu neigen, die Welt unter dem Blickwinkel von „Mangel“ oder dem Bewußtsein von „nicht genug“

wahrzunehmen. Der beste Weg, wieder ins Gleichgewicht zu finden, besteht darin, anzuhalten, die Aufmerksamkeit auf die Stirn zu richten, ein paarmal tief einzuatmen und die Worte zu sagen: „Ich bin im Fluß." Etwas Wunderbares wird geschehen, wenn Sie die Techniken benutzen, die in diesem Text beschrieben sind. Die höhere Fakultät des Denkens wird in Ihnen erwachen ... *Außer Liebe gibt es nichts. Es gibt genug von allem für alle. Du bekommst die Information, die du brauchst, wenn du sie am meisten brauchst.* Bald werden Sie feststellen, daß diese und andere positive Gedanken einfach unverhofft in Ihren Geist fließen. Dann wissen Sie, daß Sie den Weg des Genies betreten haben.

Das bringt uns zu dem Ernährungsaspekt beim Erwecken des Genies. Wir werden keine Vorschläge machen, welche Nahrungsmittel man essen soll und welche nicht. Vielmehr werden wir zwei Kriterien diskutieren: 1.) Frisch, natürlich und lebendig; und 2.) tot und leblos.

Frisch und natürlich

Frische und natürliche Nahrungsmittel wie Obst, Gemüse, vollwertiges Getreide und klares sauberes Wasser schenken unserem Körper Gleichgewicht und Harmonie, weil sie das sind, was unser Körper braucht. Der Grund dafür ist, daß unser Körper bioelektrisch ist. Das heißt einfach nur, daß das biologische System mit dem elektrischen System interagiert, um Sie hervorzubringen und alles, was Sie hier zum Ausdruck bringen können.

Tot und leblos

Tote und leblose Nahrungsmittel wie Zucker, weißes Mehl und all die hochentwickelten Fertigprodukte haben eine negative Wirkung auf den bioelektrischen Prozeß des Körpers, weil sie den Körper mit Giftstoffen beladen und es ihnen an den Nährstoffen fehlt, nach denen unser Körper verlangt. Tote und leblose Nahrungmittel sind Energieräuber.

Ihr unglaublicher Körper kann Nahrung und Flüssigkeit aufnehmen, sie in die kleinsten Atome zerlegen, verwenden, was er braucht, und den

Rest ausscheiden. Bei jeder Art von Lernen ist es wichtig, sich daran zu erinnern, daß wir das Leben durch unsere Sinne verarbeiten und daß wir dafür mentale Energie brauchen. Das heißt, daß die Nahrungsmittel, die wir konsumieren, aufgespalten und als Energie verwendet werden. Wenn Sie tote und leblose Nahrungsmittel essen, dann wird Ihr Denken nicht so behende und präzise sein, wie es möglich wäre, wenn Sie frische und natürliche Nahrungsmittel essen.

Als ich noch jünger war, hatte ich das Glück, eine Mutter zu haben, die sich die Mühe gemacht hat, den Zusammenhang zwischen Ernährung, Gesundheit und Intelligenz zu erforschen. Ihr kam der Verdacht, daß ungesunde Ernährung der Hauptgrund sein könnte, warum unsere Familie wenig Intelligenz an den Tag legte, und sie machte sich daran, den Beweis zu erbringen.

Als mein Bruder Michael, der älteste von neun Kindern, in die Schule kam, waren seine Lehrer sehr bald von seinem unzähmbaren Überschwang und seiner kurzen Aufmerksamkeitsspanne genervt. Eine innovationsfreudige Lehrerin ließ ihn sogar so lange im Klassenzimmer im Kreis rennen, bis er erschöpft war. Dann konnte sie mit dem Unterricht beginnen. Der Schuldirektor und seine Lehrer wollten das, was für ihn am besten war, aber sie mußten das tun, was auch für den Rest der Klasse gut war. Sie rieten meiner Mutter, Michael Medikamente zu geben, um seine Hyperaktivität zu dämpfen. Aber sie wies diesen Vorschlag vehement zurück, denn sie glaubte daran, daß es eine gesündere Option geben müßte. Sie mußte nicht lange suchen, um zu dem Schluß zu kommen, daß höchstwahrscheinlich Zucker der Hauptschuldige war, und so machte sie sich daran, unsere Küche von allen synthetischen Zuckerprodukten zu befreien – keine einfache Aufgabe für einen Haushalt in den sechziger Jahren, als es normal war, überall Zucker hinzuzufügen.

So begann die Suche unserer Familie nach der gesündesten Ernährung. Die Kinder in unserer Familie, ich selbst eingeschlossen, schafften es, aus Sonderklassen für Kinder mit Lernstörungen Jahr um Jahr in die Riege der Besten aufzusteigen. Ich betrachte es als Glück, daß ich schon früh den lebenden Beweis erbrachte, daß ein starker und effektiver Geist mit einer gesunden und natürlichen Ernährung beginnt. Das war eine Lektion, die ich auch als Student und Sportler niemals vergaß.

Genies wissen, daß sie „bioelektrisch" sind

Frische und natürliche Nahrungsmittel sind entscheidend für die Gesundheit, denn Sie sind nicht nur ein biologischer Organismus, sondern auch ein elektrischer. Ihr bioelektrisches System hat die unglaubliche Fähigkeit, Nahrungsmittel, die Sie essen, in Energie zu verwandeln. Je weniger sich Ihr Körper anstrengen muß, um Nahrung in Energie zu verwandeln, um so mehr Energie bleibt Ihnen für andere Dinge. Das ist ein Schlüssel für jeden, der sein Genie erwecken will. Wenn Körper und Geist weniger Zeit darauf verwenden müssen, den Schaden durch schlechte Ernährung auszugleichen oder aus schlechter Nahrung das Nötigste herauszuholen, dann bleibt mehr mentale Energie für Kreativität übrig.

Hier ist es wichtig, auf die Bedeutung von Vitaminen und Mineralien hinzuweisen. Wir leben in einer Gesellschaft, die tote Nahrung konsumiert – hochgradig verarbeitet, chemikalisiert, verkocht und devitalisiert. Schnell- und Fertignahrung ist üblich und heutzutage die Norm für unsere Kinder. Diese Nahrungsmittel sind leblos und ohne Vitalität. Es mangelt ihnen an Energie, und sie belasten den Körper mit sehr viel Streß. Selbst Nahrungsmittel, die man in der Vergangenheit noch für gesund halten konnte, sind jetzt mit Pestiziden und Herbiziden verseucht.

Deswegen sind Vitamin- und Mineralergänzungen sehr wichtig. Von den meisten Ärzten wird ein natürliches Multivitaminpräparat empfohlen, das gut vom Blut aufgenommen werden kann. Natürliche Vitamine erlauben dem Körper, das zu nehmen was er braucht und den Rest auszuscheiden. Mehr ist nicht immer besser. Denken Sie daran, daß der Körper eine chemische Fabrik ist und manchmal ablagert, was er nicht braucht. Ihr Köper braucht immer die richtigen Kombinationen, weil er immer aufbaut.

Was machen Sie jetzt gerade, in dieser Sekunde? Die meisten Leute werden sagen, „ein Buch lesen". Stimmt, aber im selben Augenblick, in dem Sie den ersten Satz dieses Absatzes lesen, haben Sie bereits wieder 50 Millionen neue Zellen gebildet, ohne daß Sie das geringste davon gemerkt haben. Denken Sie nur – 50 Millionen Zellen jede Sekunde! Das ist die Methode Ihres Körpers, fortwährend die Zellen zu erneuern. Darin können Sie das wahre Genie erkennen, das in jedem existiert – ein Teil in Ihnen, der Wunder vollbringt! Einfach genial! Was sonst könnte Ihren Körper lebendig halten und die Funktionen jedes Systems, jedes Organs und jeder Zelle steuern bis hinunter zu den einzelnen Molekülen und Atomen, aus denen Sie bestehen. Wie sonst könnte Ihr Körper solch dramatische Taten vollbringen wie die Heilung einer Schnittwunde oder den Sieg über einen Virus? Was muß das für eine Intelligenz sein, die fähig ist, die menschliche Gestalt über unzählige Stufen der Evolution immer weiter zu entwickeln, wie es archäologische Funde belegen? Denken Sie nur, diese ganze Intelligenz ist hier und jetzt vorhanden, und zwar in Ihnen!

EIN GENIE VERMEIDET TOTE NAHRUNG – SIE MINDERT DIE ENERGIE.

Schauen wir uns jetzt einmal die toten Nahrungsmittel an: Zucker, Kohlehydrate, Weißbrot, fettes Fleisch, hochverarbeitete Nahrungsmittel, chemische Zusätze, Konservierungsstoffe, künstliche Geschmacksstoffe, koffeinhaltige Getränke und Limonaden gehören alle in die Kategorie toter Nahrungsmittel.

Haben Sie schon vom „Zucker-Blues" gehört? Diese Wirkung von raffiniertem Zucker ist sehr real. Es ist wissenschaftlich bewiesen, daß zwanzig Minuten nach dem Verzehr von Zucker, Schokoriegeln, Keksen oder Süßigkeiten jeder Art der Blutzuckerspiegel tiefer fällt, als er vorher war. Dieser Abfall erzeugt das Verlangen nach mehr Süßigkeiten. Haben Sie schon einmal gemerkt, daß Sie nicht mehr aufhören konnten, Süßes zu essen, nachdem Sie erst einmal angefangen haben? Der Zucker-Blues ist der Schuldige. Da das Gehirn ausschließlich von Glukose (Zucker) lebt, bekommt es nicht die ganze Energie, die es braucht, wenn jemand niedrigen Blutzucker hat.

Ja, es ist wahr, daß unser Körper Zucker braucht, aber nicht in der Form, an die wir uns gewöhnt haben, nämlich Kuchen, Kekse und

Süßigkeiten. Unser Körper weiß ganz genau, wie er die gesunden und natürlichen Nahrungsmittel in Zucker (Glukose) umwandelt, der uns Energie gibt und unserer Gesundheit dient. Es ist in der Tat wahr, daß unser Körper die Nahrung, die wir essen, in Zucker verwandelt. Wie bekommt man also den Zucker, den der Körper braucht, ohne Zucker zu essen?

Obst ist eine hervorragende Quelle und der beste Weg, den natürlichen Zucker aufzunehmen, den wir brauchen. Früchte haben auch eine natürliche Reinigungsfunktion für das Verdauungssystem und sollten nicht in Kombination mit irgendwelchen anderen Nahrungsarten gegessen werden.

Die beste Zeit, Obst zu essen, ist am Morgen, bevor man irgend etwas anderes zu sich genommen hat, oder zwei bis vier Stunden nach Ihrer letzten Mahlzeit.

Gehirnnahrung

KOMPLEXE KOHLEHYDRATE: vollwertiges Getreide, Reis, Weizen, Hirse, Gerste und Hafer

Getreide ist auch ein Zuckerlieferant, aber anders als Zucker verbrennt es langsam im System und hat den größten Nährwert, wenn es gemeinsam mit Gemüse gegessen wird. Getreide wird auch als „Gehirnnahrung" betrachtet. Den meisten Leuten ist das nicht klar, aber das Gehirn verbraucht am meisten Energie des Körpers. Wenn Sie eine geistig anstrengende Arbeit machen, können Sie genau so erschöpft sein wie durch physische Arbeit.

Die verschiedenen Getreidesorten bringen das System ins Gleichgewicht und haben einen hohen Anteil an Ballaststoffen. Diese nehmen einen Teil des Zuckers auf und werden später im Verdauungstrakt für den Prozeß der Ausscheidung genutzt.

UNGENUTZTE KOHLEHYDRATE

VERMEIDEN SIE „ANGEREICHERTE UND RAFFINIERTE KOHLEHYDRATE" (weißes Mehl, weißer Zucker).

Kohlehydrate sind auch eine Form des Zuckers im System, und es ist wichtig, ihre Funktion zu verstehen. Kohlehydrate können sehr schnell in Energie verwandelt werden. Wenn Sie sich also körperlich betätigen, dann können Sie Kohlehydrate essen, ohne zuzunehmen. Das liegt daran, weil sie schnell verbrannt werden. Ihr Körper wird jedoch Kohlehydrate ablagern, wenn sie nicht verbraucht werden. Ja, Sie haben es erraten ... sie werden als Fett abgelagert. Das Geheimnis besteht darin, Ihr ganz individuelles Gleichgewicht zu finden.

Die raffinierten und angereicherten Kohlehydrate wie weißes Mehl, weißer Reis, weiße Nudeln oder andere weiterverarbeitete Kohlehydrate sind leere Kalorien. Mit anderen Worten, sie liefern Kalorien, aber wenig oder gar keine Nähr- und Ballaststoffe. Ihr Körper muß dann doppelt arbeiten, um irgendeinen Gewinn aus diesen Nahrungsmitteln zu ziehen.

Eiweiß und die Rindfleisch-Verschwörung

An diesem Punkt fragen die Leute häufig: „Und was ist mit Eiweiß?" Einweiß ist in den vergangenen Jahren ein kontroverses Thema gewesen. Welche Rolle spielt Eiweiß in einer ausgewogenen Ernährung? Nun, Eiweiß ist wichtig. Tatsache ist, daß Sie Eiweiß in Ihrer Ernährung brauchen, um am Leben zu bleiben, aber nicht entfernt so viel, wie die Fleisch- und Milchverbände Sie glauben machen wollen.

Schockierende Tatsachen über Fleisch

Die meisten Leute wissen nicht, daß es sechs Monate bis zu einem Jahr dauert, um rotes Fleisch vollständig zu verdauen. Starke Fleischesser haben immer unverdautes Fleisch im Darm, manchmal ganze vier bis sechs Pfund. Aber was noch wichtiger ist: Der Körper ist gar nicht darauf angelegt, Fleisch aufzunehmen. Wenn das der Fall wäre, dann hätte er einen viel kleineren Verdauungsapparat, so wie fleischfressende Tiere. Menschen, die rotes Fleisch essen, haben vielleicht irgendeinen Nutzen davon, aber es belastet den Körper enorm.

Bei Herzinfarkt ist die erste Lebensumstellung, die der Kardiologe verordnet, vegetarische Ernährung. Warum nicht jetzt damit anfangen, bevor Sie ein Herzpatient werden? Bedenken Sie folgendes: An der Universität Yale wurde von einem Professor Fisher eine Studie über Ausdauer gemacht. Er forderte eine Gruppe sich vegetarisch ernährender Bürokräfte und eine Gruppe fleischessender Sportler auf, ihre Arme so lange wie möglich auszustrecken. Die Ergebnisse waren sehr überraschend. Die Büroarbeiter konnten ihre Arme durchschnittlich 64 Minuten ausgestreckt halten. Und die fleischessenden Yale-Sportler? Nur ungefähr zehn Minuten. Damit sind die Vegetarier, die keine trainierten Sportler waren, sechsmal stärker, was die Ausdauer angeht. Dr. Fishers Schlußfolgerung: „Eine Ernährung mit hohem Fleisch- oder Eiweißanteil fördert keineswegs die Ausdauer; vielmehr hat sich gezeigt, daß sie reduziert wird, ähnlich wie durch Alkohol."*

Ich bin in der „Getreidestadt" Battle Creek, Michigan, aufgewachsen. Das ist der Sitz der Kellogg Company, dem größten Hersteller der Welt für Frühstücks-Getreideprodukte. Leute, die nicht aus Battle Creek stammen, wissen wenig über die „Erfindung" von Cornflakes. Dr. John Harvey Kellogg war Arzt und Forscher. Frühzeitig in seiner Karriere war ihm ein Zusammenhang zwischen Ernährung und Krankheit aufgefallen. Seine Untersuchungen brachten ihn zu der Schlußfolgerung, daß vegetarische Ernährung, das heißt viel Ballaststoffe und wenig Fett, seinen Patienten nicht nur half, schneller zu genesen, sondern auch vollständiger. Dr. Kellogg ordnete für jeden seiner Patienten im Krankenhaus ein getreidehaltiges Frühstück an. Der Rest ist Geschichte.

Dr. Kellogg zitiert die folgende Aussage der International Scientific Food Commission: „Es gibt keine absolute physiologische Not-

* Irving Fisher & Eugene L. Fisk: *How to live.* Funk & Wagnalls, S. 251.

wendigkeit für Fleisch, da das Fleischeiweiß durch anderes Eiweiß ersetzt werden kann ..." Mr. Kellogg glaubte fest daran, daß eine gesunde vegetarische Ernährung mit viel Ballaststoffen und wenig Fett Krankheit vorbeugen könne. Es ist bedauerlich, daß die Nachfolger von Dr. Kellogg seine ursprüngliche Vision aus den Augen verloren, als sie die Profitspanne für gesüßte, denaturierte Getreideprodukte erkannten.

Irreführend ist auch, was die Werbung über Milch behauptet. Sie möchte Sie glauben machen, daß die Kuhmilch, die in jedem Supermarkt verkauft wird, für Menschen gesund ist. Bedenken Sie, wir sind die einzige Spezies, die nach dem Säuglingsalter noch Milch trinkt und die einzige Spezies auf dem Planeten, die die Milch einer anderen Spezies trinkt. Wenn Sie der Katze aus der Nachbarschaft die Milch zu trinken geben, die Sie in Ihrem Kühlschrank haben, dann hat sie wahrscheinlich am nächsten Tag ziemlich scheußlichen Durchfall. Wußten Sie, daß ein Kalb in wenigen Wochen sterben würde, wenn man es mit der homogenisierten Milch füttern würde, die wir unseren Kindern zu trinken geben?

Was beweist das? Daß unser Körper unglaublich ist! Er kann sogar minderwertige und tote Nahrungsmittel zu sich nehmen und trotzdem einigermaßen funktionieren, aber nicht unbedingt so, wie wir wollen. Wer sich darauf vorbereitet, mit seinem ganzen Potential im 21. Jahrhundert zu leben, der sorgt dafür, daß er einen gesunden starken Körper hat. Und wenn Sie ehrlich mit sich sind, dann wissen Sie bereits, daß Ihr Körper eine Kombination ist aus den Nahrungsmitteln, die Sie essen, den Flüssigkeiten, die Sie trinken, und den Einstellungen, die Sie in sich tragen. Wenn Sie weiterhin Ihren Körper vernachlässigen, indem Sie ihn mit toter und devitalisierter Nahrung füttern, dürfen Sie davon ausgehen, daß er Ihnen nicht die Dienste leisten wird, die Sie von ihm wollen.

Wie steht es also mit dem Eiweiß? Woher bekommen wir das Eiweiß, das wir brauchen, wenn wir kein Fleisch essen? Es ist wahr, daß wir Eiweiß brauchen, weil es Gewebe aufbaut und repariert. Es gibt jedoch viele natürliche Quellen, aus denen Sie Ihren täglichen Eiweißbedarf decken können. Sofern Sie nicht anstrengende körperliche Arbeit machen, brauchen Sie nur ungefähr fünfzig Gramm pro Tag. Das sind ungefähr zehn Prozent der täglichen Kalorien. Sie brauchen außerdem zehn Prozent Fett, das man über Getreide, Gemüse, Hülsenfrüchte und sogar Obst aufnimmt. Die anderen 80 Prozent Ihrer Ernährung sollten aus komplexen Kohlehydraten bestehen. Die beste Eiweißquelle für Ihren Körper ist Gemüse. Eine Kartoffel pro Tag würde Ihnen alles Eiweiß geben, das Sie brauchen.

Falls Sie ein paar Pfunde verlieren wollen, empfehle ich Ihnen, heute anzufangen. Sie wissen ja, womit sich Ihre Gedanken beschäftigen, das wird Wirklichkeit. Wenn Ihre Aufmerksamkeit auf Ihr (Über)Gewicht gerichtet ist, dann werden Sie mehr vom Gleichen bekommen. Vergessen Sie die Diäten und das Kalorienzählen, die Sie ständig an Ihr Gewicht und ans Essen erinnern. Diese Methoden haben irgendwie Jahrzehnte überdauert, obwohl sie nicht funktionieren. Es spielt keine Rolle, wie viele Kalorien Sie verzehren, sondern welche Qualität die Kalorien haben und wie Ihr Körper sie assimiliert. Mit anderen Worten: Kümmern Sie sich um Qualität, nicht um Quantität.

Und noch einmal die beste Daumenregel:

WENN ES FRISCH, NATÜRLICH UND LEBENDIG IST,
DIENT ES DER GESUNDHEIT.
WENN ES TOT UND LEBLOS IST,
PRODUZIERT ES MEHR VOM GLEICHEN.

Wenn Sie sich darauf einstellen, für Ihre Gesundheit zu essen, dann wird Ihr Körpergewicht ganz natürlich zu Ihrem Normalgewicht zurückkehren. Es ist nie falsch zu sagen: „Lassen Sie sich von Ihrem Gewissen leiten.“ Wenn wir ehrlich mit uns selbst sind, dann wissen wir, was gesund ist und was nicht.

Es gibt sechs Gesetze der Ernährung:

1. **Zuerst und vor allem: Essen Sie knapp.** Es dauert bis zu 15 Minuten, bis der Magen ein Signal an das Gehirn sendet, daß Sie satt sind. Im Fall von Essen ist weniger mehr.
2. **Essen und trinken Sie nie gleichzeitig.** Ihr Körper ist so eingerichtet, daß er feste und flüssige Nahrung getrennt verdaut.

3. **Essen Sie Obst für sich allein, damit es reinigend wirken kann.** In Kombination mit anderen Nahrungsmitteln kann es zu Verstopfung führen.
4. **Gemüse baut auf.** Es ist der Stoff, aus dem gesunde Knochen und gesundes Gewebe gebildet werden. Roh oder halbgar ist am besten.
5. **Nahrung, die aus einer Büchse, einer Flasche oder einer Verpackung kommt, ist wahrscheinlich für den menschlichen Verzehr ungeeinget.**
6. **Wasser ist das Elixier des Lebens.** Je mehr, desto besser.

Wenn Sie sich an diese sechs simplen Schritte halten, dann werden Ihre Gedanken schärfer, Ihr Körper gesünder und Ihre Energie wird unbegrenzt sein.

Übung: Ist es wirklich nötig, Ihr Genie zu erwecken?

Sie müssen kein Raketenwissenschaftler sein, um zu erkennen, daß es Auswirkungen auf die geistigen Funktionen hat, wenn der Körper mit Nahrungsmitteln belastet wird, die Giftstoffe enthalten. Es ist dann nur logisch, daß ein Körper, der frei von Giftstoffen ist, mehr Energie hat und einen klaren Verstand, und deswegen fähig ist, bessere Entscheidungen zu treffen.

Das erwachte Genie weiß, daß es nicht eine bestimmte Veränderung oder ein Gedanke oder eine Tat ist, die zum Erfolg führt, sondern vielmehr eine *synergistische* Lebenshaltung. Es gibt nicht den einen Gesundheitstip, der es bringt. Gleichgewicht entsteht, wenn Arbeit, Spiel und Ruhe gleichmäßig verteilt sind. Gleichgewicht im Geist schafft ganzheitliches Denken, Gleichgewicht in der Ernährung plus Körperbewegung schafft einen gesunden, heilen Körper.

Giftstoffe im Körper sind der hauptsächliche Zerstörer guter Gesundheit. Wenn Sie kleine Portionen gesunder Nahrung essen und viel reines Wasser trinken, dann halten Sie Ihren Körper von Giftstoffen frei.

Toxizität bildet sich im Körper nur, wenn Sie ständig zu viel essen und giftstoffhaltige Nahrungsmittel zu sich nehmen. Sie verbessern Ihre Chancen, giftstoffrei zu bleiben, wenn Sie regelmäßig Sport treiben oder sonstwie Ihren Körper in Bewegung halten. Bevor sich jetzt ein Seufzer Ihrer Brust entringt, lesen Sie weiter.

Forscher haben festgestellt, daß mit zunehmendem Alter etwas sehr Alarmierendes geschieht. Von 27 Jahren an beginnt unser Körper eine Spirale nach unten. Frauen verwandeln pro Jahr ungefähr zwei Pfund Muskeln in Fett, bei Männern ist es ein Pfund. Wenn Sie zu den Leuten gehören, die sagen: „Ich habe einfach nicht die Zeit, etwas für meinen Körper zu tun", dann überlegen Sie noch einmal. Ist Ihnen schon aufgefallen, daß einige Ihrer älteren Verwandten immer kleiner werden? Die Alten sind normalerweise ziemlich klein. Das liegt daran, weil die Muskeln, die einst einen starken gesunden Körper aufrechthielten, durch mangelnden Gebrauch geschrumpft sind.

Es gibt keinen Grund, warum Sie sich von Körperübungsfanatikern sagen lassen müßten, was Sie tun sollen. Machen Sie sich einen Übungsplan, der Ihnen Spaß macht. *Wenig von etwas ist besser als viel von nichts!* Haben Sie auch schon daran gedacht, etwas für Ihren Körper zu tun, haben es aber immer wieder aufgeschoben, weil Sie nicht die Zeit gefunden haben, mit einem Übungsprogramm ernst zu machen? Wenn das der Fall ist, dann lassen Sie sich sagen, daß es gar kein „Programm" sein muß. Untersuchungen zeigen, daß Spazierengehen eine der besten Übungsformen ist. Sie werden großen Nutzen aus jeder Art von Körperbewegung ziehen, die Ihr kardiovaskuläres System stimuliert. Eine einfache Daumenregel ist: Langsam anfangen und allmählich auf 22-45 Minuten jeden zweiten Tag steigern. Natürlich können Sie auch täglich üben, aber für ein Genie ist Ausgewogenheit das allerwichtigste. Was immer Sie tun, es soll Spaß machen. Sie haben jedes Recht, sich an guter Gesundheit zu erfreuen – es ist Ihr Geburtsrecht.

Asiatische Kampfsportarten – eine Aktivität für das ganze Gehirn

Ich habe ein persönliches Interesse an asiatischen Kampfsportarten entwickelt. Ich war fasziniert von einem Artikel, der erklärte, inwiefern Taekwondo die Aktivität des ganzen Gehirns stimuliert. Nachdem ich mein Kassettenprogramm für die amerikanische Taekwondo-Gesellschaft abgeschlossen hatte, war ich so angetan von meinen Forschungsergebnissen mit einigen Schwarzgürtelträgern in meiner Gegend, daß ich selbst herausfinden wollte, was an der Sache dran war. Ich muß sagen, daß mein Training bisher meine Erwartungen bei weitem übertroffen hat. Ich finde Karate sowohl mental wie emotional lohnend, und die physische Flexibilität hält meine Muskeln und Sehnen fit.

Bei meinen Untersuchungen habe ich festgestellt, daß sämtliche Richtungen der asiatischen Kampfsportarten eines gemeinsam haben: Sie alle glauben, daß die Grundlage des Lebens Ausgewogenheit und Gleichgewicht ist. Es gibt viele Geschichten von erfolglosen Studenten, die sich aufs Karate-Training eingelassen und dabei so viel Selbstbewußtsein und Selbstwertgefühl gewonnen haben, daß sie ihre Ausbildung erfolgreich abschließen konnten. Bevor Sie irgendeiner Organisation beitreten, ist es wichtig, sich über die Motivation der Trainer zu informieren und herauszufinden, ob sie einen ganzheitlichen, auf Integrität gegründeten Ansatz haben.

Das Geheimnis der Kraft des Körpers – das betonen sämtliche Richtungen – liegt im Gleichgewicht. Ich lernte schnell, daß ich völlig ungeschützt vor Angriff war, wenn ich einen Fuß- oder Fauststoß ohne Gleichgewicht ausführte und ohne die *Reaktionskraft** zu benutzen. Als ich jedoch das Geheimnis der Reaktionskraft lernte, gewann ich selbst bei Ausführung der schwierigsten Stöße ein Gleichgewichtsgefühl. Diese gleiche Reaktionskraft wirkt auch jetzt und hier in Ihrem Leben. Manch einer liest dies und denkt: „Ich habe schon einen gesunden Körper und

* *Reaktionskraft* bedeutet die Nutzung der Gegenkraft, um den eigenen Stößen mehr Wucht zu verleihen.

ich bin jung und stark." Das ist heute wahr, aber wird es auch in zehn Jahren noch wahr sein?

Manche von Ihnen sind vielleicht nicht bereit, ein paar Minuten des Tages herzugeben, um dafür Kraft einzutauschen. Denken Sie noch einmal darüber nach und nehmen Sie den Weg des geringsten Widerstandes. Es ist leichter, einen großen Stein im Rollen zu halten, als ihn in Bewegung zu setzen. Am Anfang Ihres Körperübungsprogramms wird es Ihnen vielleicht schwerfallen, sich zu motivieren, mit der Zeit wird es Ihnen aber zur zweiten Natur.

Ich erinnere mich immer noch an die Worte meines Coaches im Ringen, der nach dem Kampf mit verschränkten Armen dastand und ungeduldig mit den Zehen klopfte, während er darauf wartete, daß ich mit dem Gewichtheben fertig würde, damit er die Halle zuschließen konnte. Jedesmal, wenn er mich aufforderte, mich zu beeilen, erinnerte ich ihn an das, was er am ersten Tag unseres Trainings gesagt hatte: *„Ein Sportler tut das, was von ihm erwartet wird, ein Champion tut ein wenig mehr."*

Er gab sich Mühe, sein breites Grinsen zurückzuhalten und ließ mir schließlich so viel Zeit, wie ich brauchte. Vielleicht liegt keine Goldmedaille für Sie in der Zukunft bereit, aber Forschungen haben gezeigt, daß Körperübung das Risiko bei den Hauptkrankheiten mindert.

Ein sehr weiser Mann (und mein Mentor) namens Dr. Gil Gilley erklärte mir einmal, was Hölle ist: Wenn die Person, die du heute bist, die Person erkennt, die du sein möchtest, und du weißt, daß du dieser Person auf deinem gegenwärtigen Lebensweg nie begegnen wirst. Und Himmel ist, wenn die Person, die du heute bist, die Person, die du sein wirst, erkennt wie einen alten Freund, und weiß, daß sie sich eines Tages auf dem Lebensweg vereinen werden. Der Sieg gehört Ihnen, wenn Sie Ihren Körper im Spiegel betrachten und sich an dem Wissen freuen können, daß Sie diesen Körper in Gesundheit und Harmonie einen weiteren Tag benutzen dürfen.

Doktor Sonnenschein

Sonnenschein gehört zur besten Medizin, die man bekommen kann; sie ist hundertprozentig natürlich und absolut kostenlos! Von allen

Heilmitteln, die erhältlich sind, wird Sonnenstrahlung wahrscheinlich am wenigsten genutzt und am meisten mißverstanden. Den Leuten wird sogar eingeredet, die Sonne wäre eine Ursache von Krebs. Dr. Jay Hoffman schreibt in seinem Buch *The Missing Link in the Medical Curriculum**: „Viele Leute schützen sich vor Sonnenlicht, weil sie Angst vor Hautkrebs haben. Das ist höchst bedauerlich, denn Sonnenlicht ist einer der größten Heiler. Wenn Ihr Blutkreislauf sauber ist und alkalisch, wenn er frei fließt und reichlich Sauerstoff zum Gewebe transportiert, dann haben Sie einen gesunden Körper und damit gesunde Haut. Ihr Gewebe muß immer 45 Prozent Sauerstoff enthalten ... Jemand, der sich fettarm ernährt, kann soviel Sonnenlicht vertragen, wie er will, und es wird ihm gut tun."

Dr. Zane Kime** hat ein ganzes Buch über das Thema Sonnenschein geschrieben. „Wenn die Sonne in der Lage ist, Luft, Wasser und Haut von Bakterien zu reinigen und das Immunsystem des Wirts zu stärken", schreibt Dr. Kime, „dann folgt daraus natürlich, daß Menschen, die regelmäßig ultraviolettem Licht ausgesetzt sind, weniger krank sind. Genau das ist das Ergebnis unserer klinischen Beobachtungen."

Sonne bedeutet Leben – sie ist die Quelle aller Energie und ist absolut unerläßlich, damit irgend etwas leben und wachsen kann. Dr. Hoffman empfiehlt ein regelmäßiges Sonnenbad von zwanzig bis dreißig Minuten, je nach Hauttyp, gefolgt von einer belebenden Dusche, die von allen Giftstoffen reinigt, die die Sonne aus dem Körper herausgezogen hat.

Bei gesunder und fettarmer Ernährung und reichlich Bewegung gibt es keinen Grund, die Sonnenstrahlung zu fürchten. Wenn Sie hinausgehen und die frische Luft und die Sonne genießen, dann tun Sie etwas für Ihre Gesundheit, sowohl physisch wie geistig, und für Ihre Langlebigkeit.

---

* Dr. Jay Hoffman: *The Missing Link in the Medical Curriculum, which is Food Chemistry in its Relationship to Body Chemistry.* Professional Press Publishing Company, Valley Center, California 1981.

** Zane R. Kime: *Sunlight Could Save Your Life.* World Health Publications, Penryn, CA 95663, 1980.

Schlaf = Regeneration

Wir leben in einer hektischen Welt – so hektisch, daß Millionen von Menschen nicht genug Schlaf bekommen. Um ihre Erschöpfung zu überwinden, trinken sie, um einen kleinen Kick zu bekommen, koffeinhaltige Getränke und zwingen so den Körper, über seine Kräfte zu leben, wodurch die Erschöpfung nur tiefer wird. In der Tat ein hübscher Teufelskreis, und zwar einer, der Ihre Gesundheit zerstören kann. Wir unterliegen alle gewissen Gesetzen der Natur, und Sie können nicht erwarten, in den Genuß von Gesundheit zu kommen, wenn Sie sie ignorieren. Nach Arbeit oder Körperbetätigung brauchen Sie tiefen Schlaf zur Regeneration.

Das Genie weiß, daß Schlaf eine Zeit ist, in der der Körper geheilt und der Geist erfrischt wird. Genies lernen, ihre Zeit so einzuteilen, daß Zeit für Ruhe bleibt, anstatt sich ein Pensum aufzuerlegen, das sie überfordert und erschöpft. Sie wissen, daß es zur Erschöpfung führt und Erfolg verhindert, wenn sie von einem Ort zum nächsten rasen. Der brillante Geist ist sich immer klar darüber, welch eine Quelle des Wohlbefindens tiefer, friedvoller Schlaf ist.

Das Genie legt seinen Körper ins Bett und sorgt dann für ein Optimum an tiefem, erneuerndem Schlaf. Um die Frucht eines guten Nachtschlafs zu ernten, geht das Genie mit leerem Magen zu Bett. Es ist wahr, daß man von einer großen Mahlzeit zunächst schläfrig wird, aber der volle Magen kann später Ihren Schlaf stören. Nach einer kräftigen Mahlzeit werden Sie oft müde, weil das Blut vom Gehirn in den Magen gelenkt wird. Später jedoch, wenn es Zeit für Tiefschlaf ist, dann werden Sie vielleicht unruhig und fühlen sich nicht wohl, weil der Verdauungsprozeß nach Mitternacht zum Erliegen kommt, obwohl der Magen voll ist. Mit leerem Magen ins Bett zu gehen, wird Ihnen normalerweise tiefen, guten Schlaf bescheren, so daß sieben oder acht Stunden genügen. Nach einem herzhaften Essen ins Bett zu gehen, kann jedoch dazu führen, daß Sie zehn oder mehr Stunden brauchen. Genies wissen, daß sie am besten schlafen, wenn der Magen fast leer ist.

Deepak Chopra beschreibt in seinem Buch *Quantum Healing** das sanfte Aufwachen: „... der Körper wird morgens nicht durch einen schrillen inneren Alarm geweckt, sondern durch eine Serie aufeinanderfolgender Signale, zuerst mild, dann zunehmend stärker, die uns stufenweise aus dem tiefen Schlaf heben." Falls Sie also nicht genug Schlaf bekommen haben und vom Klingeln eines Weckers geweckt werden, dann wird Ihr Körper mit Unlust und Benommenheit aufwachen, die Sie vielleicht den ganzen Tag spüren.

Sie fragen sich vielleicht: Woher weiß ich, wieviel Schlaf ich brauche? Wie kann ich jeden Morgen von selbst aufwachen, wenn ich schon um acht Uhr in der Schule / bei der Arbeit sein muß?

Das Schlafbedürfnis ist bei jedem anders. Manche kommen mit nur fünf Stunden aus, andere brauchen neun oder noch mehr. Sie können Ihr Schlafbedürfnis ermitteln, wenn Sie ein paar Tage vor sich haben, an denen Sie nicht zu einer bestimmten Zeit aufstehen müssen. Gehen Sie an diesen Tagen früh zu Bett und schlafen Sie, bis Sie aufwachen; zählen Sie dann die Stunden, die Sie geschlafen haben. Machen Sie das mehrere Nächte, so daß Sie nach der zweiten oder dritten Nacht Ihren Schlafmangel ausgeglichen haben und jetzt feststellen können, wieviel Schlaf Sie wirklich brauchen. Wenn Sie Ihre Stundenzahl festgestellt haben, dann können Sie dafür sorgen, daß Sie so rechtzeitig ins Bett gehen, daß Sie von allein aufwachen und frisch und voller Energie an Ihre Tagesaktivitäten gehen.

Für ein erwachendes Genie ist es wichtig, seinen Körper gut kennenzulernen – seinen Rhythmus, seine Muster und Bedürfnisse. Denken Sie daran, es ist Ihr Körper, durch den Sie sich ausdrücken. Die Kombination von gesunder Ernährung, Körperübung, Ruhepausen und Erholung wird Sie zu einer gesunden, ausgeglichenen Person machen – und das ist wahres Genie!

* Deepak Chopra: *Quantum Healing*. Bantam, Doubleday, Dell Publishing Group Inc., New York 1989.

„Der Arzt der Zukunft wird keine Medizin verabreichen, sondern wird das Interesse des Patienten auf die menschlichen Rahmenbedingungen richten, was Ernährung angeht und die Ursachen und die Vorbeugung von Krankheit.“
– Thomas A. Edison

Neun
Das Körper-Genie

Ich erinnere mich immer noch an jenen heißen Augustmorgen: Aufstehen bei Tagesanbruch, bereit für eine Woche Training im Fußballcamp der Universität von Michigan. Ich hatte fast den ganzen Sommer damit zugebracht, unser Haus zu streichen, um das Geld für die Teilnahme zu verdienen. Ab und zu kamen meine Kumpel vorbei, hingen am Fuß der Leiter herum und versuchten mich davon zu überzeugen, daß ich meine Zeit und mein Geld verschwendete. „Laß es gut sein, Porter, du bist doch schon so gut im Fußball, wozu brauchst du da noch eine Woche Training?"

Um die Wahrheit zu sagen, ich wußte auch nicht, was mich erwartete, aber alle meine Zweifel waren schon kurz nach meiner Ankunft wie weggewischt. Schon am Vormittag wurde es brütend heiß, aber ich kümmerte mich wenig darum. Während wir Dehnübungen machten, brachte uns der Coach eine Visualisationstechnik bei. Er führte uns in der Imagination in die Laufform hinein, die er später am Tag demonstrieren wollte. Das ist toll, dachte ich, vielleicht war mein Vater gar nicht so daneben, als er immer darüber geredet hat, daß man seinen Geist benutzen muß. Ich stellte bald fest, daß trotz aller Leichtigkeit, mit der man im Geist Bewegungen ausführte, es doch Übung brauchte, bevor der Körper es genauso gut konnte.

In diesen ersten Tagen meisterte ich die Lauftechnik erst im Geist und dann mit dem Körper. Es wuchs ein Selbstvertrauen in mir, das nicht zu beschreiben ist. Als ich den Coach nach diesen neuen Empfindungen fragte, antwortete er mit einem breiten Lächeln: „Klingt so, als hättest du dein *Spielgesicht* gefunden, Porter. Gut gemacht."

Kämpfen oder fliehen

Welche Rolle spielt der physische Körper beim Programmieren von Genie-Verhalten, bzw. beim Aufrechterhalten der alten Programme? Eine große.

Ihr Körper ist von Ihrem Geist trainiert worden, auf Situationen im Leben zu reagieren. Das wird in der Literatur als das „Kampf oder Flucht-Syndrom“ beschrieben.

Gelegentlich sind wir alle mit Situationen konfrontiert, die zu groß oder zu komplex scheinen, um mit ihnen umgehen zu können. Die meisten Leute reagieren dann entweder mit Kampf, indem sie alles Erdenkliche tun, um die Situation zu ihren Gunsten zu verändern, oder sie fliehen aus der Situation, indem sie sich einen bequemen Ausweg suchen, zum Beispiel durch Drogen oder Alkohol.

Aber für Genies gibt es immer andere Optionen! Sie wissen, daß eine das Wachstum fördernde Lösung in ihrer Reichweite ist, vielleicht nur um die Ecke. Das sind die Leute, die wissen, daß Situationen nicht immer das sind, als was sie erscheinen. Sie sind sich immer bewußt, daß die Mißlichkeiten, in denen sie sich befinden, auf ihrer Wahrnehmung der Wirklichkeit beruhen, nicht auf der Wirklichkeit selbst. Wenn es Zeit für eine neue Wahrnehmung oder eine neue Verhaltensweise ist, dann gibt sich das Genie Rechenschaft über seine gegenwärtige Reaktion auf die Situation, sei es mit Angst, Enttäuschung oder Besorgnis, und beginnt dann einen Prozeß der Visualisation, um ein neues Konzept oder eine neue Sichtweise zu schaffen und eine effektivere Weise, damit umzugehen.

Die Zeitmaschine

Angenommen, Sie könnten in eine Zeitmaschine einsteigen und in die zweite Klasse zurückgehen. Sie werden durch die Zeit transportiert, aber Sie dürfen alles Wissen mitnehmen, das Sie heute haben. Wie würde es Ihnen gehen? Die Arbeit würde Ihnen wahrscheinlich recht einfach vorkommen. Sie würden sich vielleicht sogar fragen, warum die anderen Kinder nicht zu Tränen gelangweilt sind.

Wie wäre es, wenn Sie der Zukunft mit derselben Einstellung begegnen würden? Sie könnten mit Ihrer Zeitmaschine in die Zukunft reisen und sich vorstellen, daß Sie bereits die Erfahrung gemacht haben, anders und angemessen zu handeln. Und dann, nur um sicher zu gehen, sehen, hören und erleben Sie diese Situation auf fünf unterschiedliche Weisen, so daß Sie auf jede Möglichkeit vorbereitet sind, wenn Sie dort ankommen. Das ist dann alles ein alter Hut für Sie – als würden Sie in die zweite Klasse zurückversetzt.

Können Sie sich vorstellen, welche Flexibilität dadurch entstehen würde? – die übrigens ein weiterer Schlüssel zur Genialität ist. Denken Sie nur, welche Ressourcen dadurch im Lagerhaus Ihres Geistes geschaffen würden. Sie verfügen jetzt über viele neue Erfahrungen, aus denen Sie Informationen ziehen können, weil der Geist keinen Unterschied kennt zwischen dem, was „real" ist oder imaginiert. Es ist eine allgemein bekannte Tatsache, daß dieselben Neurokanäle feuern, ob die Szene nun real ist oder sich nur in der Vorstellung abspielt. Das ist ein wichtiges Element von Genialität und könnte erklären, warum so viele Genies mit einem Problem ins Bett gehen und feststellen, daß ihnen der nächste Tag die Lösung bringt.

Könnte es möglich sein, daß unser inneres Genie niemals schläft, vielmehr auf einer Ebene weit jenseits unseres Bewußtseins und rationalen Verstehens arbeitet, sofern es richtig motiviert wird? Ich bin zu dem Schluß gekommen, daß das ganz eindeutig der Fall ist.

Es war eine unglaubliche warme Märznacht in Phoenix. Obwohl das Thermometer oft über dreißig Grad hinausging, weigerte sich meine

Mutter, die Klimaanlage anzustellen, bis es, wie sie sagte, „richtig Sommer“ war. Es war sehr spät, als ich ins Wohnzimmer kam und vorsichtig an den schlappen schwitzenden Körpern vorbeiging. Meine jüngeren Brüder und Schwestern waren im grünlichen Flimmern des Fernsehers alle eingeschlafen. Als ich den Kasten abstellte, schoß mein Bruder John, der damals ungefähr zwölf Jahre alt war, nach oben und begann laut zu sprechen.

Ich konnte der Versuchung nicht widerstehen, ihn dazu zu bringen, mit mir im Schlaf zu kommunizieren. Was ich dabei erlebte, überraschte mich sehr und ihn sogar noch mehr.

„John“, fragte ich, „was machst du?“

„Mathe“, antwortete er ganz sachlich.

Ich war erstaunt von seiner Antwort. Es war ein Samstagabend und er hatte mehrere Stunden vor dem Fernseher geschlafen. Auf dem Couchtisch lag ein Block und ein Bleistift, und ich nahm beides und machte Notizen.

„An welchen Aufgaben arbeitest du?“ fragte ich.

Er gab mir diverse Antworten, die ich damals nicht verstand.

„John“, fragte ich, „ist irgend jemand da, der dir bei deinen Matheaufgaben hilft?“

„Ja“, sagte er. „Er ist zwei Meter groß und hat grüne Haut“, er zögerte und fügte dann hinzu, „und er trägt einen silbernen Raumanzug.“

John hatte schon immer mit Begeisterung Science Fiction gelesen. Als ich ihn also fragte, wer das sei, nannte er einen futuristischen Namen. Bei vielen Familientreffen war Johns „riesiger außerirdischer Lehrer“ die Zielscheibe zahlreicher Witze.

Die erstaunlichste Offenbarung war, als wir entdeckten, daß alle die Antworten, die mir John im Schlaf gegeben hatte, Lösungen zu Problemen waren, die im nächsten Kapitel seines Mathematikbuches drankamen. Später, als John und ich darüber sprachen, was geschehen war, sagte er, daß ihm nicht bewußt war, daß er im Vorgriff lernte. „Es fällt mir einfach leicht“, sagte er.

Sein genialer Geist benutzte einfach die Schlafenszeit, um ihn für einen weiteren Erfolg vorzubereiten.

Albert Einstein entwickelte seine eigenen Methoden des beschleunigten Lernens. Er neigte dazu, sich auf seinen eigenen Geist zu verlassen, wenn er Antworten auf Fragen oder Lösungen zu Problemen suchte. Einen solchen Lernprozeß machte er sich bei seinen „Katzennickerchen" zu nutze. Er arbeitete mit vollem Einsatz, bis er zu einem Punkt kam, an dem er steckenblieb. Dann schlief er mit dem Auftrag an seinen Geist, nach neuen Möglichkeiten zu suchen, so daß er seine Arbeit nach dem Aufwachen in eine erfolgversprechende Richtung fortsetzen konnte. Selbst im Tiefschlaf nutze er sein Genie zur Problemlösung.

Nehmen Sie sich, bevor Sie abends ins Bett gehen, einen Augenblick Zeit und schreiben Sie alle Fragen auf, zu denen Sie Antworten möchten, oder Probleme, für die Sie eine Lösung suchen. Am Anfang ist es wichtig, die Fragen und Probleme wirklich aufzuschreiben, um das, was Sie suchen, in den anders-als-bewußten Geist zu programmieren. Dieser Vorgang wird schnell zu einer Gewohnheit werden, und bald werden Sie die Fragen nicht mehr aufschreiben müssen.

Stellen Sie sich nur vor, wie sich Ihr Leben wandeln wird, wenn Sie einfach Ihren anders-als-bewußten Geist einspannen, Ihnen Träume zu bringen, die zu Erfolgsprogrammen, Antworten und Lösungen führen. Sie würden erleben, was *Quantum-Learning* ist.

Zehn
Quantum Learning

Sind Sie auf den nächsten Evolutionsschritt vorbereitet? Sind Sie bereit, den Unterschied kennenzulernen zwischen allem, das bisher für Sie Wahrheit gewesen ist, und allem, das für Sie *wahr sein wird*? Wenn ja, dann werden Sie vielleicht verstehen, welche Beziehung zwischen den *kleinen* Veränderungen besteht, die Sie in der Schule und zu Hause vornehmen und den *großen* Wirkungen, die das auf das Erwachen Ihres Genies hat – ähnlich wie die Pioniere, die 1905 zum ersten Mal Einsteins Relativitätstheorie hörten und sehr verwirrt waren.

Einst hielt man das Atom für das kleinste Teilchen der Materie. Das Wort Atom stammt aus dem Griechischen und heißt „unfähig zur weiteren Teilung". Heute sagt uns die Wissenschaft, daß Atome aus winzigsten Materieteilchen bestehen, die in einem riesigen leeren Raum mit Lichtgeschwindigkeit herumschwirren. Dieser leere Raum ist mit dem äußeren Raum verglichen worden. Relativ gesehen ist der Abstand zwischen zwei Elektronen größer als der zwischen Erde und Sonne. Mit einem Mal werden wir in die *Quanten-Wirklichkeit* hineingeworfen.

Das Wort *quantum* kommt aus dem Lateinischen und bedeutet: „Wieviel?" Ein Quantum von irgend etwas ist seine kleinste Energieeinheit. In der Quantenphysik kann das Licht, Elektrizität oder irgendeine andere Energie bedeuten, die überhaupt existieren kann – Sie selbst eingeschlossen! Viele Menschen finden die Quantenphysik unbegreiflich, weil sie alles aus den Angeln hebt, was wir als die „wirkliche" Welt wahrnehmen. Es gibt keine feste Materie in der Quantenwelt. Der Skeptiker fragt: „Wie ist das möglich? Ich kann doch einen Tisch berühren und ich kann meinen Arm ausstrecken und dich berühren!" Die Wahrheit ist, daß die Festigkeit eines Tisches oder des menschlichen Körpers eine Illusion ist. Es ist die Begrenzung unseres Seh- und Berührungssinnes, die uns daran hindert, diese Quantenwelt wahrzunehmen.

Die Theorie des *Quantum-Learnings* befaßt sich mit dem kleinen, aber wahrscheinlich am meisten vernachlässigten Element des Lernens, nämlich dem *Wie* des Lernens. Große Gelehrte haben Tausende von Stunden, Schweiß und wahrscheinlich Tränen investiert, um die hervorragenden Kurse zu entwickeln, die in unseren Schulen gelehrt werden. Und doch scheint es, als gäbe es nur wenige Pioniere unter den Lehrern, die ernsthaft versuchen, die so geheimnisvoll scheinende Frage zu lösen: Warum haben so viele Kinder (und Erwachsene) so große Schwierigkeiten beim Lernen?

Aber es ist kein großes Geheimnis. Das wirkliche Problem liegt in der Tatsache, daß sich kaum einer wirklich die Zeit nimmt, den Schüler zum Lernen zu motivieren. Quantum-Learning meint Lernmuster und Lerntechniken, die darauf abzielen, eine Beziehung zum inneren Genie herzustellen – dem Teil des Geistes, der bereit ist, leicht aus Büchern zu lernen, ja sogar augenblicklich, wenn er in den richtigen Zustand versetzt wird.

Lassen Sie uns auf eine kleine Reise gehen zu einem Ort, der *Verstehen* heißt. Sie steigen in das neueste NASA-Modell einer fliegenden Untertasse ein und machen sich zum Abheben bereit. Stellen Sie sich vor, daß Sie jetzt einen bewohnten Planeten besuchen werden, der gerade in einem anderen Sonnensystem entdeckt wurde. Dieses Solarsystem befindet sich in einer entfernten Galaxie und gehört einem Raum-Zeit-Kontinuum an, das sich von dem unseren auf der Erde vollkommen unterscheidet. Niemand kennt Ihre Sprache und Ihre Gebräuche, und Sie wissen nichts von den dortigen.

Beim Eintauchen in die neue Galaxie gibt es einen plötzlichen, gleißenden Lichtblitz. Sie wissen sofort, daß Sie Ihre Augen, Ohren oder sonstige Teile Ihres Körpers nicht mehr benutzen können. Ihr Körper fühlt sich plötzlich sehr merkwürdig an, nicht wirklich unangenehm, nur anders, und Sie fragen sich, warum Sie sich nicht mehr so anfühlen wie sonst.

Nachdem die NASA-Untertasse sanft auf dem Planeten gelandet ist, werden Sie von zwei Wesen weggetragen, deren einzige Aufgabe es ist,

Ihnen zu helfen, mit der neuen Umgebung zurechtzukommen und zu lernen. Diese beiden Helfer sind hochqualifiziert. Sie haben vieles von dem, was jetzt auf Sie zukommt, schon durchlebt.

Ihnen wurde nie gesagt, daß etwas Sonderbares geschehen würde, als Sie aber in dieser entlegenen Welt ankommen, vergessen Sie augenblicklich und vollständig, woher Sie kommen, und erinnern sich nicht an Ihre Mission. Alles, was Sie wissen, ist das, was Ihnen Ihre Führer sagen. Es erweist sich als recht leicht, sich auf dieses neue Leben einzulassen, weil Ihre Führer sehr fürsorglich sind und Sie mit Liebe und Aufmerksamkeit überschütten.

Mit der Zeit lernen Sie, durch Ihre neuen Augen zu sehen und beginnen, Ihre neue Umgebung zu kategorisieren und Ihrer Erinnerung einzuprägen. Ihnen fällt auf, daß die Wesen auf diesem Planeten ihren Mund gebrauchen, um Geräusche hervorzubringen, und daß die anderen Wesen irgendwie zu verstehen scheinen, was das alles heißt. So beginnen Sie wiederum mit dem Prozeß der Kategorisierung und des Erinnerns, diesmal geht es um Laute und deren Bedeutung. Manchmal stimmt es und manchmal ist es falsch, aber mit der Zeit beginnen Sie, diese ganzen Geräusche zu verstehen und lernen sogar, selbst ein paar Worte zu äußern. Dann merken Sie eines Tages, daß Ihre Führer vor Glück strahlen, wenn Sie diese Laute hervorbringen. Sie entschließen sich, mehr zu lernen und werden jeden Tag besser im Äußern dieser Laute. Wenn Ihre Führer glücklich sind, macht Sie das auch irgendwie glücklich.

Während Sie die Welt entdecken, lernen Sie auch, ihren neuen Körper zu benutzen, der Ihnen beim Eintritt ins Sonnensystem zugelegt wurde. Sie schauen aus Ihren Augen heraus und bemerken, daß alle anderen leicht auf ihren drei Füßen herumlaufen können und viele Aufgaben mit ihren vier Armen bewältigen. Langsam beginnen Sie, mit Ihrem neuen Körper zu experimentieren.

Ihre Führer haben jetzt entschieden, daß es an der Zeit ist, Sie selber essen zu lassen. Obwohl Sie herumkleckern und sich für eine Existenz mit vier Armen völlig unvorbereitet fühlen, lernen Sie bald, wie Sie die Nahrung zu einem Ihrer Münder hinaufmanövrieren. Sie haben übrigens zwei Münder, und es fällt Ihnen leicht, mit beiden Laute von sich zu geben.

Gerade als Sie Routine zu entwickeln beginnen, beschließen Ihre Führer, daß es an der Zeit ist, Sie in die Schule zum Lernen zu schicken. Vielleicht tun Sie sich jetzt selbst leid und blicken überhaupt nicht mehr durch. Sie sind erst seit ein paar wenigen kurzen Jahren hier und sollen jetzt bereits eine völlig fremde Kultur verstehen! Die Führer sind dazu da, Ihnen Sicherheit zu geben, und da sie so begeistert zu sein scheinen, entschließen Sie sich mitzuspielen. Als Sie in der Schule ankommen, geschieht etwas Wunderbares – Sie stellen fest, daß da viele andere genau wie Sie sind. Sie haben alle das Gleiche durchgemacht wie Sie; sie haben gelernt, ihren Körper zu benutzen und Geräusche von sich zu geben, die ganz ähnlich klingen wie die Ihren. Alle zusammen bekommen jetzt einen Führer, und den nennt man „Lehrer".

Zuerst macht es richtig Spaß. Sie dürfen Spiele spielen und draußen unter der Wärme von zwei Sonnen herumrennen, aber einer der „Lehrer" gibt Ihnen ein Buch. Wenn Sie auf die Seiten herunterschauen, dann sehen Sie nur „э;λφλ;ϕκποα∀". So etwas haben Sie überhaupt noch nie gesehen! Dann erklärt der „Lehrer", daß Sie nur ein paar Monate Zeit bekommen, um diese geschriebene Sprache zu lernen. Plötzlich erscheint das Leben in dieser neuen Welt so unfair ...

Auf diesem Planeten, einem Ort, der so ganz anders ist, als die Welt, in der Sie auf der Erde lebten, fangen Ihre Probleme gerade erst an und werden wahrscheinlich schlimmer und schlimmer werden, wenn Sie das Leben weiter als schwierig und unfair betrachten. – Wir wollen hier aufhören. Ich möchte mit Ihnen an einen realen Ort in realer Zeit zurückkehren.

Als Sie geboren wurden, kamen Sie in eine völlig neue Welt. Sie verfügten über keine Information, die Ihnen half zu lernen oder zu verstehen. Wären da nicht Ihre Eltern gewesen, dann hätten Sie nicht einmal eine Woche überlebt. Gemessen an der Menge der Information, die Sie als Kind lernen mußten, ist die Tatsache, daß Sie überhaupt etwas gelernt haben, wirklich ein Wunder. Dieses fortdauernde Wunder meine ich, wenn ich davon spreche, daß Sie Ihr Genie erwecken. Selbst der

Agnostiker* muß zugeben, daß etwas, das weit größer als sein Bewußtsein ist, seine Gedanken in Ordnung hält. Wer immer dieser Meister sein mag, er ist jedenfalls nichts Geringeres als das *Super*bewußtsein. Wie schließen wir uns also an diese Quantenmenge von Information an? Folgen Sie einfach den Schritten, die in diesem Kapitel dargelegt werden.

In den Alpha-Zustand gehen

Wie in Kapitel vier erklärt wurde, ist es der Zweck von Alpha, das Gehirn in einen positiven entspannten Zustand zu bringen. Es ist bewiesen, daß Genies wie Einstein vorzugsweise im Alpha-Zustand operieren. Einstein hatte die Fähigkeit, mit unheimlich wenig Schlaf auszukommen. Sechs oder sieben Mal am Tag machte er seine sogenannten „Katzennickerchen" von zehn oder fünfzehn Minuten.** Mittlerweile ist entdeckt worden, daß das Gehirn auf der Alpha-Ebene unfähig ist, Zeit wahrzunehmen. Einstein konnte sein Gehirn und seinen Körper davon überzeugen, daß er nicht mehr Schlaf brauchte.

Im zweiten Weltkrieg wurden Kampfpiloten besonders darin ausgebildet, mit sehr wenig Schlaf auszukommen. Man gab ihnen einen Löffel und einen Blechteller in die Hand und sagte ihnen, daß der Körper nur soviel Zeit zum Schlafen brauchte, wie es dauerte, bis sie den Löffel fallen ließen. Wenn er auf den Blechteller fiel, wachten sie vom lauten Geräusch auf. Das sind nur zwei Beispiele dafür, wie der Alpha-Zustand in der Vergangenheit genutzt wurde.

Ein anderer Vorteil des Alpha-Zustandes besteht darin, daß die Kreativität im entspannten Zustand zunimmt. Untersuchungen über die

---

* In diesem Zusammenhang werden Agnostiker als Menschen definiert, die glauben, daß die Ursprünge unserer Welt und der Existenz als solcher jenseits des Wissens und Verstehens der Menschheit liegen.

** Das entspricht in etwa dem Rhythmus, den Ernest Rossi in seinem bahnbrechenden Buch *20 Minuten Pause* (Junfermann, Paderborn [3]1995) als ultradianen Rhythmus bezeichnet und dessen Berücksichtigung im Alltag die Grundlage für ein ausbalanciertes Leben und einen optimalen Lernzustand bildet. Anm. d. Verlags

Wirkung von Musik haben gezeigt, daß Barockmusik die Entspannung sehr fördert, weil sie Alpha-Wellen im Gehirn erzeugt. Es ist auch festgestellt worden, daß das Aufnahmevermögen steigt, wenn der Lernstoff mit leiser, entspannender Musik aufgenommen wird. Die Autoren des Buches *Superlearning** sagen uns, daß das Erinnerungsvermögen dramatisch zunimmt, wenn jemand lernt, durch den Gebrauch von Musik im Alpha-Zustand zu lernen. Diese Theorie ist vielfach überprüft und immer bestätigt worden.

Wenn Sie das nächste Mal bei Ihrem Arzt oder Zahnarzt im Wartezimmer sitzen, dann achten Sie darauf, welche Art von Hintergrundmusik gespielt wird. Es ist fast immer eine beruhigende, entspannende Instrumentalmusik. Mediziner wissen, wie wichtig es ist, ihre Patienten in einem entspannten Zustand zu halten. In den Alpha- und Theta-Zuständen läßt man Angst und Frustration hinter sich, und statt dessen kommen Gefühle von Frieden und tiefer Erholung auf. Draußen in der Natur zu sein, ist auch eine gute Einladung an den Geist, sich auf die Alpha-Ebene zu begeben.

Sie haben sich vielleicht schon gefragt, wie Sie es als Kind bloß geschafft haben, eine solche Menge an Verhaltensweisen und Einstellungen ohne Anstrengung zu lernen. Forscher haben festgestellt, daß Kinder überwiegend im Alpha-Zustand sind und nur selten in Beta. Vielleicht heißt es deswegen so oft, daß Kinder wie Schwämme sind, die alles ohne Urteil aufsaugen.

An einem der für Phoenix typischen Sonnentage kam Tanya, unsere Empfangsdame, mit einem höchst verwunderten Gesichtsausdruck in mein Arbeitszimmer. Sie reichte mir eine Notiz und blieb stehen. Ihre Augen suchten oben und unten und rechts und links nach der bestmöglichen Erklärung für die Nachricht, die Sie mir gerade überreicht hatte. Ich schaute auf den Zettel und fragte mich, was daran ungewöhnlich sei. Es schien klar, daß jemand mit Namen „Ricardo“ angerufen hatte und

---

* Sheila Ostrander, Nancy Ostrander, Lynn Schroeder: *Leichter lernen ohne Streß (Superlearning)*. Goldmann, München.

wissen wollte, ob wir ihm helfen konnten, eine Sprache zu lernen. Schien mir das Übliche zu sein. Dann fand Tanya ihre Stimme wieder.

„Da hat ein Klient angerufen ... sein Name ist Ricardo ... er fragte, ob wir ihm helfen könnten, eine Sprache zu lernen. Aber als ich gesagt habe, ja, wir haben Leuten schon geholfen, neue Sprachen sehr schnell zu integrieren, sagt er mir, er könne die Sprache schon! Ich habe ihn also gefragt, was er dann von uns wolle, und er sagte, daß wir ihm helfen sollen, eine Sprache zu lernen." Sie zögerte. „Ich sagte dann: Ich werde es an den Doktor weitergeben, und der ruft sie zurück." Sie rollte mit den Augen, drehte sich auf dem Absatz um und ging zum Empfang zurück. Tanya schien überzeugt zu sein, daß dieser Mann nicht ganz dicht war.

Ich ging zum Telefon und wählte die Nummer, die auf dem Zettel stand. Ein Mann mit einem angenehmen spanischen Akzent meldete sich. Ich verlangte Ricardo, und sogleich war eine andere männliche Stimme mit einem leichten spanischen Einschlag am Telefon. „Hier ist Ricardo", sagte er.

Ich hörte genau zu, als Ricardo seine ungewöhnliche Geschichte erzählte. Ricardo war Sänger. Er war in den spanischsprechenden Ländern sehr berühmt und konnte auf Spanisch wunderbar singen. Da er jedoch im englischsprachigen Phoenix aufgewachsen war, hatte er das Konversations-Spanisch völlig vergessen. Ricardos schwierige Lage interessierte mich, so daß ich einwilligte, ihn im Laufe der Woche in seinem Haus aufzusuchen.

Ich fuhr eine geschwungene Auffahrt zu einem exquisiten Haus hinauf. Der Kies knirschte unter meinen Sohlen, als ich durch einen gepflegten Garten zum Eingang seines Aufnahmestudios ging. Ich war beeindruckt von der geschmackvollen Gestaltung von Haus und Garten und wunderte mich deswegen nicht, als ich von einer freundlichen Haushälterin begrüßt wurde, die mich ins Studio führte.

Ricardos Aufnahmestudio war der Grund, warum wir uns hier und nicht in meiner Praxis trafen.

Als ich im Raum herumschaute, wußte ich sofort, daß alles da war, was wir brauchten, um ihn die Erfahrung machen zu lassen, die ich geplant hatte.

Wegen der Art der Lernblockade schien es mir nötig, Ricardo zu fragen, wie es dazu gekommen war, daß er Spanisch singen, aber nicht sprechen konnte. Ricardo antwortete auf meine Frage ohne Umschweife. „Als ich noch klein war, zog meine Familie von Mexico City nach Phoenix um. In der Schule hänselten mich all die anderen Kinder, weil ich Spanisch sprach. Ich weiß eigentlich nicht warum, aber viele von ihnen waren gnadenlos in ihrem Spott. Immer wieder endeten diese kindischen Spiele in Kämpfen."

Während ich Ricardos Geschichte zuhörte und der Art, wie er sprach, hätte ich nie geglaubt, daß er so schön auf Spanisch singen konnte. Er hatte es fast geschafft, seinen Akzent ganz zu verbergen. Nur ab und zu kam die spanische Intonation durch und nur bei bestimmten Worten. Bei der Diskussion seiner Schwierigkeiten wurde mir klar, daß er als Kind geglaubt hatte, man halte ihn für dumm, wenn er Spanisch sprach.

Ich fragte Ricardo, ob ich ihn in eine Tiefenentspannung hineinführen dürfe. Ich erzählte ihm von den Alpha- und Theta-Gehirnwellen und teilte ihm mit, daß 75 Prozent meiner Klienten, die stottern, in einem tiefentspannten Zustand perfekt sprechen können. Im Zustand der Entspannung konnte er sich an die Erfahrung erinnern, die ihn dazu gebracht hatte, sein Erbe auszuschlagen: Spanisch zu singen, es aber niemals zu sprechen.

Seine Familie hatte sehr viel mit der Kriche und dem Kirchenchor zu tun. Die Gottesdienste wurden auf Spanisch gehalten und alle Lieder auf Spanisch gesungen. Ricardo wußte schon sehr früh, daß er zu den Besten gehörte. Wenn er sang, wurde ihm Achtung entgegengebracht und seine inspirierende melodische Stimme gelobt.

Er erinnerte sich jetzt an einen ganz bestimmten Tag, als er von der Chorprobe in Hochstimmung nach Hause ging. Er hatte ein persönliches Gelübde abgelegt: Englisch zu meistern und Spanisch nur noch zu singen. Das würde, dessen war er sich gewiß, alle seine Probleme lösen, und tatsächlich funktionierte es eine Zeitlang. Er war alt genug, um immer weniger Zeit zu Hause zu verbringen und immer mehr mit seinen englischsprachigen Freunden. Er fühlte sich akzeptiert, als er lernte, so zu sprechen wie seine Freunde, und Spanisch konnte er in der Kirche singen und dabei seinem Herzen freien Lauf lassen.

Mit zunehmendem Alter wurde Ricardo in der Spanisch sprechenden Gemeinschaft immer bekannter. Die meisten seiner amerikanischen Freunde waren andere Wege gegangen, und er stand mehr und mehr im Licht der spanischen Öffentlichkeit. Er merkte bald, daß er sich in ein Dilemma gebracht hatte. Er konnte Spanisch verstehen und es mit Inbrunst singen, aber er sprach es miserabel.

Ich wurde gerufen, weil Ricardo eine Mexiko-Tournee vor sich hatte und zu mehreren Radiosendern eingeladen war. Der Kreis hatte sich geschlossen: Wieder war er da angekommen, wo er als Kind gestartet war – er fürchtete, in den Ohren der spanischsprechenden Öffentlichkeit als Ignorant zu gelten. Das war kein Zufall. Schließlich ist das Gesetz des Geistes das Gesetz des Glaubens. Ricardos Kindheitserfahrungen hatten ihn davon überzeugt, daß Spanisch sprechen Schmerz bedeutete.

Als ich Ricardo später die Tonbandaufnahme von unserer ersten Sitzung vorspielte, hörte sich Ricardo fließend Spanisch sprechen, während er in einem entspannten Alpha-Zustand war. Ricardo war hoch erstaunt, seine eigene Stimme klar und deutlich in seiner Muttersprache zu vernehmen, mich allerdings verwunderte das gar nicht, denn ich wußte, daß ein entspannter Alpha-Zustand der optimale Lernzustand ist. Eine der größten Blockaden beim Lernen von etwas Neuem ist, wenn angstbesetzte Erfahrungen aus der Vergangenheit die natürliche Fähigkeit, im Fluß der Erfahrung zu bleiben, erstarren lassen.

Ich hatte noch mehrere Sitzungen mit Ricardo. In nur wenigen Wochen konnte er in einem wachen und bewußten Zustand fließend und natürlich Spanisch sprechen. Ich freute mich zu hören, daß seine Tournee erfolgreich war, nicht nur auf der Bühne, sondern auch bei den Interviews. Er erzählte später, daß er vor Beginn der Radiointerviews sich innerlich die Worte „ruhig und entspannt“ vorsagte (natürlich auf Spanisch), die ihn sofort in den entspannten Zustand brachten. Jetzt war er in der Lage, frei zu sprechen und sogar Spaß mit dem Interviewer zu haben. Ricardo hatte sich in den optimalen Lernzustand gebracht. Wie das geht, lernen Sie jetzt als nächstes.

Jeder hat das Potential, so gut wie alles zu lernen – vom ABC bis zu einer fremden Sprache; von 2 plus 2 bis zu einem neuen Computersystem. Mein Vater hatte da eine schöne kleine Geschichte, die er oft in Seminaren erzählte, um seine Absicht deutlich zu machen:

Fred hatte einen Sohn namens Bill, der in der Schule Spanisch lernte. Bei einem Elternabend teilte der Lehrer dem Vater mit, daß er glaube, Bill sei nicht intelligent genug, um Spanisch zu lernen. Fred verließ den Elternabend, um nach Hause zu gehen, und war traurig über seinen Sohn. Plötzlich blieb er stehen, dachte einen Augenblick nach und ging zum Lehrer zurück. „Ich glaube, daß alles in Ordnung sein wird mit Bill", sagte Fred, stand groß vor dem Lehrer und schaute ihm gerade in die Augen, „lehren Sie ihm Spanisch einfach so, wie es die dummen Kinder in Spanien lernen."

Fred hatte klar gesagt, worauf es ankommt. Lernen hat nichts mit „intelligent genug" zu tun, sondern mit der Frage, ob jemand genügend motiviert ist. Die beste Motivation entsteht dadurch, daß man einen positiven Lernzustand herbeiführt.

Vier Schritte zum optimalen Lernzustand

Beginnen Sie mit Entspannungsmusik (Klassik oder New Age). Das setzt die Alphawellen-Reaktion im Gehirn in Gang und macht Ihren Geist bereit zu lernen. Auch das ABC wurde mühelos gelernt, wenn es in eine rhythmische Melodie eingepackt wurde. Das gleiche gilt für jede Lerninformation.

1. **Machen Sie es sich bequem.** Setzen Sie sich auf einen Stuhl mit gerader Lehne, die Füße sind flach auf dem Boden, die Augen geschlossen und leicht nach oben gerollt.

2. **Benutzen Sie Ihre Phantasie und erschaffen Sie sich einen Platz draußen in der Natur**. Das ist Ihr **persönlicher Platz der Entspannung**. Machen Sie die Erfahrung so reich wie möglich. Sie erleben diesen wundervollen Ort mit all Ihren Sinnen. Stellen

Sie sich vor, daß Ihr persönlicher Platz der Entspannung von einer goldenen Kuppel überwölbt ist, und daß Sie hier tun und sein können, was Sie wollen. Sie erschaffen sich hier einen Zufluchtsort. Sie können alles genauso gestalten, wie Sie es wollen.

3. **Mit Hilfe Ihrer Imagination gehen Sie durch die erfolgreiche Erfüllung all Ihrer Ziele und gewünschten Ergebnisse:** Tagesergebnisse, Wochenergebnisse, Monatsziele, Jahresziele etc. Stellen Sie sich vor, wie es sein wird, wenn Sie all diese positiven Ziele erreicht haben. (Siehe Kapitel zwölf) Und noch einmal: Machen Sie die Erfahrung so reich wie möglich.

4. **Bringen Sie sich zurück mit den Worten** „Hell wach ... hell wach".

Der ganze Prozeß dauert ungefähr fünf bis zehn Minuten. Nehmen Sie sich die Zeit, das *einmal täglich* zu machen. Es wird Ihnen dann leichtfallen, sich an diesen Zustand zu erinnern, und jederzeit hineingehen zu können ... alles, was Sie dann tun müssen, ist daran zu denken, und schon werden Sie da sein.

Engagierte Konzentration

Wie lernen *Sie* am besten? Der Schlüssel zur Konzentration ist *Interesse* am Stoff, der vor Ihnen liegt. Es gibt eine einfache Technik, Ihre Fähigkeit zur Konzentration zum Zuge kommen zu lassen.

Schreiben Sie in die folgende Liste fünf oder zehn Dinge, die Sie in der Vergangenheit gelernt haben, bei denen Ihnen das Lernen Spaß gemacht hat, und die Sie gut können.

1. ________________	**6.** ________________
2. ________________	**7.** ________________
3. ________________	**8.** ________________
4. ________________	**9.** ________________
5. ________________	**10.** ________________

Erinnern Sie sich noch, wie es war, als Sie diese Dinge gelernt haben? Was hat sich im Innern abgespielt, als Sie diese Fertigkeiten und Fähigkeiten in der Vergangenheit gelernt haben, die Sie jetzt so mühelos beherrschen?

Stellen Sie sich vor, Sie würden die gleiche Konzentration und das gleiche Interesse, mit dem Sie einen Sport oder ein Hobby oder Ihr Lieblingsfach gelernt haben, aufbringen, um das zu lernen, was Ihnen jetzt schwerfällt? Ich garantiere Ihnen, daß Ihre Noten sich verbessern würden. Wie wäre es, wenn Sie am Montag mit der gleichen Erwartung auf Selbsterweiterung an Ihren Arbeitsplatz kämen, die Sie Ihrem Lieblingssport oder sonst einer Freizeitbeschäftigung jede Woche entgegenbringen?

Nehmen Sie sich einen Augenblick Zeit und rufen Sie sich die Techniken des Modelings in Erinnerung (siehe Kapitel fünf). Sie können mit dieser Technik bei sich selbst „abschauen". Wenn Sie das nächste Mal merken, daß Sie das Interesse verlieren, dann werden Sie sich daran erinnern, wie es war, als Sie das erste Mal ins Tor getroffen haben, oder Ihre erste Schreibmaschine geschenkt bekamen, oder Ihr Lieblingshobby entdeckten (schauen Sie sich oben Ihre Liste an). Sie werden sich erinnern, was Sie gedacht haben und wie Ihr Interesse entzündet wurde. Erinnern Sie sich, welche Farben um Sie herum waren? Haben Sie irgend etwas zu sich selbst gesagt, um sich „in Fahrt" zu bringen? Manche Coaches nennen diese Technik des Selbst-Modelings „ein Spielgesicht aufsetzen". Obwohl manche ganz von selbst in diesen Zauberzustand kommen, müssen die meisten von uns es erst lernen.

Ohne Konzentration schweift das Bewußtsein leicht zu anderen Aktivitäten ab. Wenn Sie Ihre Konzentrationsfähigkeit noch nicht entwickelt haben, dann ist diese Technik des Selbst-Modelings ein einfacher Beginn. Wer kennt Sie besser als Sie sich selbst? In Kapitel elf werden Sie die Drei-Finger-Technik kennenlernen, die Ihnen helfen wird, Ihre mentale Energie zu fokussieren.

Ergänzende Fragen zum Selbst-Modeling

1. *Was haben Sie gedacht, als Sie einmal etwas gelernt haben, das Ihnen Spaß gemacht hat?*

2. *Wie haben Sie geatmet?*
3. *War da ein Gefühl von positiver Erregung?*
4. *Haben Sie damals geglaubt, daß Sie es je würden lernen können?*
5. *Wer hat Ihnen die Sache beigebracht, oder waren Sie allein?*
6. *Falls Sie einen Lehrer hatten, welche Einstellung hatten Sie zu dieser Person?*
7. *Erinnern Sie sich so gut Sie können, was Sie gesehen, gehört und erlebt haben.*

Lernen geschieht natürlich und mühelos, wenn Ihr Geist neugierig ist. Beobachten Sie einfach die Neugierde eines Kindes ... und dann bedenken Sie, welch enorme Mengen an Information dieses Kind in wenigen Jahren lernt. Stellen Sie sich vor, wie es wäre, wenn Sie diese kindliche Neugier in jeder Lernsituation hätten ... Sie müßten einfach zum Genie ernannt werden!

Wenn jemand *visuell lernt*, dann wird die Neugierde am besten durch Bilder und graphische Darstellungen geweckt, die angenehm anzusehen sind. Denken Sie an die Genies in der Werbeindustrie. Wie wecken die Ihre Neugier? Meistens wird es über den Geschmack gemacht, aber oft benutzen sie zusammenhanglose Stimuli, um unsere Aufmerksamkeit zu ergattern. Schöne Männer und Frauen füllen den Bildschirm, um häßliche Autos und übelriechende Parfums unters Volk zu bringen. Und die Produkte verkaufen sich tatsächlich. Warum? Weil die arglosen Käufer neugierig genug waren und manche einfältig genug, um zu glauben, daß sie wie das Model in der Werbung werden, wenn sie dieses Auto oder jenes Parfum benutzen.

Für jene, die *auditiv lernen*, eignen sich stimulierende Musik oder ausgefallene Geräusche, um sie neugierig zu machen und ihr Interesse zu wecken. Diese gewieften Werbefritzen benutzen gerne Ohrwürmer, um uns an ihr Produkt zu binden. Wie oft haben Sie sich schon dabei erwischt, daß Sie die Melodien summen, die Sie in den Werbespots hören?

Bei jenen, die *kinästhetisch lernen* (die fühlen und spüren), kann die Neugierde und das Interesse am besten lebendig gehalten werden, wenn man sie etwas mit den Händen tun läßt. Sie brauchen Herausforderungen, auf die sie mit ihrem Gefühl reagieren können, oder eine „Ahnung", die sie antreibt, oder eine Möglichkeit, ihre praktischen Fähigkeiten einzusetzen.

Die meisten Lehrer befinden sich in einer mißlichen Situation. Sie müssen das Interesse ihrer Schüler wachhalten, haben aber alle Arten von Lerntypen in einer Klasse. Wie können da alle gewinnen? Das ist genau das Thema dieses Buches. Niemand ist nur visuell oder nur auditiv oder nur kinästhetisch. Wir alle benutzen tagtäglich alle unsere Sinne. Es wird nur einfach ein Informationskanal dominant und bequemer als die anderen.

Wie man alte Muster durchbricht

Der beste Weg, um aus dieser gemütlichen Selbstbeschränkung herauszukommen, besteht darin, zu riskieren, zu experimentieren und neue Räume in uns zu entdecken. Das innere Genie dürstet nach neuen Horizonten ... es wartet nur darauf, auf neue Berge steigen zu können. Falls Sie beim Test in Kapitel zwei entdeckt haben, daß Ihre Präferenz visuell, kinästhetisch oder auditiv ist, dann geht es jetzt darum, neue Wege zu finden, wie Sie die anderen Sinne stimulieren können. Nehmen Sie sich Zeit dafür, Ihr Sinnessystem auszuweiten.

Falls Ihre visuellen Werte am höchsten waren, dann könnten Sie zum Beispiel an einem Abend in der Woche, anstatt gleich den Fernseher anzuschalten, wenn Sie nach Hause kommen, entspannende Musik auflegen und Ihren auditiven Sinn schulen. Falls die auditiven Punkte am höchsten waren, dann wäre es eine gute Idee, eine Kunstgalerie zu besuchen. Und bei einer hohen kinästhetischen Punktzahl? Sie könnten sich zum Beispiel schön anziehen, sich in die nächste Fußgängerzone setzen und ein paar Stunden Leute beobachten. Das sind nur einige Vorschläge. Sie können von Ihrem schöpferischen Genie Gebrauch machen, um Ihre eigenen Ideen zu entwickeln. Fragen Sie doch mal die Leute, die Ihnen „anders" vorkommen, was sie begeistert, und dann viel Spaß beim Spielen.

Als ich durch die Phasen der Rebellion ging und mich weigerte, Hausaufgaben zu machen und selbst etwas für mich zu tun, pflegte mich mein Vater, in all seiner Weisheit, an die Vorzüge guter Ausbildung zu erinnern. Er schaute mir scharf ins Auge und sagte: „Patrick, es gibt immer Leute, die sich über die Kosten des Bildungssystems beschweren, aber niemand will über die Kosten von Unwissenheit diskutieren."

Diese Äußerung beeindruckte mich und ich bin unablässig auf der Suche nach neuer Information, neuen Methoden und Weiterbildung, um meinen persönlichen Zustand und den Erfolg meiner Klienten zu verbessern.

Nachdem mein Vater seine Karriere als Alkoholiker mit 38 Jahren beendet hatte, ging er zurück zur Hochschule, um dort ein Studium abzuschließen. Das Lernen fiel ihm leicht und machte ihm Freude, obwohl er so viele Jahre nichts mehr mit Büchern zu tun gehabt hatte. Er sagte, es läge daran, daß seine Motivation jetzt so gestiegen sei – er war entschlossen, sich aus dem Fabrikmilieu herauszuarbeiten und für sich und seine Familie ein besseres Leben zu schaffen.

Alles ging gut mit seiner Rückkehr zur Universität, nein mehr als das, er war restlos begeistert. Meinem Vater hatte es noch nie etwas ausgemacht, jeden von seinen Erfolgen wissen zu lassen. Er verkündete stolz, daß er in seinem ersten Semester nur Einser bekommen hatte und war entschlossen, das im nächsten Semester zu wiederholen. Dann lernte er den Professor kennen. Vielleicht kennen Sie solche Typen aus Ihrer Schulzeit. Der Professor kam mit ernstem Gesicht in den Hörsaal, blieb plötzlich stehen und schaute jedem mit zusammengekniffenen Augen ins Gesicht. „Damit das klar ist", erklärte er, „niemand, ich wiederhole, niemand bekommt bei mir jemals eine Eins."

Er stolzierte wie ein Pfau vor der Klasse herum und eine bedrückte Stimmung machte sich breit. Die Augen des Professors blitzten, er hatte genau die Reaktion bekommen, die er erwartet hatte. Die Studenten warfen sich vielsagende Blicke zu. Sie wußten, daß dieses Semester kein Honigschlecken sein würde.

Ich weiß nicht, wie mein Dad dazu kam, vielleicht hatte ihn sein langer Kampf mit dem Alkohol gestählt, jedenfalls hob er sofort die Hand, als er diesen Satz hörte. Die Augenbrauen des Professors gingen nach oben. Es war deutlich, daß er nicht mit einer Frage gerechnet hatte. „Ja?“ sagte er spitz.

„Soll das heißen, daß Sie unfähig sind, so zu lehren, daß man eine Eins bekommen kann?“ fragte er ruhig und in seinem allertrockensten Tonfall.

Im Raum war absolute Stille. Dem Professor wurde sichtlich unbehaglich. Er hatte die Sache niemals aus dieser Perspektive betrachtet. Als keine Antwort kam, machte mein Dad wieder den Mund auf: „Ich wollte nur sagen, wenn Sie fähig sind, eine Eins zu lehren, dann bin ich fähig, sie mir zu verdienen.“

Dad schloß das Semester bei diesem Professor tatsächlich mit Eins ab und auch seine anderen Fächer.

Kennen Sie auch solche Lehrer? In meiner Erfahrung mit dem Schulsystem ist das nicht ungewöhnlich. Ich muß wohl etwas von der Kühnheit meines Vaters geerbt haben, denn ich erzähle diese Geschichte manchmal, wenn der Raum mit Lehrern voll ist. Zuerst reagieren sie etwas betreten, aber wenn sie merken, wie wichtig die Botschaft dieser Geschichte ist und in welchem Geist sie erzählt wurde, dann entspannen sie sich.

Zunächst einmal, wenn Sie der Lehrer sind, dann sollten Sie schlauer sein als Ihre Schüler. Sie haben den Test und die Antworten! Zweitens ist der größte Erfolg für Lehrer jeder Art, wenn sie ihre Schüler soweit gebracht haben, daß sie genauso gut sind, wenn nicht besser als sie selbst. Ich meine, Lehrer sollten gleichzeitig Zeugnisse bekommen wie ihre Schüler.

Mein Vater und ich haben oft Ausbildungsseminare zusammen gemacht. Er pflegte den Leuten zu sagen, daß ich viel besser sei als er. Er erklärte dies damit, daß er mich alles gelehrt habe, was er wisse, ich mir aber eine Menge selbst beigebracht hätte. Obwohl ich damals wußte, daß dies nicht ganz der Wahrheit entsprach, baute er auf diese Weise mein Selbstvertrauen und mein Selbstbewußtsein auf. Die Aufgabe des Lehrers oder Ausbilders sollte als eine heilige Pflicht betrachtet werden. Da ist kein Platz für aufgeblasene Egos, wenn in ihren Händen buchstäblich die Zukunft ruht. Ich glaube, daß *gute* Lehrer nicht entfernt so viel verdienen, wie sie verdienen.

Wenn Sie in einer Machtposition sind, sei es als Lehrer, Coach, Chef oder auch als Eltern, dann sind Sie in einer Position, in der Sie den Menschen diktieren, wie sie lernen. Sie sind also in einer Lage, in der Sie andere dazu aktivieren können, ihr ganzes Potential zu benutzen. Ein wahres Genie hat sehr viel Ähnlichkeit mit einer wahren Führungspersönlichkeit – er oder sie führt durch sein Beispiel.

Das Krebssyndrom

Wenn ein Fischer Krebse fängt, dann muß er den Deckel nur dann auf den Eimer tun, solange nur ein Krebs darin ist. Sobald er zwei oder mehr Krebse gefangen hat, kann er den Eimer offen lassen und kein Krebs wird ihm entwischen. Sobald sich nämlich einer davonmachen will, packt ihn ein anderer mit seiner mächtigen Schere und zieht ihn wieder in den Eimer herunter.

Jedesmal wenn mein Vater versucht hatte, aus dem Trinken auszusteigen, kamen seine alten Saufbrüder und versuchten, ihn in seine alten Gewohnheiten zurückzuholen. Diese Männer waren wie die Krebse. Wenn es meinem Vater gelänge, mit dem Trinken aufzuhören, dann müßten sie es vielleicht auch tun. Sie setzten also alles daran, ihn in den Eimer zurückzuziehen.

Vielleicht kennen auch Sie solche Leute: Jedesmal, wenn Sie beginnen, sich gut zu fühlen, oder es so aussieht, als könnten Sie vielleicht weiterkommen, dann sind sie die ersten, die Ihnen sagen: „Es wird bestimmt wieder schlimmer", oder: „Das dauert auch nicht ewig." Diese Leute fürchten sich davor, von Ihrem Geist Gebrauch zu machen und im Leben vorwärts zu kommen. Sie haben Angst davor, daß sie irgendwie weniger sein werden, wenn es Ihnen besser geht. Die Philosophie des Genies ist sehr viel weiser: *„Je bessser du wirst, um so besser für alle, denn wir alle sind gemeinsam auf dieser Abenteuerreise, genannt Leben."*

Der hundertste Affe*

Der japanische Affe Macaca fuscata ist über vierzig Jahre lang in der Wildnis beobachtet worden. 1952 gaben Wissenschaftler den Affen auf der Insel Koshima Süßkartoffeln, die sie ihnen auf den Sand warfen. Die Affen mochten den Geschmack der rohen Süßkartoffeln, aber der Sand war ihnen unangenehm. Da kam ein achtzehn Monate altes Weibchen namens Imo auf eine Lösung: Sie wusch die Kartoffeln in einem nahen Bach. Sie zeigte ihrer Mutter diesen Trick. Auch ihre Spielgefährten lernten die neue Methode und zeigten sie ihren Müttern. Diese kulturelle Innovation wurde im Laufe des wissenschaftlichen Experiments von zahlreichen Affen aufgenommen.

Zwischen 1952 und 1958 hatten alle jungen Affen gelernt, vor dem Verzehr den Sand von den Süßkartoffeln zu waschen. Aber nur die Erwachsenen, die ihre Jungen nachahmten, lernten diese Verbesserung. Die anderen Erwachsenen aßen weiter die schmutzigen Süßkartoffeln. Dann geschah etwas höchst Überraschendes. Im Herbst 1958 hatte eine gewisse Anzahl der Koshima-Affen gelernt, die Süßkartoffeln zu waschen – die genaue Zahl ist nicht bekannt. Nehmen wir an, daß bei Sonnenaufgang 99 Affen auf der Koshima-Insel ihre Süßkartoffeln wuschen. Nehmen wir weiter an, daß an diesem Tag der hundertste Affe lernte, seine Kartoffel zu waschen. Und da geschah etwas völlig Neues: An diesem Abend wusch fast jeder im Stamm die Kartoffeln, bevor er sie aß. Die zusätzliche Energie dieses hundertsten Affen führte zu einem Durchbruch! Was die Wissenschaftler aber noch mehr erstaunte, war, daß diese neue Angewohnheit, Süßkartoffeln zu waschen, spontan übersprang, wohlgemerkt über das Wasser! Auf anderen Inseln und auf dem Festland in Takasakiyama begannen Affenkolonien, ihre Süßkartoffeln ebenfalls zu waschen!

Wenn also eine kritische Zahl von Menschen Geniebewußtsein erlangt, so könnte – dieser Schluß drängt sich auf – dieses Bewußtsein

* Michael J. Porter: *Individual Impact.* PureLight Publications, Phoenix 1993.

von Geist zu Geist weiterkommuniziert werden. Auch wenn die genaue Zahl variieren kann, so bedeutet das Phänomen des hundertsten Affen, daß eine Innovation, sofern sie nur eine begrenzte Zahl von Menschen erreicht, auf diese beschränkt bleibt. Aber es gibt einen kritischen Punkt, an dem nur noch eine Person dieses neue Bewußtsein aufnehmen muß, damit sich ein Energiefeld bildet, in dem das neue Bewußtsein dann fast jeden erreicht. Diese Person könnten just in diesem Augenblick Sie sein, so daß die Waagschale kippt und das Leben für immer verändert ist. Hören Sie einen Augenblick auf zu lesen und stellen Sie sich einen Planeten voller Genies vor, die alle zusammenarbeiten, um die kollektiven Lebensbedingungen zu verbessern. Ist das die Art von Welt, in der Sie gerne leben würden?

Experimentelle Psychologen haben später das Phänomen des hundertsten Affen in Rattenversuchen bestätigt, die über 35 Jahre lang zuerst in Amerika, dann in Schottland und schließlich in Australien durchgeführt wurden. Die Ergebnisse zeigten, daß die Ratten, die im Wasser einen Ausgang aus einem Irrgarten finden mußten, mit der Zeit immer besser wurden, und daß diese erhöhte Lernfähigkeit sich dann geographisch ausbreitete. Die Ratten in Schottland lernten schneller als die ursprünglichen Versuchstiere in Amerika, und die in Australien lernten am schnellsten von allen. Diese erhöhte Lernfähigkeit war bei allen Ratten der selben Rasse festzustellen, unabhängig davon, ob sie von trainierten Eltern abstammten oder nicht. Damit demonstrierten sie, daß erworbenes Können sich auch anders überträgt, als es die üblichen Lernkonzepte vorsehen. Genies erkennen, daß wir in diesem Sinne alle in einem Boot sitzen.

Was bedeutet dieses Phänomen des hundertsten Affen für Sie als erwachendes Genie? Vielleicht, daß Sie nicht nur sich selbst erwecken, sondern auch das innere Genie der Menschen in Ihrer Umgebung! Es wurde schon gesagt, daß wir mit tausendmal mehr Information bombardiert werden als die Menschen, die um die Jahrhundertwende lebten. Und doch scheint dieser Anprall von Information kaum eine Wirkung auf uns zu haben – oder jedenfalls scheint es so. Die Realität ist, daß unser inneres Genie, jener Teil unseres Geistes, der anders-als-bewußt ist, uns geschützt hat, so daß wir sanft lernen können, mit so gewaltigen Informationsmengen umzugehen.

Wenn ich Leute sagen höre, die heutigen Kinder seien weniger intelligent als ihre Vorgänger, dann kann ich mich nur wundern. Das ist eine Beleidigung aller Eltern. Die heutigen Schüler und Studenten sind gewiß nicht weniger intelligent. Sie sind nur anders intelligent und sie müssen wieder für ihren eigenen Ausbildungsprozeß gewonnen werden. Es wird Zeit, daß wir die Wahrheit zugeben: Die heutigen Kinder finden die Schule langweilig und öde. Betrachten wir es doch einmal anders. Wie gut wäre ein Kind aus den vierziger Jahren mit einem Nintendo-Spiel zurechtgekommen? Die meisten hätten wahrscheinlich aufgegeben und das ganze für unmöglich gehalten. Die heutigen Kinder scheinen jedoch mit der Fähigkeit zu einer virtuosen Handhabung von Videospielen geboren zu sein. Viele Erwachsene kämpfen stundenlang mit dem Joystick herum, um ihn endlich ihrem Willen gefügig zu machen, während ich Kinder gesehen habe, manche nicht älter als drei, die einen Videocontroller in die Hand nehmen und instinktiv wissen, wie man damit umgeht. Wie ist das möglich? Gab es einen magischen Augenblick, als jenes „hundertste" Kind zum Videomeister wurde, so daß dadurch für alle Kinder die Möglichkeit geschaffen war, mit Leichtigkeit darauf einzusteigen?

Dann kommt Montagmorgen, wenn all die Videoasse wieder in die Schule müssen und wahrscheinlich weniger als 25 Prozent von dem behalten, was ihnen im Unterricht präsentiert wird. Was ist die Ursache dieser armseligen Aufnahmequote? Das größte Problem besteht darin, daß das meiste, was gelehrt wird, keine anwendbare Information ist. Außerdem wachsen viele Kinder mit der Vorstellung auf, daß selbst gute Schulleistungen keine Garantie für die Zukunft sind. Solche Glaubensüberzeugungen haben viel mit Vorurteilen zu tun, die von Generation zu Generation weitergegeben werden. Wenn die Eltern hoffnungslos sind, dann ist das ein machtvolles Gefühl, das sich auf die Kinder übertragen kann. Diese Hilflosigkeit setzt sich dann bei den Schulleistungen fort. Wenn Schüler das Gefühl haben, daß das, was sie tun, wertlos ist, dann wird das Gehirn die Information als wertlos abspeichern.

Die heutigen Kinder sind mit den Fähigkeiten von morgen ausgestattet, ob das die mächtigen Erwachsenen glauben oder nicht. Die Genies, die heute die Schulen besuchen, sind es, welche die Zukunft erschaffen. Durch ihre Einstellungen und Glaubenshaltungen wird das Schicksal des Planeten bestimmt. In der heutigen Welt scheinen die Wertvorstellungen der Lehrbuchautoren weit von denen der Schüler entfernt zu sein. Können Sie sich eine Schule der Zukunft vorstellen, die mit interaktiven Multimedia-Computern ausgestattet ist und Kindern durch sinnliche Erfahrung lehrt, wie sie dazu beitragen können, eine Zukunft zu erschaffen, in der sie gerne leben würden? Würden die Schüler wieder am Lernprozeß Interesse finden? Ich glaube ja.

Kinder, wie jeder andere lebende Organismus, wachsen mit unterschiedlicher Geschwindigkeit. In unserem gegenwärtigen Schulsystem wird jedoch von allen erwartet, daß sie ihren Geist im selben Tempo entwickeln. Dadurch entsteht eine Kluft im Geniepotential. Jeder Schüler ist wie ein Same; wenn sie in die Schule gehen, müssen sie genährt werden. Wird ein Same in fruchtbare Erde gesät und regelmäßig gegossen, dann kann er keimen und sein einzigartiges Potential entfalten.

Falls Sie im Spätsommer einmal durch den mittleren Westen der Vereinigten Staaten gefahren sind, dann haben Sie wahrscheinlich endlose Maisfelder gesehen. Die hohen grünen Stengel sind mit einer hellen Quaste verziert, und die gelben Kolben stecken wohlverwahrt in grünen Blättern. Hin und wieder gibt es jedoch eine Stelle, wo die Maisstengel schwach und unentwickelt sind. Die Quasten hängen herunter, die Stengel haben die Farbe von Erbsensuppe und kleine, verschrumpelte Kolben sehen eher nach Mißbildungen aus. Was ist geschehen? Irgend etwas muß auf diesem Abschnitt des Feldes schiefgegangen sein. Jeder Samen hatte das gleiche Potential. Aber hier gab er zu viel oder zu wenig von etwas, so daß diese Maispflanzen nicht ihr ganzes Potential entfalten konnten.

Wenn eine Pflanze zu wachsen beginnt, dann kommen zuerst die Wurzeln, so daß sie die Nährstoffe aus dem Boden aufnehmen kann und den Halt bekommt, um stark zu werden und in die Höhe zu wachsen. Während dieses ganze Wachstum stattfindet, kann es von oben so aussehen, als würde nichts geschehen. Der Gärtner wartet vielleicht ungeduldig auf das Keimen. Wenn er jetzt versucht, das Wachstum zu beschleunigen, indem er zusätzlich Wasser und Dünger zufügt, dann kann er das natürliche Wachstum behindern und die Pflanze vielleicht sogar zerstören. Nur weil er von außen das Wachstum nicht sehen kann, heißt das nicht, daß die Pflanze irgendwie minderwertig ist. In Wahrheit befand sich die Pflanze ganz von allein in einem erstaunlichen Wachstumsprozeß.

Haben Sie beim Wandern schon einmal eine Wildblume aus einem nackten Felsen herauswachsen sehen? Haben Sie sich gefragt, wie sie es schaffte, am Leben zu bleiben? Wenn Sie unter den Felsen schauen und die Pflanze unter die Oberfläche verfolgen könnten, dann würden Sie wahrscheinlich ein unglaublich weit verzweigtes Wurzelsystem entdecken. Ganz aus eigenem Antrieb hat das Genie dieser kleinen Blume ein Wurzelsystem entwickelt, das genau die richtige Menge an Nährstoffen aufnehmen kann, um das Leben zu erhalten.

Was hat das mit Genie zu tun? Sie können das Genie jedes Kindes mit einem Samen vergleichen – es ist geladen mit Potential. Wenn diese Kinder genährt und geliebt werden und die Zeit bekommen, um in ihrem eigenen Rhythmus zu wachsen, dann werden sie, wie die kräftigen Maisstengel, ihr volles Potential entfalten. Wenn wir versuchen, das Lernen zu forcieren oder jedes Kind in eine Schablone zu zwängen, dann hindern wir sein Wachstum, wenn wir es nicht sogar zerstören. Mit Liebe und Unterstützung kann und wird jedes Kind sein eigenes Genie entwickeln. Es wird vielleicht nicht der nächste Albert Einstein oder Alexander Graham Bell – aber wer weiß, vielleicht doch. Viele der größten Erfindungen und Entdeckungen wurden von Menschen gemacht, die von ihren Mitmenschen für nur durchschnittlich oder sogar minder intelligent gehalten wurden. Sie wissen ja, Albert Einstein schaffte nicht die erste Aufnahmeprüfung in die Hochschule! Aber wie die Laborratten, die es kollektiv leichter gemacht haben, den Ausweg aus dem Irrgarten zu finden, so haben diese Genies das Unwahrscheinliche möglich gemacht; sie erzeugten den Effekt des hundertsten Affen und halfen damit der Menschheit aus dem Irrgarten.

Leben Sie noch innerhalb der Windungen des Irrgartens? Fühlen Sie sich gefangen durch das, was andere Ihnen gesagt haben? Lassen Sie jemand oder etwas anderes für Sie denken? Selbst wenn Sie sich für einen ausgewachsenen „Maisstengel“ halten, ist es nie zu spät, aus dem Irrgarten herauszukommen, aufzuwachen und die 95 Prozent Ihres Gehirn zu benutzen, die bisher noch brachliegen. Mit Ihrer Kreativität könnten Sie derjenige sein, der den Funken für den Rest der Menschheit zündet.

„Wenn hinreichend vielen von uns eine Sache bewußt wird, dann wird sie allen bewußt ... Die Achtung und die Liebe, die wir für uns selbst und andere haben, erzeugt ein Energiefeld, das zu einer wachsenden Kraft in der Welt wird.“
– *Ken Keyes*

Der Kreis der Kraftintegration

Mach dich jetzt bereit, den optimalen Lernplatz in deinem Gehirn zu betreten. Stell dir auf dem Boden einen Kreis vor ... und in diesem Kreis sind all die Fertigkeiten und Fähigkeiten, die du brauchst, um deine Ziele zu erreichen ... In diesem Kreis sind positive Einstellungen und Verhaltensweisen, die dein Leben und deine Welt verbessern werden, und zwar schon heute, augenblicklich und automatisch ... fülle diesen Kreis mit deinem OPTIMALEN LERNZUSTAND ...

Denke jetzt an eine Farbe ... und mach einen Schritt nach vorne in den Kreis hinein. Stell dir vor, daß die Farbe dich umgibt und dich von innen erfüllt ... so wie der Lichtstrahl in Star Trek ... die neuen Gedanken und Gefühle sind da. DER OPTIMALE LERNZUSTAND *ist da ... atme so, wie du atmen würdest, wenn du wüßtest, daß dies funktioniert ... wenn du wüßtest, daß jede Zelle, jedes System und jedes Organ schnell und leicht zu einem positiven Gefühl umschalten* MIT EINGEBAUTEN LERNFÄHIGKEITEN UND -STRATEGIEN *... und wenn du dieses Gefühl voll in dir hast, dann tritt aus dem Kreis heraus und schau dich im Zimmer um ... Denke jetzt an etwas, das negativ für dich ist, ein unangenehmes Gefühl wie Besorgnis oder* DIE FRUSTRATION UND

VERWIRRUNG BEIM LERNEN VON ETWAS NEUEM ... sobald du dieses Gefühl spürst, tritt wieder in den Kraftkreis hinein und achte darauf, wie sich die Energie und deine Gefühle verändern ... Du merkst, daß die Energie im Kraftkreis zugenommen hat ... Das ist eine neue Ressource für dich ... Jedesmal, wenn du diese Ressource benutzt, den Kraftkreis MIT DEINEM OPTIMALEN LERNZUSTAND, wird es dir leichter und leichter fallen ... bald wird es eine Ressource sein, auf die du immer zurückgreifen kannst, wenn du sie am meisten brauchst. Du wirst feststellen, daß du jedesmal deinen Kraftkreis aktivierst, wenn du einen Lichtschalter anmachst ... jedesmal, wenn du durch eine Tür gehst, trittst du in deinen Kraftkreis ... so daß er für dich da ist MIT DEINEM OPTIMALEN LERNZUSTAND ... gerade dann, wenn du ihn am meisten brauchst.

Zeit = Konditionierung und Glaube

Das größte Hindernis bei dem Versuch, etwas Neues zu lernen, dürfte die Tatsache sein, daß Lernen Zeit braucht. Aber was ist denn überhaupt der Raum oder der Ort, den wir „Zeit" nennen? In Wahrheit ist Zeit nicht real und nicht faßbar. *Zeit ist nur für den Zuschauer eine Konstante.* Haben Sie schon einmal etwas getan, das Ihnen Spaß gemacht hat, und dabei schien die „Zeit" zu verfliegen? Vielleicht haben Sie irgendwann auf die Uhr geschaut und haben nicht glauben können, wie spät es war. Haben Sie andererseits schon Dinge getan, die Sie überhaupt nicht mochten, und die „Zeit" schleppte sich dahin? Vielleicht haben Sie auf Ihre Uhr geschaut und aufgestöhnt, daß es noch Stunden dauern würde. Wenn Sie Zeit so unterschiedlich erfahren haben, dann verstehen Sie, was mit der Aussage gemeint ist: *Zeit ist nur für den Zuschauer eine Konstante.*

Genies erkennen die Wahrheit von Zeit und benutzen sie zu ihrem Vorteil. Wenn Sie zum Beispiel etwas tun, was Sie nicht mögen, dann ist die Aussicht, daß Sie etwas davon im Gedächtnis behalten, gleich null. Denken Sie jedoch an etwas Angenehmes und Aufregendes aus Ihrer Kindheit, dann könnte es mit sämtlichen Sinneseindrücken gespeichert sein.

Wie geht das erwachte Genie mit Zeit um? Ganz einfach – durch *Wiederholung kleiner Sequenzen*. In der wirklichen Welt, wo die Uhr an der Wand immer weiter tickt, haben Sie nur eine begrenzte Zahl von Möglichkeiten, eine neue Fertigkeit oder Fähigkeit zu üben. Sie haben nur eine bestimmte Zeit, um zu lernen. Aber jene Genies, die aus der Zeit heraustreten können, haben alle Zeit, die sie brauchen. *Wenn man einer vielbeschäftigten Person etwas zu tun gibt, kann man sicher sein, daß es erledigt wird.* Wir haben täglich die gleiche Menge Zeit zur Verfügung (siehe *Die Bank der Zeit*, S. 21). Die Person, die am effektivsten mit ihrem Quantum Zeit umgeht, kann mehr erledigen und zieht den Nutzen daraus. Der folgende Abschnitt ist dazu da, Ihnen diesen Prozeß beizubringen. Wenn Sie in Ihren Geist hineingehen, dann gehen Sie in eine Welt der All-Zeit – in die Welt der Imagination.

Wiederholung kleiner Sequenzen: Den inneren Bildschirm benutzen

Das Training in asiatischen Kampfsportarten ist ein hervorragendes Beispiel für Wiederholung kleiner Sequenzen. Wenn Sie beginnen, eine neue *Übung** zu lernen, dann wird Ihnen der Trainer nicht gleich die ganze Sequenz zeigen. Er wird sie in kleine Sequenzen von vier oder fünf Bewegungen aufteilen. Wenn diese Bewegungen eingeprägt und mit der notwendigen fließenden Leichtigkeit gemeistert sind, dann kommen vier oder fünf neue Bewegungen dazu. Der Schüler lernt jede Übung in kleinen Abschnitten und fügt sie dann zusammen. In kurzer Zeit kann der Schüler eine Folge von über hundert Bewegungen einer Übung ausführen, ein Prozeß, der äußerst schwierig und frustrierend wäre, würde man die gesamte Übung auf einmal lernen müssen.

Wiederholung in kleinen Sequenzen wird in allen Sportarten angewandt, sei es Fußball, Volleyball oder Tennis – Sie müssen erst die Grundlagen lernen, bevor Sie das ganze Spiel lernen können.

---

* Eine Abfolge von Bewegungen, die man lernen muß, um den nächsten Gürtel (entspricht der nächsthöheren Ausbildungsstufe) zu bekommen.

Wie benutzen Sie als erwachendes Genie Wiederholung in kleinen Sequenzen? Zuerst müssen Sie lernen, mehr Zeit aus einer Minute zu machen. Hier kommt Visualisation ins Spiel. Mehrere führende Sportpsychologen behaupten, daß fünf Minuten Visualisation so viel wert sind wie zwei Stunden körperliches Üben. Wenn das der Fall ist, dann können Sie alles, was Sie lernen wollen, sehr beschleunigen, indem Sie den inneren Bildschirm benutzen.

Diese Technik wird am besten am Abend angewandt, direkt bevor Sie ins Bett gehen. Denken Sie an etwas, was Sie verbessern oder verändern wollen. Sie wissen ja, Ihr Geist verwirklicht das, womit er beschäftigt ist, denken Sie also an das, was Sie wollen, und vergessen Sie das, was Sie nicht wollen. Ihrem Geist ist es gleichgültig, was es im einzelnen ist, womit Sie Erfolg haben möchten; er nimmt an, daß das, woran Sie denken, was immer es sei, Ihr Ziel ist. Wenn Ihr Geist also mit negativen Gedanken beschäftigt ist, dann dürfen Sie sicher sein, daß er mit all seiner Kraft nach dem besten Weg sucht, wie er mehr vom Gleichen liefern kann! Das Genie weiß von dieser Macht des Geistes und überprüft ständig seine Denkmuster, um einen Fluß in Richtung positiver Ergebnisse in Bewegung zu setzen. Es ist natürlich, Gefühle von Depression, Traurigkeit und Ärger zu erleben. Genies leugnen diese Gefühle nicht, sie planen einfach angemessenere Verhaltensweisen in der Zukunft.

Übung macht den Meister

Ihre bisherige Konditionierung hat eine enorme Wirkung auf Ihr gegenwärtiges Leben. Wie wurden Sie als Kind behandelt? Haben Sie in Ihrem Geist Erinnerungen an eine liebevolle positive Stimme oder an eine kritische negative? Das spielt eine wichtige Rolle bei Ihrer Einstellung zum Lernen. Sie haben jedes Verhalten und jede Einstellung von Ihren Eltern, Freunden und der Umgebung gelernt. Der größte Vorteil auf Ihrer Seite ist die Flexibilität Ihres Geistes und seine Fähigkeit zur Veränderung!

Wie beim Sportler kann auch Ihr Geist bei der gespeicherten Information nicht zwischen Tatsachen und Phantasie unterscheiden. Wenn Sie also ein bestehendes Verhalten ändern wollen, dann ändern

Sie die Art, wie es in Ihrem Geist gespeichert ist, und Sie werden feststellen, daß diese alte Idee oder dieses alte Konzept nicht mehr die gleiche Wirkung auf Ihr tägliches Leben hat. Niemand ist in einem perfekten Lernklima aufgewachsen. Aber der folgende Dialog kann Ihnen ein besseres Selbstgefühl vermitteln, fast so, als hätten Sie eine viel gesündere, glücklichere und nährendere Lernatmosphäre erlebt.

Selbsthilfe-Dialog: Ressourcenorganisator

Mach dich bereit für eine Reise in die Imagination, wo alles in perfekter Ordnung ist. Schließe die Augen und mach es dir bequem. Werde dir meiner Stimme bewußt. Sieh, wie schnell du dich jetzt schon entspannen kannst. Stell dir diesmal eine Zeit vor, ALS ES DIR SCHWERFIEL, ETWAS ZU LERNEN. Setze es im Geist in einen Rahmen und nimm langsam die Farbe weg. Dabei bemerkst du, wie das Bild schwarz/weiß wird. Irgendwelche Geräusche, die du vielleicht aus dieser vergangenen Zeit hörst, entfernen sich mehr und mehr, als kämen sie vom Mond ... du weißt, daß sie existieren, aber sie kommen jetzt von außerhalb deines Gewahrseins. Sollten noch irgendwelche Gefühle da sein ... stell dir einfach vor, daß sie in dem Schwarzweißbild wegschmelzen.

Während das geschieht, stell dir vor, daß der Teil des Bildes, der weiß ist, immer weißer wird und allmählich den ganzen Bildschirmraum einnimmt ... Und wenn das passiert ist, dann weißt du im selben Augenblick, was du aus der Erfahrung gelernt hast, entweder bewußt oder unbewußt. ...

In diesem Moment beginnst du dich an eine Zeit zu erinnern, ALS DU MIT FREUDE ETWAS NEUES GELERNT HAST ... DU FANDST ES SPANNEND ... setze dieses Bild in einen Rahmen ... und jetzt bringst du mehr und mehr Farbe in das Bild. Laß die Geräusche aus dieser spannenden Zeit auftauchen. Stell dir vor, daß du da bist und so atmest, wie du damals geatmet hast ... ZUFRIEDEN MIT DIR SELBST und ERFÜLLT.

Stell dir vor, du schaust durch die Augen der Vergangenheit ... hörst mit den Ohren und fühlst mit dem Körper der Vergangenheit. Und genau in diesem Augenblick wird das ganze Bild lebendig, als würde es jetzt gerade geschehen ... und während du das erlebst, kannst du deinen Geist benutzen ... deinen mächtigen Geist, der dir hilft, in die Vergangenheit zurückzugehen und diese Technik der Veränderung von Farben und Geräuschen und Gefühlen so anzuwenden, daß irgend etwas, was in deiner Vergangenheit geschehen ist und dich jetzt daran hindert, zu deinem vollen Potential zu erwachen ... oder mit Begeisterung zu lernen ... dauerhaft verändert wird ... so verändert wird, daß dein Geist frei wird, deine Zukunft jetzt zu genießen ... in diesem Augenblick ... während du dir jetzt erlaubst, in der Zeit zurückzugehen und deine Erinnerungen verlagerst, dein Bewußtsein auf die positiven Dinge im Leben richtest und auf die FREUDE, DIE ES DIR MACHT, NEUE DINGE ZU LERNEN, *wird sich dir eine neue Welt eröffnen ... eine neue, helle und anziehende Welt ... eine Welt, die dir erlauben wird, dich auszudrücken und zu sein, wer du bist ... unbegrenzt. Du hast einen Verwandlungsprozeß begonnen ... Wandel ist das Wesen aller Dinge. Von den Frühlingsblumen, den warmen Sommertagen, den raschelnden Blättern im Herbst bis zur dicken Schneedecke ... ist es der Wandel, auf den du vertrauen kannst.*

Jetzt beginne daran zu denken, wo dich in der Zukunft der Wandel, den du heute vornimmst, beeinflussen wird ... schon heute ... in den nächsten Wochen ... und in den kommenden Monaten. Nur du weißt genau, wo all diese positiven Veränderungen auftreten werden. Manche werden dir bewußt sein ... von anderen weißt du unbewußt ... sie werden einfach für dich geschehen ... (Pause) ...

Wenn du das Gefühl hast, daß du die notwendigen Veränderungen in deiner Vergangenheit vorgenommen hast und die notwendigen Verhaltensweisen in die Zukunft gebracht hast, und du bist überzeugt davon, daß die Veränderungen ein für allemal gemacht wurden ... ganz bestimmt ... dann kannst du in den Raum zurückkehren. Und wenn du wieder da bist, dann öffne die Augen.

„Gott durchwirkt alles, und doch gibt es Wissenschaftler, die versichern: ‚Wir haben den äußeren Raum erforscht, wir haben ihn auf dem Mond gesucht, nein, er ist nirgends zu finden. Er existiert nicht.' Sie wissen nicht was sie suchen und wissen nicht, wo sie suchen sollen, und haben doch die Dreistigkeit zu behaupten, er wäre nicht zu finden ... Gott mit den Instrumenten des Laboratoriums zu suchen, ist so, als wollte man Magenschmerzen heilen, indem man Augentropfen gibt! Es gibt ein spezielles Instrument für diesen Zweck, welches die Meister in dieser Wissenschaft

entwickelt und beschrieben haben. Statte dich durch Nicht-Verhaftung und Liebe mit einem klaren Auge aus, schärfe dein Unterscheidungsvermögen, so daß es frei ist von Vorurteil und Vorlieben, dann kannst du Gott in dir erkennen und in allem, was dich umgibt, was du weißt, was du fühlst und was du bist."

– Sathya Sai Baba

Elf
Das Lerngenie

Es war ein frischer Herbsttag, und ich war voll neuer Lebenszuversicht. Ich hatte es bis zum zweiten Jahr in der High School geschafft, die Coaches erkannten allmählich meine sportlichen Fähigkeiten, und ich bekam bessere Noten, als ich mir je hätte träumen lassen. Ich hätte wahrscheinlich nicht erklären können, was mit mir vorgegangen war, aber zum ersten Mal in meinem Leben hatte ich ein positives Selbstgefühl. Mit all den Veränderungen in meinem Denken fand ich jetzt das ganze „Gehirnzeug" von meinem Vater recht brauchbar.

Als ehemaliger Sportler kann ich diesen Zustand der Konzentration am besten in sportlichen Begriffen beschreiben. Selbst im Schulunterricht hatte ich jetzt mein *„Spielgesicht"* gefunden; ich war in meiner *„Zone"*. Wenn man in diese Lernzone eintritt, dann öffnet sich das gesamte Lernsystem. Es ist bewiesen, daß die Wahrscheinlichkeit, Informationen wieder abrufen zu können, größer ist, wenn man in einer Erfahrung ganz präsent ist. Oder wie Einstein sagt: Wissen ist nicht die Ansammlung von Information, sondern die Kenntnis, wann und wie sie zu finden ist.

Dieses Kapitel ist für Schüler und Studenten oder jeden anderen, der Erfolg haben will, wenn er im Klassenverband lernt. Diese Techniken sind speziell dafür da, daß Sie die Information so in Ihrer Erinnerung abspeichern, daß Sie schnell und leicht drankommen. Jede dieser Methoden wird mit Leichtigkeit ausgeführt und wird schnell eine positive Gewohnheit werden, die Sie erfolgreich durch jede Lernsituation führen kann.

Wo anfangen

In der Silva Mind Control-Methode ist eine der ersten Techniken, die dort vermittelt werden, die Augen nach oben zu rollen, so als würde man auf die 10 Uhr-Position eines Ziffernblatts schauen. Wissenschaftliche Untersuchungen haben bewiesen, daß bei dieser Augenstellung die Alpha-Gehirnwellen aktiviert werden, was als idealer Lernzustand gilt. In einer Unterrichtssituation führt es zum gleichen Ergebnis, wenn man die Augen auf einen Punkt über dem Kopf des Lehrers richtet und sie dann entspannt. Es ist nicht nötig, diese Augenposition beizubehalten; normalerweise reichen dreißig bis sechzig Sekunden. Wenn Sie später feststellen, daß sie abschweifen, dann bringen Sie Ihre Augen einfach wieder in die Alpha-Position.

Tips für Notizenmachen und Lesen

Notizenmachen ist wahrscheinlich die wirksamste Methode, um Informationen noch einmal anschauen zu können und dem Gedächtnis einzuprägen. Leider wird von der Technik des Notizenmachens ein höchst ineffektiver Gebrauch gemacht. Untersuchungen haben gezeigt, daß weniger als siebzig Prozent der Leute, die Notizen machen, diese überhaupt noch einmal anschauen.

Obwohl unser gegenwärtiges System verlangt, daß Faktenwissen aus dem Gedächtnis abgerufen werden kann, finden wahre Genies einen Weg, ihre Gedanken so zu organisieren, daß sie wissen, *wo sie die Antworten finden können.* Selbst Einstein besaß kein fotografisches Gedächtnis. Viele Leute, die Albert Einstein kannten, fanden ihn ziemlich exzentrisch und geistesabwesend. Für ihn hatte jedoch alles, was er tat, einen Zweck. Zum Beispiel trug er tagtäglich die gleichen Kleider. All seine Schuhe, Hemden, Anzüge waren identisch. Er erklärte diese Idiosynkrasie ziemlich einfach: Er wollte seinen Geist nicht mit nutzloser Information vollstopfen. Einstein sah keinen Sinn darin, seine Geisteskraft dafür zu verwenden, Faktenwissen zu speichern, das genauso gut aufgezeichnet und bei Bedarf nachgelesen werden konnte. Er zog es vor, seinen Geist für schöpferische Tätigkeit freizuhalten, die der Menschheit zugute kam.

Folgendes Vorgehen empfhielt sich beim Notizenmachen:

1. Beginnen Sie ein neues Thema immer auf einem neuen Blatt.
2. Zeichnen Sie von Ecke zu Ecke ein X auf das Schreibpapier. Untersuchungen haben gezeigt, daß man eine visuelle Brücke zwischen der rechten und linken Gehirnhälfte baut, wenn man ein X auf das Papier zeichnet. Sie können dann einfach darüber schreiben.
3. Schreiben Sie alle Notizen so ordentlich auf, wie Sie können, und kürzen Sie möglichst viel ab.
4. Machen Sie dann folgenden Gebrauch von Ihren Notizen: Zeichnen Sie ein X auf ein leeres Blatt Papier. Schreiben Sie aus dem Gedächtnis, ohne Ihre Notizen anzusehen, alles auf, an was Sie sich erinnern können. Schauen Sie sich jetzt nur die Aufzeichnungen an, die Sie nicht noch einmal aufgeschrieben haben. *Arbeiten Sie mit diesem Schritt weiter, bis Sie alles wissen, was Sie für den Erfolg brauchen.*

Vier Schritte zur Steigerung der Lesegeschwindigkeit und des Aufnahmevermögens

Verbesserung des Lernens aus Büchern

1. Bringen Sie sich in den optimalen Lernzustand (s. S. 209)
2. Öffnen Sie das Buch mit einer optimistisch-engagierten Einstellung und lesen Sie zuerst die *kursiv* oder **fett** hervorgehobenen Worte und Sätze und schauen Sie sich die **Bilder** an.
3. Lesen Sie die Überschriften und wandeln Sie diese im Geist in Fragen um. Lesen Sie nur den ersten Satz jedes Absatzes.
4. Überfliegen Sie noch einmal das Fettgedruckte und verwandeln Sie wieder die Aussagen in Fragen (Sie machen sich auf diese Weise neugierig). Lesen Sie dann den Stoff jedes Abschnittes, bis Sie ihn verstanden und eine Antwort auf Ihre Frage bekommen haben. Es

ist wichtig, mit dem Lesen aufzuhören, wenn Langeweile aufkommt oder wenn Sie die Antwort gefunden haben.

Wichtiger Tip: *Hören Sie immer auf, schließen Sie das Buch und schauen Sie im Zimmer herum, wenn Sie merken, daß Sie müde werden oder das Interesse verlieren. Damit stellen Sie sicher, daß die Zeit, die Sie mit Lesen verbringen, dazu dient, die Information dem Gedächtnis einzuprägen.*

Noch ein Tip: *Lassen Sie beim Lesen immer leise Entspannungsmusik im Hintergrund laufen. Das vertieft die Erfahrung und macht sie positiver. Ihr Geist wird die Gewohnheit annehmen, in den optimalen Lernzustand zu gehen, so bald er derartige Musik hört.*

Lesen zum Vergnügen: *Die meisten Romane sind voll mit Beschreibungen und detaillierten Informationen. Wenn Sie zum Vergnügen lesen, dann wollen Sie wahrscheinlich jedes Wort lesen, aber falls Sie sich von uninteressanter Information überschwemmt fühlen, dann leidet Ihr Aufnahmevermögen. Wenn Sie Ihren Geist trainiert haben, im optimalen Lernzustand zu funktionieren, dann überfliegen Sie vielleicht die Informationen, die für den Gang der Handlung unwichtig sind. Gönnen Sie sich den Genuß, beim Lesen von Romanen einen Film in Ihrem Kopf zu erzeugen.*

Wie Sie Ihre Fähigkeit des Zuhörens verbessern

Wie gut nehmen Sie Informationen auf, wenn Sie einem Vortrag zuhören? Auch hier können Sie Ihre Lernfähigkeit durch die Anwendung des Kraftkreises verbessern. Erinnern Sie sich, wenn Sie den Kraftkreis aktivieren, an eine Zeit, in der Sie voller Spannung die Informationen aufgenommen haben, die Ihnen präsentiert wurden.

Kraftkreis fürs Zuhören

Sie haben inzwischen Ihren Kraftkreis schon viele Male aktiviert. Bevor Sie hineintreten, gehen Sie durch folgende Imagination:

Erinnern Sie sich daran, wie Sie einmal voller Freude zugehört haben – wem oder was auch immer, sei es Ihrer Lieblingsmusik oder der Stimme Ihres Freundes oder Ihrer Freundin.

Erinnern Sie sich so gut Sie können an Ihre damalige Einstellung. Was haben Sie gedacht? Was haben Sie gesehen, gehört, erlebt? Machen Sie die Vorstellung so real wie möglich ... und treten Sie dann in Ihren Kraftkreis.

Sie werden feststellen, daß jedesmal, wenn Sie einen Lichtschalter anschalten, Sie Ihren Kraftkreis anschalten ... daß Sie jedesmal, wenn Sie durch eine Tür gehen, in Ihren Kraftkreis treten ... so daß er für Sie da ist, EIN ZUSTAND OPTIMALEN LERNENS UND OPTIMALEN ZUHÖRENS *... wann immer Sie ihn am meisten brauchen.*

Die Dreifingertechnik

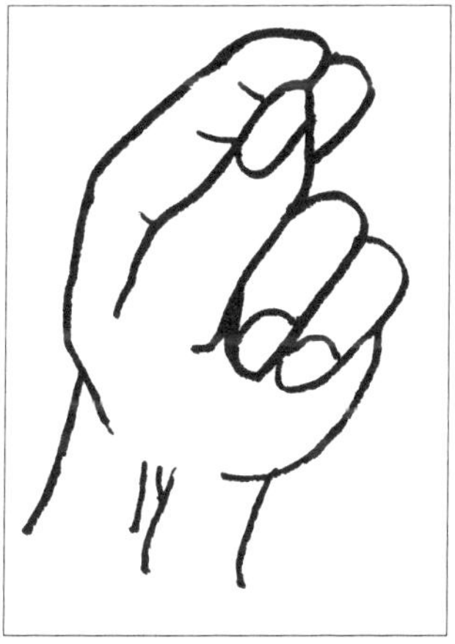

Nachdem Sie den Kraftkreis aufgebaut haben, können Sie mit Hilfe der Dreifingertechnik diese optimale Aufnahmebereitschaft durch Zuhören ankern*, so daß sie Ihnen jederzeit zur Verfügung steht. Sie legen einfach Zeigefinger, Mittelfinger und Daumen zusammen (siehe Abbildung).

Der Hauptzweck der Dreifingertechnik besteht darin, im Geist den Zustand des Zuhörens auszulösen. Es ist ein Anker-Prozeß, der mit dem Berührungssinn arbeitet. Diese Technik kann auch beim Lesen angewandt werden, um die Konzentration und Aufnahmefähigkeit zu steigern.

* Mit Ankern ist ein Prozeß gemeint, mit dem bestimmte mentale Zustände mit Hilfe von winzigen oder unbewußten Zeichen in Erinnerung gerufen werden.

Gehen Sie eine Meile in den Schuhen Ihres Lehrers

Wie wäre es, wenn *Sie* durch die Augen Ihres Lehrers sehen könnten? Der nächste Schritt bei der Verbesserung der Zuhörfähigkeit besteht darin, daß Sie sich vorstellen, Sie wären der Lehrer oder Referent.

Stellen Sie sich vor, Sie könnten durch die Augen des Lehrers sehen, durch seine oder ihre Ohren hören und mit seinem oder ihrem Körper fühlen. Lassen Sie sich ein wenig Zeit, um zu verstehen, woran der Lehrer oder Referent alles denken muß. Dann stellen Sie sich vor, wie Sie für ihn oder sie wohl aussehen.

1. Sehen Sie interessiert aus?
2. Stellen Sie Fragen?
3. Sitzen Sie aufrecht auf dem Stuhl?
4. Wie würden Sie sich aus der Perspektive des Lehrers beschreiben?

Sie werden feststellen, daß Sie sofort aufmerksam und interessiert werden, wenn Sie sich aus diesem Blickwinkel betrachten. Sie werden Fragen stellen und verschwommene Bereiche in Ihrem Denken klären. Bei dieser mentalen Schnellinventur wird Ihre Körperhaltung und Ihr Gesicht wieder Interesse ausdrücken. Im Handumdrehen werden Sie die Rolle des interessierten und intelligenten Schülers spielen. Das nennt man *„mind set"*. Es ist genauso wichtig wie das *„Spielgesicht"*, das der professionelle Sportler aufsetzt, nur ist es in diesem Fall Ihre Denkkappe!

Ich weiß genau, was Sie nicht gesagt haben!

In Kapitel fünf haben wir etwas über Modeling gelernt, wie jeder seinen individuellen Stil hat, Ideen auszudrücken und sich zu verhalten. Kommunikation ist nur zu sieben bis zwölf Prozent verbal, der ganze Rest ist nicht-verbal. Wer versteht, wie eine Person nicht-verbale Kommunikation benutzt, der hat den Schlüssel in der Hand, um zu wissen, was für dieses Individuum am wichtigsten ist.

Was nützt Ihnen diese Einsicht? Schauen Sie sich vor dem nächsten Unterricht oder der nächsten Vorlesung noch einmal Kapitel zwei an, *Lernen mit Stil*, und Kapitel fünf, *Die Kraft des Modelings*. Wenn Sie sich die Sprachmuster und die Körpersprache des Lehrers bewußt machen, werden Sie zu verstehen beginnen, was für den Lehrer wichtig ist, und was Sie für die Prüfungen bei diesem speziellen Lehrer wissen müssen.

Fünf Schlüssel zum optimalen Zuhören

1. Bringen Sie sich in den optimalen Lernzustand. (Kraftkreis)
2. Benutzen Sie die Dreifingertechnik.
3. Halten Sie Ausschau nach Kommunikationshinweisen wie Betonung durch Gesten, Ankern über die Stimme, Unterstreichen auf der Tafel.
4. Lesen Sie die Gedanken Ihres Lehrers, indem Sie sich Fragen wie diese stellen: Wann werde ich vermutlich über diesen Stoff geprüft? Welche Information hebt der Lehrer besonders hervor?
5. Machen Sie sich kurze Notizen, die Ihnen helfen, sich an die wichtigsten Informationen zu erinnern. Benutzen Sie einen Kassettenrekorder, wenn es erlaubt ist, und hören Sie sich die Kassette in einer entspannten Atmosphäre mit wohltuender Hintergrundmusik an.

Prüfungen leicht gemacht

Genies lernen, die Zeit zu ihrem Vorteil zu nutzen. Sie verschwenden sie nie. Selbst Ruhepausen und Schlafenszeiten können zu Ihren Gunsten arbeiten. Erlauben Sie Ihrem anders-als-bewußten Geist jeden Abend vor dem Einschlafen, alle neuen Gedanken und Ideen, die Sie untertags gelernt haben, zu kategorisieren und zu organisieren. Diese Technik ist ganz einfach und wird mit Übung automatisch ablaufen:

1. **Sobald Sie im Bett liegen, richten Sie Ihre Aufmerksamkeit auf das Einströmen der Luft in die Lungen und das Aus-**

strömen der Luft aus den Lungen und lassen Ihren Körper locker und entspannt werden. *Manche Leute finden es angenehmer, eine Muskelgruppe nach der anderen zu entspannen. Experimentieren Sie, um herauszufinden, was für Sie am besten funktioniert.*

2. **Stellen Sie sich vor, daß Sie Ihre nächste Prüfung machen und Ihnen alle Antworten einfallen – ja, in der Tat, Sie wissen jede Antwort.** *Stellen Sie sich vor, was Sie am ersten Semestertag gelernt haben bis hin zum letzten Semestertag. So frischen Sie Ihr Gedächtnis auf, so daß Sie in der Prüfung die „Schwamm-Technik" anwenden können (siehe Kapitel vier).*

3. **Setzen Sie den Prozeß des Überblickens des gesamten Stoffes fort, bis Sie sich mit der Information wohl fühlen (das heißt nicht, daß Sie bewußt alles wissen, sondern daß Sie wissen, daß Sie alles wissen).** *Dann stellen Sie sich vor, was Ihre Familie und Ihre Freunde zu Ihnen sagen werden, wenn Sie eine Eins oder Zwei schreiben.*

4. **Gehen Sie dann mit Ihren Gedanken zu einer Aktivität, die Ihnen Freude macht.** *Falls Sie gerne Sport treiben, stellen Sie sich vor, daß Sie es tun, und wie es sich anfühlt, wenn Sie dabei Spaß haben. Mit diesen Gedanken lassen Sie sich in den Schlaf gleiten.*

Fünf einfache Schritte zur Prüfungsmeisterschaft

Führen Sie am Tag der Prüfung die folgenden Schritte aus, um Ihren mentalen Zustand zu optimieren und von Ihrem anders-als-bewußten Geist die größte Hilfe zu bekommen:

1. Denken Sie daran, Ihr Geist speichert alle Fragen mit ihren Antworten, aber wie bei einem Computer muß die Information erst eingegeben werden. Sie sind **gut vorbereitet**, weil Sie an allen Vorlesungen und Unterrichtseinheiten teilgenommen und alle Hausaufgaben gemacht haben.

2. Bringen Sie sich in Ihren **optimalen Lernzustand** (Kraftkreis).

3. Benutzen Sie die **Dreifingertechnik.**

4. Bevor Sie die Prüfung beginnen, lassen Sie sich noch einmal den Stoff durch den Kopf gehen.

5. Atmen Sie dreimal tief durch, entspannen Sie sich, und beantworten Sie alle Fragen, **eine nach der anderen.**

Zwölf
Ziele und Ergebnisse

Es gibt einen großen Unterschied zwischen *Zielen* und *Ergebnissen*. Ziele sind erreichbar, aber noch außer Reichweite. Ergebnisse sind das, was Sie erwarten, wenn Sie sich auf eine Erfolgsschiene setzen.

Die leichteste Unterscheidung zwischen Zielen und Ergebnissen ist folgende: ***Ergebnisse*** werden für die tägliche Planung und das Wochenprogramm benutzt. ***Ziele*** werden für die Monats- und Jahresplanung benutzt.

Selbstentdeckung: Erfolgsprogrammierung

Als erstes am Morgen machen Sie eine Ergebnisliste für den Tag – schreiben Sie nur die Dinge auf, die heute getan werden müssen und die sich mit Ihrem Terminplan vereinbaren lassen. (Diese Liste können Sie auch am Abend vorher verfassen.)

Einmal in der Woche machen Sie eine eigene Liste für die Wochenergebnisse. Tragen Sie diese Ergebnisliste bei sich, so daß Sie sie so häufig wie möglich anschauen können. Wenn Sie irgendwann nicht ganz sicher sind, was Sie als nächstes tun sollen, dann werfen Sie einen Blick auf Ihre Ergebnisliste. Sie fassen dann gleich wieder Tritt.

Machen Sie sich dann eine Liste mit Zielen aufgrund des Wissens, daß jedes Tages-und Wochenergebnis tatsächlich erreicht wird.

- ⇨ **Ziele für den nächsten Monat?**
- ⇨ **Ziele für drei Monate?**
- ⇨ **Ziele für sechs Monate?**
- ⇨ **Ziele für ein Jahr?**
- ⇨ **Ziele für fünf Jahre?**

Wenn Sie Ihre Ziele aufgeschrieben haben, hängen Sie die Liste an einen Platz, wo Sie sie mindestens einmal täglich lesen können. Das orientiert Ihre mentale Energie auf Ihre Ziele und hilft Ihnen, in Ihrem Zeitplan zu bleiben. Haben Sie keine Bedenken, Ihre Zielliste bei Bedarf zu verändern. Das Leben ändert sich ständig und damit auch Ihre Ziele. Wenn Sie bei einem Ziel unsicher sind, dann schreiben Sie es unten auf das Blatt Papier unter „Möglichkeiten". Nichts sollte als unmöglich ausgeschlossen werden. Das Genie weiß, daß es keine Grenzen gibt.

Selbstentdeckung: Ihre Träume leben

Stellen Sie sich vor, daß Sie an einer Beerdigung teilnehmen. Sie sitzen hinten im Raum. Vorn am Altar spricht jemand, den Sie sehr schätzen, über die wunderbaren Gaben, die dieser Mensch seiner Mitwelt geschenkt hat. Während Sie zuhören, spüren Sie, daß durch das Leben dieser Person ein roter Faden der Integrität lief. Das war ein Mensch, der gewillt war, anderen zu helfen, so wie er sich selbst geholfen hat. Durch all seine oder ihre Leistungen leuchtete eine Lebenshaltung, die alle zu Gewinnern macht. Als der Pastor zum Ende seiner Rede kommt, hören Sie noch einen kurzen Überblick über alles, was diese Person innerhalb einer Lebensspanne geleistet hat, und plötzlich, ganz am Ende, erkennnen Sie, daß die Person, über die gesprochen wurde, Sie selbst sind.

Was hätten Sie gerne über sich gehört?

Wenn es tatsächlich zu diesem Szenario käme, hätten Sie natürlich nicht mehr die Kontrolle über Ihr Leben. Ihr Leben läge vollständig hinter Ihnen. Aber ist es nicht wahr, daß Sie sowieso nur in diesem Augenblick, JETZT, existieren? Und das ist übrigens der machtvollste Augenblick, den es gibt. Ihre Vergangenheit liegt hinter Ihnen, und Ihre Zukunft liegt vor Ihnen, und das, was Sie heute für die Menschen tun, die Sie lieben, und jene, die Ihnen begegnen, das wird Ihr größtes Vermächtnis sein. Der Menschheit zu dienen, ist das bleibende Zeichen eines Genies. So wie Sie das Leben mehren, wird das Leben Sie mehren.

Wie wichtig ist Ihr Selbstbild?

Forschungen haben gezeigt, daß das Selbstbild direkt für Einstellungen verantwortlich ist und dazu beiträgt, Glaubenshaltungen zu bilden. Es ist auch festgestellt worden, daß Menschen mit einem schlechten Selbstbild zu Übergewicht neigen und in der Gefahr sind, zu Drogen und Alkohol zu greifen. Das Selbstbild scheint nicht recht zu fassen zu sein. Sie können nicht in den Laden gehen und einen Liter Selbstbild kaufen. Selbstwert existiert in einer Grauzone, die niemand richtig definieren kann. Aber es gibt Abhilfe. In meiner Erfahrung operiert ein Mensch mit niedrigem Selbstbewußtsein im Überlebensmodus. Wenn man auf das Leben reagiert, anstatt mit ihm zu interagieren, dann wird Streß das gesunde Urteil umwölken und Zweifel wird sich breitmachen. Es wäre bestimmt praktisch, wenn Sie schnell zum Laden um die Ecke rennen könnten, um sich einen Schlag Selbstvertrauen zu holen, aber bis jetzt ist das leider noch nicht zu haben. So müssen wir vorderhand noch unserem Geist vertrauen, daß er diese positiven Gefühle für uns erzeugt.

Eine der Schwierigkeiten, mit denen die NASA bei der Entwicklung des Raumprogramms zu kämpfen hatte, war die Reaktionszeit der Astronauten. Probleme entstanden so schnell, daß der Astronaut nicht bewußt darauf reagieren konnte. Aus diesem Grund entwickelte die NASA ein Trainingsprogramm, bei dem die Astronauten lernten, in *Zukunftszeit* zu denken. Wenn sie sich dann auf einer Mission befanden, waren die Astronauten in einem Zustand, in dem sie ständig die Zukunft voraussagten. Ihr Geist war trainiert, in *Zukunftszeit* zu denken, und so konnten sie Probleme aufspüren, die noch gar nicht in Erscheinung getreten waren. Andernfalls wäre es zu spät gewesen.

Wenn Sie sich Ihrer eigenen Motivationsprogramme bewußt werden (zum Beispiel wie Sie mit sich selbst sprechen und wie Sie sich in der Zukunft sehen), dann werden Sie erkennen, daß Sie eine direkte Beziehung zu Gefühlen des Selbstvertrauens und des Selbstwerts haben.

Erinnern Sie sich, viele Studien haben gezeigt, daß der Geist und der Körper nicht zwischen real und vorgestellt unterscheiden kann. Das Geheimnis eines starken Selbstbewußtseins ist also, Erfolg im Geist zu erschaffen und ihn im Körper zu fühlen. Die richtige Affirmation wird einen Film auf Ihren inneren Bildschirm projizieren, und zwar einen, der für Sie Realität werden kann. Sie werden dann die Wahrheit in der folgenden Aussage erkennen: *Was der Geist sich vorstellen und was er glauben kann, das wird der Körper von selbst erreichen.*

Aufbau eines starken Selbstbildes mit Hilfe von Affirmationen

Eine Affirmation ist der Gebrauch von Worten oder Sätzen, um eine positive Reaktion oder ein positives Ergebnis hervorzurufen. Sie können diese Worte oder Sätze jeden Tag benutzen, um Ihnen bei der Visualisierung Ihrer Ziele zu helfen. Indem Sie täglich bekräftigen, was Sie anstreben, tun Sie etwas Positives, um Ihre Ziele zu erreichen. Es heißt, ein Bild sei tausend Worte wert. Wenn das wahr ist, dann mag man sich fragen, wie ein gesprochenes Wort das Selbstbild verändern kann. Der Schlüssel sind Sprachmuster, welche die erwünschten Bilder erzeugen. Indem Sie von positiven Affirmationen Gebrauch machen, werden Sie zum „Steven Spielberg" Ihres Geistes. Sie sind der Produzent und Regisseur Ihres inneren Theaters; Sie steuern Ihren Geist so, daß er das erschafft, was Sie wollen.

Tips für das Aufschreiben und den Gebrauch von Affirmationen

Setzen Sie das, was Sie wollen, immer in die erste Person (Ich *bin* oder Ich *will*). Formulieren Sie die Affirmation positiv und so, als wäre das gewünschte Ergebnis schon eingetreten. *Beispiele für Affirmationen zur Erhöhung Ihrer Lernfähigkeit und Ihres Selbstbildes finden Sie in den Selbsthilfe-Dialogen und der folgenden Liste. Benutzen Sie Ihre Kreativität und formulieren Sie Ihre eigenen Affirmationen.*

Schreiben Sie alle Affirmationen in Ihrer eigenen Handschrift auf. Sprechen Sie die Affirmationen mit Ihrer eigenen Stimme auf Band. Lesen Sie sich die Affirmationen mindestens einmal täglich laut vor. Ihr Geist akzeptiert Ihre eigene Stimme viel leichter als die eines anderen. Die meisten Menschen haben den größeren Teil ihres Lebens damit verbracht, sich selbst vorzuschreiben, was sie nicht tun dürfen, und wir wissen alle, daß das nicht funktioniert! Ihr Geist sehnt sich nach dem liebevollen Ton Ihrer eigenen Stimme zur Verstärkung positiver Gedanken und Muster.

Affirmationen fürs Lernen

Die Welt ist ein sicherer Ort, um zu lernen.
Ich lerne mit Begeisterung.
Ich bin mit dem Lernstoff einverstanden.

Ich aktiviere mein Lernpotential.
Ich bin intelligent und kann lernen.
Mein Geist ist für neue Ideen offen und aufnahmebereit.

Intelligenz, Mut und Selbstvertrauen sind immer in mir.
Ich habe den Mut zum Erfolg.
Ich kann mir Zeit nehmen, um mein Leben zu verbessern.

Es ist in Ordnung, zu lernen und das Leben zu genießen.
Ich sehe, wie ich meine Prüfungen mit eins mache.
Ich kann meinen Geist schweifen lassen und positive Gedanken denken.

Ich kann Vorträge verstehen.
Es macht Spaß, Prüfungen zu machen. Ich freue mich auf Prüfungen.
Ich erinnere mich an alles, was ich sehe.

Ich erinnere mich an alles, was ich höre.
Ich erinnere mich an alles, was ich erlebe.
Mein Gedächtnis funktioniert in allen Situationen.

Mein Gedächtnis verbessert sich von Tag zu Tag und in jeder Hinsicht.
Es ist leicht, sich zu entspannen und zu lernen.
Meine Lerngewohnheiten verbessern sich täglich.

Ich tue die notwendigen Schritte, um meine Ziele zu erreichen.
Ich kann heute etwas tun, um mein Leben zu verbessern.
Ich kann eine helle und lebenswerte Zukunft planen.

Ich gehe gern in die Schule.
Meine Konzentrationsfähigkeit verbessert sich täglich.
Ich kann etwas tun, um mein Leben zu verbessern –
ich fühle mich sicher, wenn ich mein Leben verbessere.

Ich bin einverstanden mit Wandel.
Ich vertraue der Welt und akzeptiere alle Veränderungen, die notwendig sind.
Der heutige Tag ist genau der richtige, um meine Gedankenabläufe zu verbessern.

Ich kann mich dafür entscheiden, ein positives und produktives Leben zu führen.
Ich kann durch mein positives Verhalten ein Beispiel für andere sein.
Es ist für mich ganz in Ordnung, wenn ich zu falschen Handlungen und Ideen „NEIN" sage.

Es für mich ganz in Ordnung, zu mir „JA" zu sagen.
Ich bin frei von vergangenen Begrenzungen.
Ich akzeptiere meinen Geist und all seine Fähigkeiten.

Das Leben ist schön! Ich kann ein erfolgreiches, positives Leben führen.
Ich habe sicher Erfolg.
Ich bin flexibel und kann leicht Freundschaften schließen.

Erfolg ist ein Zustand des Geistes.
Ich bin gewillt, an mich zu glauben und Erfolg herbeizuführen – ich bin frei!
Meine Lesefähigkeiten verbessern sich ständig.

Meine Fähigkeit, mir Informationen in Erinnerung zu rufen, verbessert sich.
Ich darf ich selbst sein.
Negative Gedanken und Einflüsse haben keine Wirkung mehr auf mich – ich bin frei!

Ich kann mein Lernen beschleunigen.
Ich kann mich ganz auf eine vorliegende Aufgabe konzentrieren.
Ich sehe, höre und fühle, wie es mir jeden Tag und in jeder Hinsicht besser geht.

Mein Geist ist wie ein Schwamm – in Streßsituationen wird eine neue Idee aus ihm herausgedrückt.

Affirmationen fürs Leben

Ich bin zentriert, ruhig und im Gleichgewicht.
Das Universum ist mit mir einverstanden.
Ich vertraue meinem anders-als-bewußten Geist.
Alles ist gut – ich bin in Harmonie mit dem Universum und dem gesamten Leben.
Ich fühle mich sicher, wenn ich erkenne und wachse.
Ich bin nur für mich selbst verantwortlich und ich freue mich an mir selbst.

Ich komme mit allem zurecht, was ich erschaffe.
Ich bin klar in meiner Kommunikation mit dem Leben.
Ich bin frei, das Leben jetzt und hier zu genießen.
Meine Kommunikation ist klar.
Ich akzeptiere, was für mich gut ist.
Ich lasse alle Erwartungen los.

Ich werde geliebt und fühle mich sicher.
Ich gebe andere liebevoll frei und überlasse sie ihren eigenen Lektionen.

Ich sorge liebevoll für mich selbst.
Ich bewege mich mit Leichtigkeit durch das Leben.
Ich habe das Recht, ich selbst zu sein.
Ich vergebe der Vergangenheit.

Ich weiß, wer ich bin.
Ich berühre andere mit Liebe.
Ich akzeptiere das Leben und nehme es an.
Alles, was für mich gut ist, ist jetzt mein.
Mein Herz vergibt und läßt los.

Ich liebe mich selbst und fühle mich sicher.
Innerer Friede ist mein Ziel.
Ich vergebe allen, ich vergebe mir selbst.
Ich sorge in jeder Hinsicht gut für mich.
Ich schenke mir die Gabe der Vergebung und wir sind beide frei.
Ich lasse das Leben durch mich hindurchfließen.

Ich will leben.
Alles ist gut.
Ich vertraue darauf, daß sich mein Leben positiv entfaltet.
Ich liebe mich selbst und fühle mich sicher.
Ich bin bereit loszulassen und Süße in mein Leben strömen zu lassen.
Ich bin offen und empfänglich für alles, was für mich gut ist.

Das Universum liebt und unterstützt mich.
Ich nehme meine eigene Kraft in Besitz.
Ich erschaffe mir liebevoll meine eigene Wirklichkeit.
Ich öffne mich für Freude und Liebe, die ich frei gebe und frei empfange.
Ich fühle mich schön, liebenswert und anerkannt.
Ich bin stolz darauf, ich selbst zu sein.

Ich lasse die Freuden des Lebens zirkulieren.
Ich bin gewillt, mich selbst zu nähren.

Ich fühle mich im Universum sicher, und das Leben liebt und unterstützt mich.
Ich wachse über die Begrenzungen meiner Eltern hinaus und lebe selbständig.
Jetzt bin ich an der Reihe.
Ich lasse die Vergangenheit los.

Ich bin liebevoll mit mir selbst.
Ich bin sicher.
Ich werde geliebt.
Ich liebe die/den, die/der ich bin.
Ich bin in meiner eigenen Kraft verwurzelt.
Ich bin auf allen Ebenen sicher.

Ich habe es verdient, mich am Leben zu freuen.
Ich bitte um das, was ich will, und nehme es mit Freude und Genuß an.
Ich bin die Kraft und Autorität in meinem Leben.
Ich lasse jetzt die Vergangenheit los und nehme das, was für mich gut ist.
Ich bringe mein Leben ins Gleichgewicht, indem ich mich selbst liebe.
Ich lebe heute und liebe mich.

Die meisten wahren Genies, so wie Nikola Tesla, machten sich wenig aus Ruhm und Reichtum. Das sind einfach natürliche Nebenprodukte, wenn man das tut, was man liebt. Wenn Sie nicht wissen, wer Nikola Tesla war, dann brauchen Sie sich nicht allein zu fühlen. Die wenigsten wissen etwas von Teslas Erfindungen, obwohl sie die Gesellschaft, wie wir sie heute kennen, mit geprägt haben. Am bekanntesten ist Tesla für die Entdeckung des Wechselstroms, die er patentieren ließ und später an George Westinghouse verkaufte. Er hatte eine Vision von der Welt, in der alle Menschen sich die kostenlose Energie teilen würden. Leider sind viele von Teslas Erfindungen nicht zum Zuge gekommen, weil man mit kostenloser Energie keinen Profit machen kann. Zu Lebzeiten kam er weder in den Genuß des Ruhms noch des Wohlstands, den er verdient hätte. Erst jetzt bekommt er die Anerkennung, die ihm für seine vielen bedeutenden Erfindungen zusteht.

Die Tesla-Spule ist heute noch in Gebrauch. Viele seiner anderen Erfindungen werden, wie auch die von Leonardo da Vinci, Jahre, vielleicht Jahrhunderte, brauchen, bis sie zum Tragen kommen. Wie viele andere Genies haben nie die Anerkennung erhalten, die sie verdienen? Da können wir nur spekulieren. Aber wie der Reisende, der sein Ziel kennt und weiß, wie schnell er fahren muß, um sicher anzukommen, gibt es über vier Milliarden Genies, die jetzt ausgerüstet sind, um sich auf den Weg der Entdeckung zu begeben. Wenn jedes Genie „in Ausbildung" das große *unentdeckte Land* betritt, dann wird er oder sie sein ganz eigenes Vermächtnis hinterlassen.

Wie das berühmteste Genie unserer Zeit, Albert Einstein, der das Leben aufregend fand und Schlaf für eine Verschwendung hielt, könnten wir also kollektiv damit beginnen, unsere Träume zu leben und eine Welt zu erschaffen, in der die ganz gewöhnlichen Genies zusammenarbeiten, um ein Vermächtnis des Wachstums und der Entwicklung zu hinterlassen. Die Entdeckung des menschlichen Potentials, das wahrhaft *unentdeckte Land*, ist das drei Pfund Universum, das in jedem unserer Köpfe existiert.

„Wir erben die Erde nicht von unseren Vorfahren,
wir borgen sie von unseren Kindern."

* * *

„Das Wichtige in dieser Welt ist nicht so sehr,
wo wir uns befinden, sondern in welche Richtung
wir uns bewegen."
– Oliver Wendell Holmes

Dreizehn
Ein Genie ist proaktiv

Es war einer jener Herbststürme, die aus dem Nichts kommen. Der Strand war ein einziges Chaos, Touristen und Strandverkäufer stoben in alle Richtungen auseinander, um sich in Sicherheit zu bringen. Gewaltige Wellen donnerten an die Küste und rissen mit riesigen Pranken tiefe Furchen in den Sand, wo Minuten zuvor Kinder noch Sandburgen gebaut hatten.

So schnell wie er gekommen war, legte sich der Sturm wieder, und war bald nur noch als entferntes Grollen zu hören. Der Strand war von allen menschlichen Utensilien frei, aber eine neue Form von Chaos war an ihre Stelle getreten. Es war atemberaubend, als die Sonnenstrahlen über die glitzernden Seesterne tanzten, die zu Tausenden an den Strand geworfen worden waren. Als die Kinder zum Strand zurückkehrten, begannen manche der Buben, die Seesterne in die ruhige See zurückzuwerfen. Es erfüllte sie mit Stolz, daß sie diesen gestrandeten kleinen Wesen helfen konnten.

Da tauchte ein älterer Mann, namens Mr. Jones, auf. Er hatte einen eigenartig schaukelnden Gang und zog einen Fuß hinter sich her. Das matte graue Haar stand in Büscheln vom Kopf ab, und ein gelblicher Vollbart hüllte sein Gesicht ein. Über seinem linken Auge hatte er eine alte Narbe, die das Augenlid nach oben zog. Er hatte etwas Abschreckendes an sich, und die meisten Kinder gingen ihm aus dem Weg, wo immer er sich sehen ließ. Ihm war es recht so.

Der Alte hielt in seinem stockenden Gang inne und beobachtete einen Augenblick lang die Buben. „Hört auf damit", schrie er, „seht ihr denn nicht, daß es völlig sinnlos ist, was ihr da tut!? Dieser Strand ist ein paar hundert Meilen lang, und überall liegen die Seesterne so wie hier. Was ihr da tut, wird nichts ändern, nicht das geringste!"

Die Jungen blieben wie angewurzelt stehen und beäugten den knurrigen Alten, ohne recht zu wissen, wie sie reagieren sollten. Der Jüngste, Jimmy, schaute nachdenklich auf den Seestern herunter, der neben seinen Füßen lag. Er hob ihn behutsam auf und warf ihn ins Meer. Dann wandte er sich an Mr. Jones und sagte ruhig: „Für ihn wird es etwas ändern."

Angewohnheiten des Genies

Dieser nächste Abschnitt handelt davon, wie Sie lernen können, das, was auf Sie zukommt, zu antizipieren und augenblicklich und ohne viel bewußte Anstrengung in einen angemessenen Geisteszustand zu kommen. Wir alle haben „Mr. Jones", den Pessimisten in uns, aber wir haben auch alle „Jimmy" in uns. Ein Genie behält das Gesetz des Handelns in der Hand und hat sich die Einstellung von Jimmy zu eigen gemacht, die ihm sagt, daß die kleinste Veränderung der Mühe wert ist. Sie werden negative Neigungen der Vergangenheit in die Gewohnheiten des Genies verwandeln.

Wir alle haben ein paar kleine Angewohnheiten oder Eigenheiten, die wir gerne ändern möchten. Vielleicht würden Sie gerne ein paar Pfund abnehmen, mit dem Rauchen aufhören, sich von einer Tabletten-Abhängigkeit befreien. Außerdem kann nur jeder davon profitieren, wenn seine individuellen Talente und Fähigkeiten zur Blüte gebracht werden. Wie steht es mit den Lern- und Lesefähigkeiten oder dem Sprechen vor Publikum? Vielleicht wollen Sie auch nur Ihren Golfschläger wie ein Profi schwingen. Sie werden jetzt erfahren, wie Sie mit einem täglichen Zeitaufwand von drei Minuten Ihr Gehirn trainieren können, Erfahrungen zu schaffen, die in die Richtung des Erfolgs fließen – anstatt auf Erfahrungen zu warten, auf die Sie reagieren.

Eine *Gewohnheit* ist die Art und Weise, wie Sie normalerweise ohne bewußtes Denken reagieren. Zum Beispiel: Jemand macht automatisch die Kühlschranktür auf, wenn er die Küche betritt. Sind Sie schon einmal vor dem offenen Kühlschrank gestanden und haben dann gemerkt, daß Sie gar keinen Hunger haben? Aber die Gewohnheit hat Sie dazu gebracht, die Tür zu öffnen und hineinzuschauen.

Das wahre Genie weiß, daß eine Gewohnheit darin besteht, etwas ohne Denken zu tun, und daß es gute und schlechte Angewohnheiten gibt. Die folgende Übung ist dazu da, Genie-Gewohnheiten zu bilden, indem Sie sich Ihrer Gewohnheiten bewußt werden und negative Verhaltensweisen in positive, unterstützende Verhaltensweisen umwandeln.

Selbstentdeckung: Quantensprung

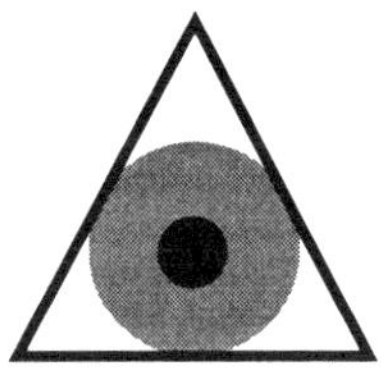

Während dieser ganzen Übung werden Sie aufgefordert, einen „Fokuspunkt" zu benutzen, so wie es die Abbildung auf dieser und den folgenden Seiten zeigt. Lesen Sie sich die Anleitung durch und benutzen Sie den „Fokuspunkt" dann so, wie es angegeben ist.

Sie werden im Laufe der Übung auch aufgefordert, in den sogenannten „Unterbrechungs-Zustand" zu gehen. Weil der Geist schrittweise lernt, braucht er eine Unterbrechung in der Abfolge des Lernens, so daß die ganze Information so vollständig und angemessen wie möglich verarbeitet werden kann. Wenn Sie unterbrechen sollen, dann heben Sie einfach die Augen und schauen etwas Bestimmtes im Raum an, vielleicht eine Lampe, einen Stuhl, einen Kunstgegenstand oder den Baum vor dem Fenster. Lenken Sie Ihre Aufmerksamkeit einen Augenblick ab und kehren Sie dann zum Fokuspunkt zurück.

Beginnen Sie damit, sich vorzustellen, wie Ihr Leben sein könnte, wenn Sie täglich nur ein paar Minuten darauf verwenden, Erfolg vorzuprogrammieren. *(Sie wissen ja, Ihr Geist arbeitet am besten mit konkreten Vorgaben.)*

1. Denken Sie an eine bestimmte Gewohnheit oder Neigung, die Sie verändern möchten. *(Sie erinnern sich: Das Genie weiß, daß man nur*

das verändern kann, worüber man Kontrolle hat, was gleichzusetzen ist mit Selbstkontrolle oder Kontrolle über die Sinne.)

2. Stellen Sie sich den Augenblick vor, ***bevor*** die Emotion einsetzt. *Machen Sie sich die Reaktion Ihres Körpers bewußt. Was immer es ist, gehen Sie ganz in diesen Augenblick hinein. Sehen Sie, was Sie sehen würden, hören Sie die Geräusche, die Sie umgeben würden, und fühlen Sie, als machten Sie die Erfahrung irgendwann in der Vergangenheit. Und dann bleiben Sie einen Augenblick bei dem Gefühl.*

3. UNTERBRECHUNGS-ZUSTAND (*Lenken Sie Ihre Aufmerksamkeit ab, indem Sie etwas im Zimmer anschauen. Bewegen Sie Ihren Körper ein wenig, um unerwünschte Gefühle loszuwerden.)*

4. Richten Sie Ihre Aufmerksamkeit auf den **FOKUSPUNKT**.

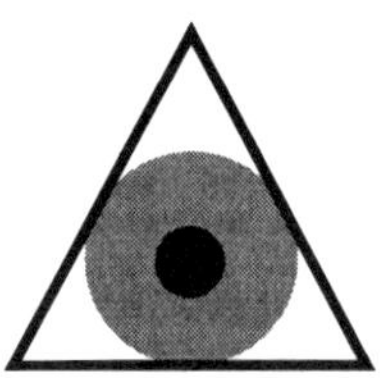

5. Während Sie sich den Fokuspunkt in der Imagination vorstellen, lassen Sie in der Mitte ein winziges Bild von sich entstehen. Sie können es noch nicht richtig sehen. Es ist tief in der Mitte des kleinen Kreises. Legen Sie dort alle Qualitäten in das Bild hinein, die Ihr ideales Ich ausmachen ... Ihr Aussehen? ... Ihre Gesichtszüge? ... Ihr Gewicht? ... die Art, wie Sie sich kleiden? ... die Art, wie Sie lächeln? Seien Sie so kreativ, wie Sie können. Lassen Sie das Bild in der Mitte des Fokuspunktes ... Was würde dieses Bild zu sich selbst sagen? Dieses Bild von Ihnen setzt Ziele und erreicht sie leicht und ohne Anstrengung ... Es hat all die positiven Veränderungen schon gemacht, die Sie sich nur wünschen kön-

nen, die Sie brauchen oder ersehnen ... Und das Beste daran ist, sie kommen ohne Anstrengung ... sie treten einfach da auf, wo Sie sie in der Zukunft am meisten brauchen.

6. Während Ihr Geist weiter damit beschäftigt ist, dieses Bild mit allen Fertigkeiten und Fähigkeiten und allen Ressourcen auszustatten, die Sie jemals brauchen werden, stellen Sie sich langsam vor, wie das Bild aus dem Fokuspunkt herausgleitet und sich auf Sie zubewegt. Es wird jetzt ein bißchen größer, ein bißchen heller, bis es direkt vor Ihnen ist. Dann, ganz automatisch, wenn es da ist, schließen Sie einfach die Augen und stellen sich vor, daß dieses neue Ich Ihren Körper erfüllt ... jede Zelle, jedes System und jedes Organ ... ganz und vollständig. Und wenn Sie von diesem Gefühl ganz und gar erfüllt sind, dann öffnen Sie einfach die Augen.

7. UNTERBRECHUNGS-ZUSTAND *(Kommen Sie in den Raum zurück und schauen Sie herum.)*

8. Jetzt gehen Sie noch einmal in jenen Augenblick vor dem Einsetzen der unerwünschten Emotion oder Gewohnheit und machen ihn so lebendig wie möglich. Wenn Sie das Gefühl haben, dann stellen Sie sich vor, daß Sie trotz dieser Gefühle, Wahrnehmungen und Geräusche in den Fokuspunkt gezogen werden ... und Sie wissen ja, was er alles für Sie enthält.

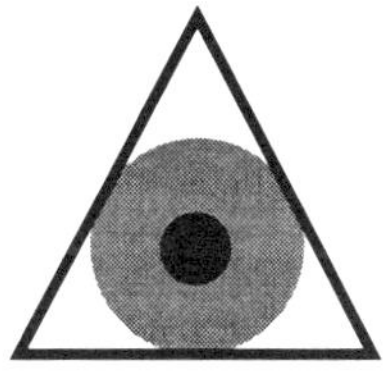

9. Weil Sie diese Übung schon durchgelesen haben, können Sie jetzt ohne bewußten Gedanken das Bild aus dem Fokuspunkt zu Ihnen

gleiten lassen, immer näher, bis es Ihren Geist wieder ganz erfüllt ... das ist jetzt das Bild, wie Sie mit der Situation erfolgreich umgehen. Wie immer die Situation auch sein mag, Sie erinnern sich, daß Ihr inneres Genie viel besser damit umgehen kann als Sie. In diesem Augenblick können Sie die bewußte Kontrolle abgeben, und Sie handeln, als wäre die Situation vollständig und Sie hätten das bestmögliche Verhalten an die Oberfläche fließen lassen. Ich bin nicht ganz sicher, wie Sie wissen konnten, daß in Ihrem Fokuspunkt das neue ressourcenreiche Ich ist, aber irgendwie wußten Sie es. Augenblicklich und automatisch haben Sie dieses neue Ich jetzt direkt vor Augen.

10. Sie können jetzt die Augen schließen und die neuen positiven Gefühle spüren und eine neue Ebene der Einsicht, so daß Sie sich vorstellen können, wie Sie auf die alten Reize anders reagieren und anders handeln. Wenn Sie diese positiven Gefühle in sich und um sich haben, dann denken Sie, wo Sie in der Zukunft ein solches Verhalten haben wollen, daß es einfach auftritt, ohne Ihr bewußtes Zutun ... einfach geschieht. Vielleicht, wenn Sie durch eine Tür gehen ... oder vielleicht, wenn Sie einen Lichtschalter anmachen ... und natürlich, so wie Sie es brauchen und dann, wenn Sie es am meisten brauchen.

Wie jede Erfolgsstrategie ist auch hier Übung notwendig. Ein Genie begreift den Nutzen mentaler Übung. Jeder Tag hat nur soundsoviele Minuten, aber wenn Sie anfangen, Ihre Imagination zu gebrauchen, dann ist alles möglich. Wie gesagt, fünf Minuten Visualisation entsprechen zwei Stunden physischer Übung. Erwachte Genies wissen, wie sie die Zeit zu ihrem Vorteil nutzen. Und erinnern Sie sich, Ihr Gehirn versucht immer, Ihnen recht zu geben. ***Sie bekommen das, was Sie mental einstudieren!***

Nehmen Sie sich jeden Abend direkt vor dem Einschlafen ein paar Minuten Zeit, um „einzustudieren", wie Sie auf Menschen und Situationen reagieren wollen, und genau wie die Pfadpfinder: *be prepared*. Die

Voraussetzung für Erfolg im Leben ist Flexibilität und Anpassungsvermögen; die Fähigkeit, mit Frustration umzugehen und neue Verhaltensweisen zu kreieren.

„Sie können alles haben, was Sie wollen, wenn Sie es sehnlichst genug wollen. Sie müssen es mit einer inneren Überschwenglichkeit wollen, die durch die Haut bricht und sich mit der Energie vereinigt, die die Welt erschaffen hat."

– Sheila Graham

Vierzehn
Ein Blick in die Zukunft

Ich lade Sie ein, mit mir eine Reise in die Zukunft zu machen – in eine Welt des erwachten Genies. Wir befinden uns an der Schwelle zu einem neuen Jahrtausend. Das Schulsystem hat sich bereits so weit fortentwickelt, daß es Computer, Technologie und Quantenlernmethoden integriert hat, um das Genie in jedem Kind zu wecken. Es ist um die Jahrtausendwende und die erste holographische Lernmaschine ist in Gebrauch. Können Lernmaschinen wirklich so bald schon zur Verfügung stehen? Meine Antwort ist ein emphatisches JA, denn die Lerntechnologie ist schon vorhanden.

Wo wir begonnen haben

Wir haben alle 1924 zusammen mit Hans Berger begonnen, einem deutschen Psychiater, der die Alpha-Schwingung definiert und „Wellen-Bilder" veröffentlicht hat, die die elektrische Aktivität des menschlichen Gehirns darstellten. Das fuhrte zur Entwicklung der neuen Wissenschaft der Elektroenzephalographie (EEG).

Das Forschungsfeld breitete sich weiter aus, und 1949 wurde das Tuposkop erfunden, das Wissenschaftlern und Ärzten die Möglichkeit gab, die Beta-, Alpha-, Theta- und Delta-Wellen des Gehirns aufzuzeichnen. Mit Hilfe dieses Apparats und der Anwendung von Meditationsmethoden des Yoga, Zen und Buddhismus belegte M.A. Wagner von der University of Michigan School of Medicine, daß die elektrische Aktivität des Gehirns sich im Meditationszustand ändert.

Dann kam der Quantensprung in der Gehirnwellen-Forschung und Anwendung. 1980 untersuchte Marshal Gilula vom Life Energies Research Institute of Coconut Grove, Florida, Licht- und Tongeräte und veröffentlichte einen Artikel mit dem Titel „Multiple Afferent Sensory

Stimulation" (MASS). Seine Forschung zeigte, daß 80 Prozent seiner Patienten tiefe Muskelentspannung und tiefe Geist-Körper-Entspanung erlebten, wenn sie Licht- und Tongeräte einsetzen.

Diese Licht- und Tongeräte benutzen passive audio-visuelle Stimulation, um ein entspanntes Schwingungsmuster zu erzeugen, dem das Gehirn folgen kann. Ein sanftes pulsierendes Licht bewegt sich durch geschlossene Augen und eine Tonwelle durch den auditiven Kanal, und die Frequenzen werden harmonisiert. Dadurch wird das Gehirn sanft in den Theta-Zustand des Bewußtseins geleitet. Indem die Aktivität beider Gehirnhälften, der linken (logischen) und rechten (kreativen), synchronisiert und fokussiert wird, kommt der Anwender in einen idealen Lernzustand.

Wo stehen wir

1987 hatte ich das Glück, am Projekt von Linnea Reid und Larry Gillen beteiligt zu sein, die die erste tragbare Licht-Ton-Maschine entwickelten, die für den individuellen Gebrauch auf den Markt kam, bekannt unter dem Namen MC². Die Gründer führten intensive Forschungen mit Leuten durch, die das Gerät regelmäßig benutzten, und stellten fest, daß es sich in fast allen Bereichen positiv auswirkte, von Streßreduktion bis zu Superlearning.

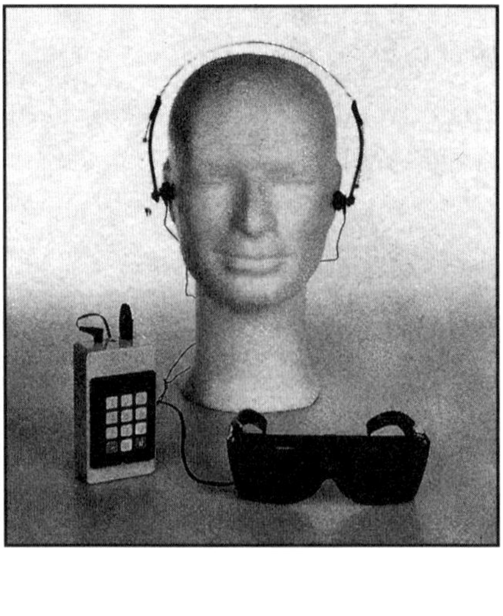

Wir haben den Nutzen von Licht- und Ton-Technologie in unserer eigenen Klinik weiter untersucht und was wir dabei festgestellt haben, ist für die Zukunft sehr vielversprechend. Beinahe sämtliche Studenten, die in unserer Klinik an dem Projekt *Awaken the Genius* teilnahmen, haben es zu Erfolg gebracht. Jeder machte eigene Erfahrungen mit den Methoden, die in diesem Buch beschrieben werden, und benutzte dabei regelmäßig Licht-und Ton-Technologie. Wir haben bei Studenten und Schülern dramatische Leistungsverbesserungen erlebt. Kinder, die einst die Schule gehaßt haben, freuen sich jetzt auf die Aktivitäten, die sie tagtäglich in der Klasse erwarten.

Wohin gehen wir

Wohin bewegen wir uns mit dieser wunderbaren Maschine und all den anderen, die ihr ähnlich sind? Mediziner, die mit dem Gehirn arbeiten, wissen bereits, daß eine Erinnerung voll repräsentiert werden kann, wenn ein bestimmter Gehirnbereich stimuliert wird. Mit anderen Worten, das Individuum fühlt sich dann in der Erfahrung vollkommen gegenwärtig; sie ist holographisch. Die Person kann sehen, hören, fühlen, riechen, schmecken, als wäre sie tatsächlich zu dem Zeitpunkt gegenwärtig, als das Ereignis geschah. Stellen Sie sich einmal vor, wohin uns diese Entdeckung und ihre Fortführung bringen könnte – wenn ein zukünftiges Genie einen Weg entdeckt, das Gehirn so zu trainieren, daß es augenblicklich Zugang zu diesen holographischen Erinnerungen findet. Allein dieser Fortschritt würde den größten Teil unseres gegenwärtigen Schulsystems obsolet machen. Mindestens 75 Prozent der Schulaktivitäten sind auf Abfragen und Prüfen ausgerichtet. Wenn ein Student in Supergedächtnismethoden trainiert ist, dann könnte diese Zeit für Forschungen und kreative Entdeckungen verwendet werden.

Machen wir eine Reise in eine typische Schule des Jahres 2011. In diesem Jahr ist das holographische Lernmodul voll in Gebrauch. Anstatt mühsam aus einem Buch etwas über den Weltraum zu lernen, unternimmt der Schüler eine Reise dorthin, während er gemütlich in einem Lehnstuhl sitzt und sich das Universum vor seinen Augen und Ohren entfaltet.

Sobald er oder sie im Stuhl sitzt, stülpt sich ein großer Helm über seinen Kopf und blendet alle Außengeräusche aus. Die Schülerin, nennen wir sie Mary, beginnt dann die heutige Lektion. Die Klasse lernt das Sonnensystem kennen, und Marys erster Halt ist der Mond. Es ist eine höchst erstaunliche Reise. Mary hat das Gefühl, als wäre sie dort auf dem Mond, all ihre Sinne sind an der Erfahrung beteiligt. Mary werden die Raumlaboratorien gezeigt, wo über Superlearning im schwerelosen Zustand geforscht wird. Mary lernt jetzt alle geographischen Fakten über den Mond. Sie behält alle Informationen zu hundert Prozent, weil sie auf chemischem Weg in ihr Kerngedächtnis kodiert werden durch den holographischen Bildprojektor. Mary wird sich das, was sie hier gelernt hat, nicht noch einmal einprägen müssen. Es ist alles auf Dauer in ihrer Gedächtnisbank abgespeichert.

Was die Schüler im zwanzigsten Jahrhundert an Mathematik und Englisch in der Grundschule gelernt haben, meistern die kleinen Kinder jetzt buchstäblich im Schlaf. Der Planet als ganzes begann eine gemeinsame Sprache zu sprechen, die vom Weltkonzil der Nationen eingeführt wurde. Die Erziehung wird auf eine Ebene angehoben, wo es mehr darum geht, daß jedes Individuum seine Kreativität entfaltet und dem Allgemeinwohl auf diesem Planeten dient, als um Gier und Egoismus. Niemand muß länger als dreißig Stunden in der Woche arbeiten. Durch unerhörten technischen Fortschritt ist die Zerstörung des Planeten abgewendet worden, und die Menschen bewegen sich in Fahrzeugen fort, die von den Schwerkraftwellen der Erdoberfläche angetrieben werden. Die Energie ist kostenlos und ohne Umweltbelastung durch Anwendung der Technologie, die Nikola Tesla in den dreißiger Jahren entwickelt hat; also kann jeder kostenlos in alle Gegenden des Planeten reisen. Es gibt keinen Papierbedarf mehr, alles wird elektronisch gespeichert. Der durchschnittliche IQ liegt bei 180 und die menschliche Rasse insgesamt entdeckt, daß die einzigen Grenzen nur jene sind, die wir selbst in unserem Bewußtsein errichten.

Ist diese Zukunft möglich?

Ich habe vor, lange genug zu leben, um Zeuge dieser Veränderungen zu sein, wenn die Genies der Zukunft geboren werden und heranreifen. Vielleicht wird einer von Ihnen, der dieses Buch liest und sein Genie erweckt, die Person sein, die das Schaltsystem erfindet, mit dessen Hilfe das Gehirn so trainiert werden kann, daß es ganzheitlich denkt. Oder vielleicht geschieht es auch ganz von allein. Vielleicht werden Sie „der hundertste Affe“ sein – das Genie, das zu einem kollektiven Wandel auf dem Planeten Erde inspiriert.

Wahrscheinlich fällt es Ihnen schwer, sich eine Zeit vorzustellen, in der alles einfacher war, aber denken Sie einmal an das Leben Ihrer Großeltern. Die meisten von ihnen sind ohne Fernseher aufgewachsen, ohne Videorekorder und ohne Computer. Sie hatten nicht einmal Videospiele! Für jene, die diese Seiten lesen, sind Computer wahrscheinlich schon selbstverständlich. Aber ist Ihnen klar, daß 1970 noch niemand von einem Personal Computer gehört hat?

Ich erinnere mich, wie ich als Jugendlicher in den sechziger Jahren gedacht habe, daß die Welt unmöglich noch moderner werden könne, als sie damals war. Gab es überhaupt noch etwas zu erfinden? Aber die Computer jener Zeit füllten ganze Gebäude und waren nicht annähernd so leistungsfähig wie ein durchschnittlicher PC heute, ganz zu schweigen von der Speicherkapazität von CDs. Es ist heute möglich, mit einer solch erschreckenden Geschwindigkeit Informationen abzurufen, daß wirklich alles vorstellbar ist.

Sind Sie bereit, an eine Zukunft zu glauben, in der Frieden und kollektives Glück die Grundprinzipien darstellen? Wir befinden uns auf einer Reise – sie wird nicht mit uns enden, so wie sie nicht mit uns begonnen hat. Welchen Teil Ihres Genies werden Sie zukünftigen Generationen zum Gebrauch hinterlassen? Ich hoffe, daß Sie mit Ihrem erwachten Genie nach anderen Zielen streben, als jene von Gier und Mißtrauen getriebenen Individuen, deren Hinterlassenschaft Umweltverschmutzung und soziale Ungerechtigkeit sind.

Wahre Genies arbeiten zum Wohle der gesamten Menschheit, weil sie wissen, daß sie sich selbst helfen, wenn sie anderen helfen.

„Das Leben ist wie ein Hundeschlittengespann. Wenn Sie nicht der Führungshund sind, dann verändert sich die Landschaft nie.“
– Lewis Grizzard

„Schicksal ist keine Sache des Zufalls; es ist eine Sache der Entscheidung. Es ist nicht etwas, worauf es zu warten gilt; es ist etwas, was durch Handeln bewirkt wird.“
– *William Jennings Bryan*

„Achtzig Prozent des Erfolgs ist Angabe.“
– *Woody Allen*

„Katzen sind dazu da, uns zu lehren, daß nicht alles in der Natur eine Funktion hat.“
– *Garrison Keillor*

„Ich lerne so wie ein Affe lernt – er beobachtet seine Eltern.“
– *Königin Elizabeth II.*

Fünfzehn

Genie jetzt

Jetzt, am Ende des Textes, denken Sie vielleicht: „Bin ich ein Genie?“ Meine Antwort ist mit aller Überzeugung: JA! Es könnte immer noch sein, daß Sie nicht den allerhöchsten IQ-Wert bekommen. Aber jetzt wissen Sie, daß der IQ kein akkurater Genie-Test ist. Sie sind jetzt Ihr eigener Richter. Der wirkliche Test wird für Sie darin bestehen, Ihr Leben zu erfüllten Träumen zu machen, was ein anderes Wort für Ziele ist. Es gibt den Spruch: Leute planen nicht zu versagen, sondern versagen zu planen! Sollten Sie bislang noch keinen Spielplan für Ihr Leben entwickelt haben, so ist es jetzt an der Zeit. Fangen Sie an und machen Sie Ihre Ziele real und faßbar, indem Sie sie aufschreiben (siehe Kapitel zwölf). Wagen Sie, Ihre Träume zu träumen. Denken Sie daran: „Glaube ohne Taten ist tot.“ Genau das hat Edison gemeint, als er sagte, Genie sei ein Prozent Inspiration und 99 Prozent Perspiration. Es ist nicht immer der Schnellste, der ein Rennen gewinnt. Vielmehr ist es derjenige, der weiß, daß er es schaffen kann – und dann losgeht und alle Hindernisse überwindet, um es zur Wirklichkeit zu *machen*.

„Ich habe keine Zeit!"

In Wahrheit haben Sie keine Zeit, um etwas nicht zu tun! Die meisten Leute verbringen mehr Zeit damit, einen Wochenendausflug zu planen, als ihr Leben zu planen. Die zwei kostbarsten Zeitpunkte des Tages verstreichen meistens unbemerkt. Der eine ist am Abend direkt vor dem Einschlafen und der andere am Morgen beim Aufwachen. Das sind die Zeiten, an denen Ihr Geist von sich aus im perfekten Zustand ist, um das zu erschaffen, was Sie wollen. Wie kann diese Zeit zu Ihrem Vorteil genutzt werden? Es sind diese unbezahlbaren Augenblicke, in denen der Erfolg programmiert werden kann (siehe Kapitel zwölf). Direkt vor dem

Einschlafen lesen Sie einfach Ihre Ziele durch und die Affirmationen, die Sie sich ausgesucht haben, und schlafen mit einem der Selbsthilfe-Dialoge ein. Und am Morgen, noch bevor Sie Ihren Geist mit der Negativität der Zeitungsnachrichten verunreinigt haben, nehmen Sie sich die Zeit, um ein paar Seiten in einem motivierenden oder inspirierenden Buch zu lesen oder Kassetten anzuhören von Leuten, die Ihnen als Vorbild dienen (siehe Kapitel fünf). Zeit ist das Kostbarste, was Sie haben. Fragen Sie nur mal einen alten Menschen, wie sehr er bedauert, so viel Zeit mit sinnlosen Beschäftigungen verschwendet zu haben.

Wie steht es mit den ungenutzten Minuten, die Sie in einer Schlange oder an einer Ampel warten müssen? Das ist eine hervorragende Gelegenheit, den Streß des Tages durch fokussiertes Atmen loszulassen. Dabei wird tief eingeatmet und vollständig ausgeatmet. Das Einatmen und das Ausatmen sollte gleich lang dauern. Es ist hilfreich, beim Einatmen auf den Laut *„so“* zu fokussieren und beim Ausatmen auf den Laut *„hmm“*. Sie werden erstaunt sein, welche Wirkung es hat, wenn Sie in der Zeit, die sonst vertan würde, fokussiertes Atmen üben. Das Haupthindernis für Genie ist Streß. Indem Sie Entspannung üben, beseitigen Sie vielleicht die Blockaden, die den Erfolg in der Vergangenheit verhindert haben.

Als ich vor meinem Vater stand und kühn verkündete, daß ich Kapitän des Fußballteams werden würde, da wünschte ich mir sehnlichst, schon jetzt und hier dieser ruhmreiche Sportler zu sein. Glücklicherweise nahm sich mein Vater die Zeit, mir den Nutzen von Geduld und Beharrlichkeit beizubringen. Ich konnte so entdecken, wieviel Spaß die Reise machte. Erfolg ist kein Zielpunkt, es ist ein Geisteszustand. Der wichtigste Schritt, den Sie in diesem Augenblick machen können, ist die Entscheidung, sich Zeit für sich selbst zu nehmen, Zeit, um einen erfolgreichen Geisteszustand in sich aufzubauen. Von dort aus werden Sie jeder neuen Herausforderung des Lebens mit der Einstellung begegnen, daß es dafür einen tieferen Grund gibt, als Ihnen bewußt ist.

Mit der Entscheidung, Ihr Leben zu verbessern, können Sie den Text noch einmal lesen und jede Übung mit dem Gefühl der Spannung machen, sich selbst neu zu entdecken. Ob Sie es glauben oder nicht, Sie sind Ihre größte Investition und Ihr kostbarster Besitz.

Der 21-Tage-Plan

Ich empfehle Ihnen, mit einem 21-Tage-Plan zu beginnen und die Werkzeuge zu benutzen, die in diesem Text angeboten werden. Setzen Sie sich für den ersten 21-Tage-Plan realistische Ziele, die Ihnen den Beweis für die Kraft Ihres Geistes erbringen können. Wenn Sie ein neues Verhalten 21 Tage lang üben, dann bilden sich – wie Untersuchungen gezeigt haben – Neurokanäle, die das Verhalten dauerhaft machen. Wie Sie wissen, erschafft Ihr Geist das, was er einstudiert. Wenn es nicht das ist, was Sie wollen, dann ist es Zeit für Veränderung. Alles, was Sie zu verlieren haben, ist ein wenig Unwissenheit!

Überprüfen Sie Ihren Plan nach 21 Tagen. Verzeichnen Sie Ihre Erfolge und alles, was mehr Aufmerksamkeit braucht. Denken Sie immer an die Botschaft der NLPer: *Es gibt kein Versagen im Leben, es gibt nur Feedback.* Jetzt sind Sie bereit für den nächsten 21-Tage-Plan ... und den nächsten. Jeder 21-Tage-Plan führt zu neuen und aufregenden Selbstentdeckungen. Schauen Sie sich einfach zu, wie Sie wachsen!

Als erwachtes Genie haben Sie die Samen gesät, die zu etwas Großartigem heranwachsen können. Die Techniken in diesem Buch sind dazu da, Unkraut und Schädlinge fortlaufend zu beseitigen. Es ist an der Zeit, daß Sie in sich selbst investieren. Wenn Sie es noch nicht getan haben, dann nehmen Sie Ihre Selbsthilfe-Dialoge auf und hören Sie sich regelmäßig zu. Ihr Geist ist durch die Umstände und Situationen Ihres Lebens konditioniert worden. Jetzt stehen Sie an der Schwelle, um Ihre Wahrnehmung der Vergangenheit zu verändern und in eine helle und spannende Zukunft einzutreten. Viel Glück, Genie, und denken Sie daran, das Leben gibt genauso viel, wie Sie bereit sind zu nehmen.

„Finde den Himmel in dir, und alle Wünsche sind augenblicklich erfüllt, aller Jammer und alles Leiden ist beendet. Fühlt euch erhaben über den Körper und seine Umgebung, über den Geist und seine Motive, über Gedanken des Erfolgs und der Angst. Die große Ursache des Leidens in

der Welt besteht darin, daß die Menschen nicht nach innen schauen, sie verlassen sich auf äußere Kräfte.“
– Sri Sathya Sai Baba